教育部人文社会科学研究青年项目"系统功能语言学视角下的汉□网络构建与句法实现研究"（21YJC740081）资助

国家社科基金重大项目"'一带一路'沿线国家语言资源数据库□（编号：19ZDA319）

系统功能语言学视角下的英汉致使结构对比研究

A Contrastive Study of Causative Constructions in English and Chinese

A Systemic Functional Linguistic Approach

赵宏伟　著

ZHEJIANG UNIVERSITY PRESS
浙江大学出版社
·杭州·

图书在版编目（CIP）数据

系统功能语言学视角下的英汉致使结构对比研究　／
赵宏伟著.—杭州：浙江大学出版社，2023.11
　　ISBN 978-7-308-23990-5

　　Ⅰ．①系… Ⅱ．①赵… Ⅲ．①英语－语法结构－
对比研究－汉语 Ⅳ．①H314②H146

中国国家版本馆CIP数据核字(2023)第120152号

系统功能语言学视角下的英汉致使结构对比研究
赵宏伟　著

策划编辑	徐　瑾
责任编辑	赵　静
责任校对	胡　畔
封面设计	林智广告
出版发行	浙江大学出版社
	（杭州市天目山路148号　　邮政编码　310007）
	（网址：http://www.zjupress.com）
排　　版	杭州林智广告有限公司
印　　刷	广东虎彩云印刷有限公司绍兴分公司
开　　本	710mm×1000mm　1/16
印　　张	20
字　　数	320千
版 印 次	2023年11月第1版　2023年11月第1次印刷
书　　号	ISBN 978-7-308-23990-5
定　　价	98.00元

版权所有　侵权必究　　印装差错　负责调换
浙江大学出版社市场运营中心联系方式：0571-88925591；http://zjdxcbs.tmall.com

前　言

　　致使结构是各语言共有的一个语义语法范畴，对致使结构类型学差异的讨论有助于学习者系统认识致使结构的本质，促进语言间互译和第二语言习得。因此，对致使结构的跨语言研究有着重要的理论价值和应用价值。本书在系统功能语法理论框架下，采用自下而上的方法，全面、系统地对比了英汉致使结构的语义句法异同并揭示了其产生的动因。全书共由九章组成，分别对英汉词汇致使、句法致使的语义、句法特征进行了详细描述，并配有大量图例，以充分揭示英汉致使结构的异同。

　　第一章从研究内容和研究视角两个维度，评述了致使结构的过往研究。研究内容涉及致使概念的界定、语义描述、句法分析和跨语言对比；国内外学者对致使的主要研究视角包括：生成语义学视角、生成语法视角、认知语言学视角、系统功能语法视角、类型学视角。本章指出，目前学界对致使概念的认识仍没有达成一致；致使的语义描述还不够全面、系统，致使语义系统网络仍没有建构起来；致使结构的句法分析缺乏语义基础，且没有做到穷尽性分析。作者进而提出了本书的研究视角、研究方法、研究目的及意义。

　　第二章对致使概念内涵、语义层级性特征、致使结构类型及范围进行了详细说明。综合国内外学者对致使内涵的阐释，融合致使概念的"事件观"和"力作用说"两种致使关系表征方式，将二者视为致使范畴化网络中的"图式—例示"，既充分解释了两个事件间的致使关系，也体现了致使动词对参与者角色的预测力，揭示了致使范畴的本质。基于加的夫语法对逻辑概念系统与意义形式关系的论述，描述了致使概念语义层内部的整合提升过程及其句法实现机制。综合英汉致使结构的形式语义特点，在系统功能语法并协互补思想指导下，参照 Comrie（1989）的分类标准，将致使结构分为词汇型和句法型两类，并就"被"字句和"把"字句是否归属致使结构进行了说明。

第三章融合系统功能语法悉尼模式和加的夫模式，构建了本研究的理论框架。鉴于结果事件过程是在致使性外部因素作用下产生的，我们将致使义与结果事件表达的及物性过程相融合，对致使义及物性在精密度上进行了扩展和细化，提出七种复合过程类型——致使动作、致使心理、致使关系、致使行为、致使交流、致使存在和致使气象过程，并基于系统思想，描述了致使结构表达的及物性过程与参与者构成的不同语义配置，构建了致使义及物性系统网络，进而以"语义为中心，形式体现意义"的功能句法分析思想为指导，在该语义系统网络框架下，对英汉致使结构进行功能句法分析。

第四章对比了英汉词汇致使结构的语义特点和句法特征。首先，基于相关语义参数，对比分析英汉词汇致使结构中各语义成分的特点，具体包括致事、致使行为、役事及致使结果。然后，在及物性理论框架下，分析词汇致使结构体现的过程类型，进而详细描述及物性过程的不同语义配置结构，并以此为框架，在加的夫功能句法理论指导下结合意义和形式对比英汉词汇致使结构的句法功能。最后，从语法化视角及汉语双音化趋势揭示英汉词汇致使异同的动因。

第五章对比了致使义英语复合宾语句和汉语兼语句的语义句法异同。致使范畴下英语复合宾语句和汉语兼语句具有相同的语义认知基础，在体现及物性过程类型、结构语序上均表现出了较大的相似性，但在致事来源、动词类型、过程语义配置结构上存在细微差别。基于相关语义参数对英汉致使结构内部成分的考察，我们发现英汉致事选择的优先序列不同。就动词类型而言，除英汉共有的使令义动词和非使令义动词（纯致使义和助使义）外，汉语还存在一类隐性使令义动词。而由汉语隐性使令义动词构成的兼语句，致使过程期待的结果参与者为个体，表征为"施事 + 过程 + 受事"这类特殊语义配置结构，致使结果在过程中充当环境成分，在小句中充当目的状语。此外，英汉语致使关系过程中结果谓词的显隐也会造成英汉语义配置结构上的差异。最后，从观察视角和结构特点对英汉两类结构在语义和句法上表现出的异同进行了解释。

　　第六章对比分析了英汉致使义动结式的语义句法异同。通过对英汉致使动结式语义成分的考察，我们发现英汉致使语义要素和语义特征表现出较大的相似性，但体现语义成分的句法单位不尽相同。对英汉致使动结式功能语义句法进行考察发现，英汉致使动结式在体现及物性过程类型、过程语义配置结构及句法功能上均存在较大差别，英语仅表达致使关系过程，缺失致使动作过程和致使心理过程，这与体现英汉致使结果的不同句法单位有关。过程语义配置结构差异主要表现为英汉动结式基本语序的不同及英汉结构组配灵活性的不同。英语动结式是对致使概念的直接映射，表现为典型分离式（SVOR），语序较为固定。汉语基本语序表现为黏合式（SVRO），且语序具有较大灵活性，表征为大量特殊句式，如倒置动结式、重动句和有标记致使位移句，从而造成英汉动结式句法功能上的差异。最后，通过对英汉动结式基本语序的历时考察，及对汉语特殊句式形成机制的分析，揭示了英汉语言类型和信息结构在二者差异中的主导作用。

　　第七章就英汉致使义双宾语结构进行对比，揭示了其异同及动因。首先将"双及物结构"重新界定为双宾语结构，并将英汉双宾语结构分为双名结构和与格结构。从致使义角度看，双名结构表达致使拥有、致使失去和致使感知义，与格结构表达致使被拥有和致使被感知义，二者并不存在转换关系，是两个独立的结构形式。英汉双名结构的差异主要体现在动词语义、句式语义和句式结构上。由于英汉语对致使概念的不同词汇化模式，英语不同方向由不同词汇形成表达，而汉语双名动词存在"一词两反义"现象；英语双名结构仅表达右向传递义，而汉语可以表达左、右向传递义，这与英汉语形义匹配模式不同有关；出于语义、语音和语用上的考虑，汉语双名结构通常附加方向义标记词以明确传递方向、和谐韵律、实现交际意图，从而造成英汉语义配置结构及句式结构上的不同。英汉与格结构的差异主要体现为句式语序的不同，英语与格结构是对与格概念的直接映射，而汉语语序更加灵活多样，介词及其引出的接受者可置于过程前，起强调作用。语序的不同与英汉表达信息结构的不同有关，汉语通过表达有标记信息结构，可以达到实现特殊语用效果的目的。

第八章从外部厘清了各类致使结构间的形式语义关系，并讨论了英汉致使范畴总体表现出的差异。英汉致使结构作为一个语义范畴网络，存在典型与非典型形式，由典型到非典型形式的过渡构成一个连续统。根据形式语义紧密度参数，本章分析了英汉致使范畴不同体现形式间的形式语义关系，发现英汉语不同致使结构在形式语义紧密度上呈渐变趋势，各自构成一个形式语义连续统。纵观致使范畴在英汉语中体现形式的差异，其主要表现为致使概念词汇化模式的不同及结构语序的不同。不同词汇化模式是由英语综合型、汉语分析型语言类型所致，不同语序与英汉语对致使事件的概念化方式不同有关。

第九章为本研究的结论。总结本研究的贡献、发现及功能视角对致使结构研究的优势，同时指出研究中的不足之处和对今后相关研究的启示。

总体来讲，本研究基于系统功能语言学视角，从微观和宏观两方面对英汉致使结构语义句法进行了全面系统的对比，并从多维视角揭示了英汉致使结构异同的动因，不仅完善了系统功能语言学及物性框架在描述致使范畴上的不足，为描述该类现象提供了理论依据，而且加深了对英汉致使结构共性和个性的认识，有助于英汉语言学习者对目标语的习得，同时为英汉互译提供了参考。

由于本人学识所限，书中难免存在谬误，敬请广大读者、专家学者评判指正。

赵宏伟

2022 年 8 月于北京

缩写和符号清单

CCL	Center for Chinese Linguistics PKU
BNC	The British National Corpus
COCA	Corpus of Contemporary American English
S	Subject
V	Verb
O	Object
R	Result
C	Complement
Prep	Preposition
A	Adverb
Pap	Past Participle
Prp	Present Participle
Inf	Infinitive
N	Noun
ADJ	Adjective
Vi（VI）	Intransitive Verb
Vt	Transitive Verb
VP	Verb Phrase
NP	Noun Phrase
↘（↙↓）	表示语义层内部的提升关系
*	表示不符合语法的句子
>	表示优先选择或语序排列先后

术语表

过程参与者

PR	Participant Role	参与者角色
Ag	Agent	施事
Pro	Process	过程
PrEx	Process Extension	过程延长成分
Af	Affected	受事
Ra	Range	范围
Ma	Manner	方式
Dir	Direction	方向
So	Source	来源
Pa	Path	路径
Des	Destination	目的地
Em	Emoter	情感表现者
Desr	Desiderator	意愿表现者
Perc	Perceiver	感知者
Cog	Cognizant	认知者
Ph	Phenomenon	现象
Ca	Carrier	载体
At	Attribute	属性
Tk	Token	标记
Vl	Value	价值
Ir	Identifier	识别者

Loc	Location	位置
Posr	Possessor	拥有者
Posd	Possessed	拥有物
Cor	Correlator	相关方
Behr	Behaver	行为方
Comr	Communicator	交流方
Comd	Communicated	交流内容
Comee	Communicatee	交流对象
Ext	Existent	存在方
Dir: Des	Direction–Destination	方向：目的地
Dir: So	Direction–Source	方向：来源
Dir: Pa	Direction–Path	方向：路径
Af–Ca	Affected–Carrier	受事—载体
Af–Cog	Affected–Cognizant	受事—认知者
Af–Perc	Affected–Perceiver	受事—感知者
Af–ph	Affected–Phenomenon	受事—现象
Af–posr	Affected–Possessor	受事—拥有者
Af–posd	Affected–Possessed	受事—拥有物
Af–Dir	Affected–Direction	受事—方向
Af–So	Affected–Source	受事—来源
Af–Pa	Affected–Path	受事—路径
Af–Des	Affected– Destination	受事—目的地

非过程参与者

| Cir | Circumstantial Elements | 环境成分 |

单位

| Cl | Clause | 小句 |
| ngp | nominal group | 名词词组 |

qlgp	quality group	性质词组
qtgp	quantity group	数量词组
pphr	prepositional phrase	介词短语
pgp	preposition group	介词词组
genclr	genitive cluster	属格字符串
hpnclr	human proper name cluster	人类专有名词字符串
adclr	address cluster	地址字符串

目　录

第一章

致使结构研究现状评述

致使是人类语言普遍存在的一个语义语法范畴，是人们对现实世界因果关系的认知结果，表示致使客体在致使主体的作用或影响下，产生动作或状态的变化。汉语中使用"使役""致动""使成""致使"等术语作为英文"causative"的对应词。本研究选用"致使"这一术语，主要基于以下原因：首先，其他名称的所指均存在一定局限性，"使役结构"通常指由使役动词构成的兼语式，"致动结构"限于表达在致使力作用下致使客体发生动作上的变化，"使成式"则通常指"动补结构"；其次，"致使"这一称谓能够较好地凸显在致使力作用下产生致使结果这一内涵。"致使结构"指将两个处于因果关系的事件置于一个小句内表达的情形，因此，本书的研究对象仅限于存在力作用或"作用—效应"关系的简单句，不包括由"because""因为"等连词构成的结构松散的因果关系句。国内外学者对致使结构进行了深入研究，主要涉及致使概念的界定、语义描述、句法分析和跨语言研究等方面，从生成语义学、生成语法、认知语言学、系统功能语法、类型学等视角对其进行研究。

一、研究内容

（一）致使概念

目前学界对致使概念的认识仍没有达成一致。国内外对致使概念内涵的研究主要集中在三种观点：力传递说、力作用说和事件说。力传递说（Talmy，1985/2000；Langacker，1991；Wolff，2002 等）是以致使动词为核心的致使概念观，将致使看作由致使动词关联的两个参与者之间的施力互动关系。国外力传递说以致使链理论和行为链理论为基础，将致使关系描述为致使者和被使者之间的单向力传递关系，但致使链理论的核心要求致使者与被使者为不同实体，因此建立在该理论基础之上的力传递说无法解释致使力内向传递的情形。力作用说（彭利贞，1996；范晓，2000；周红，2006a 等）将致使理解为致使客体在致使主体作用或影响下，导致致使客体发生某种情状，作用力涵盖外力和内力，更具概括力，但无法反映致使概念对现实世界因果关系的映射，未能揭示致使范畴的本质。事件说（Talmy，1976；Shibatani，1976；Comrie，1989；郭锐、叶向阳，2001；郭淑慧，2004；宛新政，2005 等）认为致使反映一个致使情景，涉及两个事件及两个事件之间的致使关系，即事件一导致事件二的发生。尽管事件观被学界广泛接受，但事件说又无法表征结构内部成分间的施力互动关系。

（二）语义描述

目前，致使的语义描述还远不够全面、系统，致使意义系统网络仍没有建构起来。致使结构的语义研究主要包括致使动词的语义分解（如 Lyons 1968；Moreno，1993）和语义生成（如 McCawley，1968；Lakoff，1970），致使结构的经验性基础（如 Miller & Johnson-Laird，1976；Haiman，1985）、意向图示基础（如 Talmy，2000；Wolff，2002；周红，2004；袁咏，2011）、构式语法基础（如 Goldberg，1995；陈俊芳，2010；谈建宏，2013；郭印，2015）、心理空间概念合成过程（如 Fauconnier & Turner，1996），致使结构的及物性分析和作格分析（如 Halliday，1994/2000；黄国文，1998；Fawcett，2010；梁红艳，2008；齐曦，2007，2008，2009；He，2014；张敬源、夏静，2015）等。语义分解认为，致使动词是出现在及物性结构中的二价动词，而这些二价动词是由一价不及物动词或不及物形容词性动词转化而来的。生成语义学分析了致使动词的转换生成机制，认为致使动词由相对应的表始动词提升而来,表始动词则是由状态形容词转换而来。致使动词的语义分解和语义生成研究均孤立地考察致使动词的语义,未能综合考察句式语义及主体的认知能力。致使结构的认知研究不仅对语言句法结构本身进行描述,而且考察了主体在认知过程中的心理及认知能力。但认知语法仅运用"弹子球模型"和"典型事件模型"对致使动词的及物性进行描述,不够系统、全面。系统功能语法的致使研究主要从两个视角展开:悉尼语法模式和加的夫语法模式。悉尼语法对致使结构的语义研究仅限于分析及物性系统中的过程类型,且过程类型的确定标准前后不一,有时依据致使动词,有时依据补足语成分,没有建构致使范畴的意义系统。另外,悉尼语法仅聚焦于致使动词的描述,未能关注致使过程及其参与者共同构成的语义配置。加的夫语法将致使句分析为由施动者和现象两个参与者构成的一类影响过程,虽然在影响过程框架内构建了部分致使意义系统网络,但其弱化了受影响过程内部表达的语义关系,对致使意义的描述仍不够全面。

(三)句法分析

致使结构的句法分析缺乏语义基础,且没有做到穷尽性分析,主要从传统语法(如 Quirk et al,1985;章振邦,1989)、生成语法(如 Chomsky,1995;Harley,2005;何元建、王玲玲,2002)和系统功能语法(如 Halliday,1994/2000;黄国文,1998;梁红艳,2008;齐曦,2007,2008,2009;Fawcett,2010;He,2014;张敬源、夏静,2015)视角展开。传统语法基于语言形式研究句法,认为不同语言单位在小句结构中承担的成分角色较为固定,孤立地从形式上对小句中各构成成分的句法功能进行判断,将英语致使结构分析为 SVO 和 SVOC 结构形式,这种基于形式的分析方法极易造成句法分析的混乱。汉语学界也从传统语法视角探讨了典型分析型致使句式,提出单句说和复句说两种观点。单句说包括:兼语式(如刘月华等,2004;李临定,2011),认为致使动词后的名词性成分扮演双重角色,既是致使动词的宾语,又是致使动词后主谓结构的主语;非典型单句(如吕冀平,1979;李人鉴,1990),认为致使结构中动词和后跟结构为动宾关系;双宾结构单句（如张静，1977；符达维，1980），认为致使动词后主谓结构内部成分均为致使动词的宾语；连动式（如朱德熙，1982；刘街生，2011；刘云飞，2014），认为两个或两个以上动词以先后、方式、目的等关系连接，共同在小句中充当谓语。持复句说观点的学者（如萧璋，1956；胡裕树、范晓，1996）认为，致使动词后主谓结构为从属小句，与主句共同构成复合句。可见，传统语法对致使句式的句法分析仍然较为混乱，尽管对致使结构的分析具有一定解释力，但太过片面，缺乏将致使作为一个范畴的系统性研究，具有一定局限性。生成语法引入轻动词概念，解释了致使结构的句法形成机制，认为谓语动词包含两个层面，一个是处于高一层次的功能层，由无实际意义的轻动词构成；一个是低一层次的语义层，由表实在语义的动词构成，即致使结构作为整体充当致使小句的谓语。生成语法轻动词的处理方法太过片面，仅能解释个别典型致使结构的形成机制，不具有概括力。功能语言学内部的悉尼模式将分析型致使句（使役句）看作由两个小句构成的复合体，其中体现致使结果的小句从属于致使小句。加的夫语法框架下对致使结构的分析认为，致使句是由"主语 + 主要动词 + 补语"构成的简单句，其中补语或为实体，或由嵌入小句填充。功能语法视角对致使结构的句法研究较大程度地体现了功能的思想，但仍未能综合考察不同类型的致使结构，缺乏系统性。尽管致使结构的句法研究取得了一定成果，但对致使结构的句法研究大多缺乏语义基础，鲜有结合语义特点和语言表达形式对致使结构进行比较全面系统的研究，对致使结构的研究范围也不够全面，大多关注典型分析型致使结构，对词汇致使结构关注不够，忽视了表达致使义的双宾语结构。

（四）跨语言研究

国外语言学界对致使结构的跨语言研究主要是从类型学视角（Comrie，1981；Song，1996；Dixon，2000 等）考察不同语言致使结构的共性特征，将人类语言中的致使范畴分为词汇型、形态型和分析型三类，考察了不同类型致使结构在形式语义上的联系，并讨论了与致使结构各要素有关的语义参数，但多为英语与其他语言的比较，鲜有英汉致使结构的对比研究。国内语言学界对致使结构的跨语言研究主要集中于英汉典型致使结构和致使动词的对比。国内学者基于不同理论框架对英汉致使句式进行了深入对比。有从意向图示角度讨论典型致使结构在英汉语中表达异同的学者。如熊学亮、梁晓波（2004）从认知语言学角度考察英汉典型致使结构，发现两种语言的致使结构与客观致使事件均表现出较高的相似性，反映了两种语言对客观世界致使事件概念化的认知共性，但英汉语在致使义体现句式上存在细微差别。有借助英汉平行语料库在致使义理论框架下考察汉语特殊致使句式在英语中对应句式的学者。如王蕾（2008）基于塔尔米（Talmy）的致使义理论，将"把"字句分为致使事件"把"字句、施动者"把"字句、起始者"把"字句、工具"把"字句以及遭遇"把"字句，在平行语料库中考察不同句式对应的英语表达形式，并在致使义理论框架下分析了英汉对应句式如何表达相同的致使义。刘婧、李福印（2017）同样以塔尔米（Talmy）的致使义理论为框架，从致使元素、致使结构、致使语义三个方面考察了"使"字句与英语对应表达形式之间的关系，结果表明，英汉语在致使元素和致使语义层面上存在一定的对等关系，在致使结构上表现出较大差异。有基于认知和语法整合视角对致使移动构式进行英汉对比研究的学者。如潘艳艳、张辉（2005）从认知视角对致使移动构式的语义、句法、动词配价等进行分析，揭示了英汉致使移动句式的异同及其动因。张辉（2004）在语法整合理论框架下，比较英汉在表达致使移动过程中概念整合操作的异同，揭示了英、汉语在句子生成和理解上的差异。周道凤（2012）从语法整合角度探讨了英汉致使移动句在概念和语言整合过程中的差异，指出句法上的差异不仅源于表达事件结构时各自语法采用的不同概念和语言整合模式，而且源于不同语言系统、认知方式以及二者的交互作用。也有基于认知语言学和类型学理论对英语致使义复合宾语句与汉语致使义兼语句、英汉动结式及英汉双及物构式进行对比的学者。如陈秀娟（2010）、李炯英（2012）根据致事与役事的和谐、对抗关系，确定语义分类对比框架，并基于该框架对比了英汉两种类型致使结构内部语义成分的语义句法特点，最后从认知角度对二者的差异进行了解释。罗思明（2009）从认知功能视角，对英汉动结式的语义表征、语义制约、句法结构、联接及语篇特征进行了对比分析，并对英汉动结式的异同寻求认知功能解释，充分揭示了英汉动结式的本质。成祖堰、刘文红（2016）采用类型学分析方法，从语义、形式层面考察了英汉双及物构式在生命度、指称、构式义方向、语序上的类型学特征，揭示了英汉双及物构式在以上参数呈梯度趋向分布的共性特征。

英汉致使动词的对比主要关注致使结构中的心理动词、客观致使动词和致使交替动词。王文斌、徐睿（2005）考察了表达心理活动的使役动词在英汉语中的形态异同，在乔姆斯基（Chomsky）的"最简方案"和拉尔森（Larson）的 VP 壳理论基础上，分析了英汉心理使役动词结构的个性和深层结构中的共性，指出使役动词表达的意义由词语意义和使役成分相互作用而成。周静、蒋苏琴（2008）基于语料分析，对英汉客观致使动词进行对比，发现二者具有相似的语义特征，但由于不同语言类型和不同的概念化方式，二者在形态和句法特征上存在较大差别。郭印（2011）在讨论英汉致使交替现象时，从动词的结构和语义、致事语义特征、共有客体语义特征和时体特征几个指标入手，分析了英汉致使交替动词的属性及其句法特征上的异同。

尽管学者们从不同视角对英汉语中某些致使结构进行了深入对比，但缺少在致使范畴下对致使义体现形式的全面、系统对比研究。致使动词的对比研究也较为零散，主要涉及心理动词、客观致使动词和致使交替动词。以往对比研究或关注致使动词的语义特征，或聚焦致使结构内部成分的语义特征和句法实现单位，缺乏对英汉致使结构句式语义句法的整体关照，对比不够全面系统，致使的语义系统仍没有得以建构，句法分析也没有做到穷尽。目前学界缺乏在一个理论框架下对英汉致使结构语义句法的全面系统比较，且未能从本质上揭示英汉致使结构异同的动因。

二、研究视角

（一）生成语义学视角

鉴于致使动词在致使结构意义表达中的重要性，生成语义学聚焦于英语致使动词的句法语义特点,对致使动词的形成、分类和发展进行了深入的研究,使人们对致使结构表达的意义有了更深刻的认识。对英语致使概念的传统解释是利用语义分解的方法进行的,通过对致使动词进行语义分析探寻其蕴含的共性特征。Lyons(1968)对致使动词进行语义分解,认为致使动词是出现在及物性结构中的二价动词,而这些二价动词是由一价不及物动词或不及物形容词性动词转化而来的。Moreno(1993)通过对致使动词进行语义分解,归纳出致使语义的三个特征:目的性、过渡性和施力性。例如:将"kill"分解成"cause to die""cause to become dead"或者"cause to become not alive"(例句转引自 Shibatani,1976)。生成语义学不局限于对致使词语本身的分析,而是探讨致使动词与相应的表始动词和形容词的转换关系。代表学者 Lakoff(1970)认为致使词语是由对应的表始动词在句子的深层结构中提升而来,而表始动词又是由表状态的形容词转变来的。如:(1)The sauce is thick;(2)The sauce thickened;(3)The chef thickened the sauce。句(2)中的动词是由对应的状态形容词 thick 在 become 的环境下转换而来,句(3)中的动词则是由句(2)中 thicken 提升而来。Jackendoff(1990)将致使概念视为一个二元函数,表示某一主体造成某一事件的产生,并将致使概念结构表示为"致使结构 = 致使者 + 致使方式 + 致使对象 + 致使倾向",更清晰地揭示了致使概念的内涵。

生成语义学对致使动词的语义分解和语义生成研究均孤立地考察致使动词的语义,仅限于词语层面对致使义的解释,未能考察致使义在句法层面上的体现方式及主体的认知能力,未能揭示致使意义的全貌。

(二)生成语法视角

在生成语法框架下,McCawley(1968)认为词汇致使(lexical causatives)和句法致使(syntactic causatives)具有相同的深层结构,采用分解原始义素法,分析了"kill"和"cause to die"在深层结构上的联系,"kill"被分解为[Cause[Become[Not Alive]]],证明两者具有相同的深层结构。Aissen(1979)同样认为致使动词由谓词提升而来,并统一建立了致使体现形式的深层结构。Harley（2005）通过事体分解对致使结构的生成句法进行研究，基于生成语法的新构式理论，提出致使结构体现为致使事体和结果事体构成的复杂事体。

国内语言学者在英语致使研究的影响下，对汉语致使结构的生成机制进行了探讨。胡旭辉（2014）在最简方案框架下，对英语致使结构进行了系统研究。主要以谓语动词与非宾格动词形态一致的动词构成的致使结构为研究对象，考察了同一动词在某些情况下可出现在致使结构中、某些情况下却不被接受的现象，分析认为句法机制和句法外界面机制均对致使结构的接受度产生制约。沈阳、何元建、顾阳（2001）以生成语法为理论背景，探讨了现代汉语中的使动结构①、词的使动用法和"V–得"结构。指出使役句法的核心是使役动词，可以指派致使题元，使役动词的显隐会生成不同形式的结构。如果使役动词为显性成分，句法生成的结果就是使动句；如果使役动词省隐，则生成词的使动用法或者有使动意义的"V–得"结构。何元建、王玲玲（2002）通过研究汉语使动句和役格句之间的语义和语法关系，发现汉语没有役格动词，作格动词用作使动词，通过句法结构表达使役义。熊仲儒（2004）探讨了汉语致使句式的句法语义接口问题，在最简方案框架下，提出"功能范畴假设"和"嫁接与移位同向假设"，以解决论元选择与题元角色的指派问题和语言的科学性问题。成镇权、梁锦祥（2008）就动补复合词是词库内还是句法层面上生成的问题展开研究，通过考察汉语动补复合词致使性特征的语法属性，发现动补复合词是在句法层面上生成的。

生成语法克服了生成语义学停留在致使动词意义上的局限，对致使的研究主要关注致使结构的转换生成，目的是探寻形式和语言的共性，但是对致使结构小类的语义特征和语用价值重视不够，它所概括的统一句法规则的解释力存在一定的局限性。

---

① "使动"现象可以追溯到马建忠（1898）所著《马氏文通》对动词使动用法的定义："内动字用若外动者，则亦有止词矣。"使动结构指不及物动词、形容词或名词带宾语，构成的表达致使义的动宾结构形式。

（三）认知语言学视角

认知语言学不仅描述语言句法结构，而且尝试从主体的认知心理寻找致使产生的动因。Miller 和 Johnson-Laird（1976）认为致使概念的形成与人对世界的感知有着紧密的联系：一是致使概念的形成与人类对运动事件的感知相关；二是致使概念源自人类对自身意愿性活动的感知。认知语言学者主要从四个方面对致使概念进行阐释：象似性、作用力图示、概念整合和原型范畴。其中，构式语法提出的语言中普遍存在的致使移动构式是对致使概念的一般性概括。

语言象似性指表达人类认知的语言结构、形式和意义与现实世界存在的象似性。具体体现在：（1）现实世界中事物的特征可以分为状态、状态改变、致使动作和动作结果。致使概念则与现实中的致使动作和动作结果对应。（2）致使词语形式上的复杂度与现实世界的致使概念表现出了数量上的相似性。（3）致使结构成分间的距离与致使概念成分间的距离对应。例如，"kill"比迂回致使词 "cause to die" 在词汇距离上更短，相应致使概念更直接、致使力更强。从语义来看，kill 往往要求致事和役事之间有身体接触，而 cause to die 使两者保持一定距离，由此可知，kill 的致使义强，cause to die 的致使义弱。Haiman（1985）分析了致使的语义参数和形式参数，也发现语言形式和功能存在象似性。

Talmy（1985，2000）认为致使概念是以作用力图示为基础的，并为致使概念建立了一个由致使者和受使者构成的"施力—动态"系统，从动力传递角度对致使概念进行了充分的解释，并从认知语法角度将致使句式分为基本致使和复杂致使。基本致使可按控制时间点的不同分为时点延续致使（point-durational）和扩展延续致使（extent-durational causation）；复杂致使可分为起始致使（onset causation）、系列致使（serial causation）、连续和不连续系列致使（continuous and discontinuous serial causation）、使因致使（enabling causation）。Langacker（1991）认为致使结构是及物性结构的完型，表示能量从施力者传递到受力者并导致受力者发生动作或状态的变化。致使过程表达致事和役事两个参与者之间的施力互动关系，及其引起的"受事"状态变化。Wolff（2002）基于塔尔米（Talmy）提出的施力—动态机制，通过对致使范畴的大量实证研究，提出了致使概念的动态模式（Dynamic Model），认为致使者和被使者之间不仅体现对抗关系，而且包含和谐关系。袁咏（2011）运用认知语法的作用力图式理论探讨了汉语中致使事件概念语义与句法结构的体现关系，从致使动词的语义角度分析了四种致使语义关系，认为致使概念语义结构不能归究于单个动词或介词短语，而是由致使、动作和方位语义关系融合构成，体现为固定的句法结构。

Fauconnier 和 Turner（1996）从概念整合角度对致使概念进行解释，认为致使的概念整合过程涉及致使的语法空间和致使的概念空间两个输入空间及其投射而成的合成空间。语法空间是由动作主体、动作客体、致使动作及方式、客体运动方向及方式构成的一个统一体。概念空间包括动作主体所实施的动作、动作客体经历位移及位移的方向、主体动作导致客体发生位移的致使关系，表达了动作主体致使客体发生位移的概念义。来自两个输入空间中的对等成分发生部分映射，构成由语法成分和概念成分整合而成的一个合成空间，从而将整个致使过程一体化。张翼（2013）运用概念整合理论中的单域网络和双域网络对汉语动结式的语法特征进行分析，阐明了动结式不同用法的认知理据。

Lakoff（1987）运用认知语言学的原型范畴理论提出致使范畴的原型，原型致使即直接致使，并列出判断原型致使的十个典型特征及其相互作用关系，具备的特征越多，越接近原型致使。秦裕祥（2015）从原型范畴理论的角度讨论了致使概念和英语致使句的形成过程，指出致使概念是一个原型语义范畴，致使范畴是由物理力致使到性质力致使再到意志力致使的扩展，致使句是原型句法范畴，原型致使句是原型致使概念向语言结构隐喻投射的结果。周红（2004）基于图式的范畴化理论，系统分析了现代汉语致使范畴，探讨了致使范畴的判定标准和分类标准，运用意象图式理论和隐喻理论建立致使的认知基础，构建了致使范畴模式，并分析了致使概念的构成要素及其特征，提出影响致使句式的结构内部要素及主观变量和客观变量。

另外，Goldberg（1995）从构式语法角度提出的致使移动构式是对致使概念的一般性概括，他将运动致使概念的一般形式标示为"NP V NP PP"，并阐述了致使移动构式和动结构式间的隐喻扩展关系。他认为致使结构是一种匹配关系，所表达的致使义并非由动词决定，而是由句式本身赋予的。自此，学者们也纷纷以构式语法理论为依据对致使移动构式及其隐喻扩展进行探讨。谈建宏（2013）从构式语法视角探讨了英语致使移动构式的多义现象，通过对致使移动构式和进入该构式的动词意义关系的分析，研究多义现象产生的认知理据，认为动词意义和构式义间的相互混成和转喻压制是多义现象产生的重要原因。陈俊芳（2010）对现代汉语致使移动构式进行了系统研究，分析了动词与构式的互动关系、不同构式间的联系以及致使移动构式中语义角色与句法成分的连接关系。褚鑫（2016）在构式语法理论框架下，对现代汉语动结式进行全面探讨，认为动结式是致使—结果范畴的原型，分析了动结构式的内部建构、论元熔合过程、致使论元及动结构式形成的相关句式，但没有明确界定致使义动结式的范围。

致使结构研究是认知语言学长期以来关注的焦点，认知语言学运用不同的认知语法理论对致使概念的本质进行了深入细致的阐释。但致使作为一个语义语法范畴，认知语言学对致使范畴的语义系统描述仍不够清晰，且缺乏对致使结构句法功能的描述。

（四）系统功能语言学视角

从系统功能语言学视角对致使进行的研究主要涉及语义句法分析。系统功能语言学创始人 Halliday（1994/2000）从及物性和作格两个方面对使役结构[①]的语义进行了研究：及物性分析主要关注过程的延伸性，即过程是否延及参与者和环境成分，将使役结构分析为由两个过程构成的小句复合体，但在确定使役结构过程类型时依据的标准不一，有时依据使役动词，有时依据补语成分间的关系；作格分析则主要关注过程的使役性而非延伸性，即动作是自发的还是外界实体引起的，由此提出了使役的概念，认为使役结构语义上

---

① 功能语法研究中的使役结构通常指分析型致使结构或迂回致使结构。

体现一个过程，句法上构成一个"主语＋谓体＋补语"的简单句，但作格分析未能揭示直接使役与间接使役的差别。Fawcett（2010）将使役结构描述为带有两个参与者角色的单独一类过程，即"影响过程"，其中一个参与者为施事，另一个参与者为嵌入小句体现的受影响过程。由嵌入小句充当的参与者称为"创造物—现象"，弱化了受影响过程内部表达的语义关系。小句为由主语、主要动词和补语构成的简单句，其中补语由嵌入小句填充。国内学者也对英语使役结构进行了句法语义研究，如黄国文（1998）、梁红艳（2008）借鉴悉尼语法和加的夫语法理论，提出了新的观点，认为使役小句由主语、主要动词和补语三部分组成，而补语由低一层次的小句填充，语义上表达一个主要过程和一个次要过程。这类研究既克服了悉尼语法分析的复杂性问题，又解决了加的夫语法对补语内部成分间语义关系弱化的问题。齐曦（2007）根据英语小句表达过程所体现出的两种功能语义模式，提出英语使役结构的两个范式："以中介为中心"和"以施动者为中心"的使役结构，更系统、全面地描述了英语使役结构。齐曦（2008）在系统功能语言学框架下，探讨了英语直接使役和间接使役意义，并在该分类基础上，分析了两大范式所表达的意义。齐曦（2009）运用"投射"理论对英语使役结构进行解释，分析了使役结构和投射结构的异同，对使役结构有了更深入的认识。何伟等（2017a）融合了致使句"使役性"和"及物性过程"，提出六种"使役过程"，但其讨论的使役结构形式仅限于小句层面上的英语致使义复合宾语句以及汉语兼语句式，没有考察致使义动补结构和致使义双宾语结构，也未涉及致使义在词汇层面的体现形式，对致使意义的描述不够系统，未能全面建构致使义系统网络。

国内学者也尝试运用系统功能语法理论研究汉语致使结构，推动系统功能语法的本土化进程。目前从系统功能语法视角对现代汉语致使结构的研究相对较少，主要有何伟，张敬源和夏静。He（2014）从系统功能语法内部的加的夫模式入手，探讨了现代汉语致使义兼语句，将汉语兼语结构中表达使令义的动词分为两类：一类是本身只带有致使义的纯致使动词（使、让、令、叫等）；一类是除致使义外本身还带有其他词汇义的具体致使动词（包括强迫、导致、劝说、邀请、鼓励和允许几个次类）。她指出使令义动词期待出现的参与者是一个事件或命题，而不是个体参与者，同时借鉴加的夫语法提出的影响过程，将汉语致使义兼语句分析为具有两个参与者角色的影响过程，一个参与者为致使者，在小句中充当主语，另一参与者体现受影响过程，以嵌入小句形式填充补语。张敬源、夏静（2015）在加的夫语法框架下对现代汉语"使"字结构进行了句法语义分析，从形式和意义两个层面对"使"字结构的句法结构、语义特征和句法功能进行了探讨。

就致使的语义研究而言，相比认知语法，系统功能语法的及物性系统提供了更加精密细致的分析模式，将概念的语言表达形式分为不同的过程类型，并为过程中的各构成成分赋予不同的角色类型，描述了过程和参与者组成的语义配置结构。和传统语法的句法分析相比，功能句法分析以语义为基础，强调功能，将语义分析与句法分析相结合，能够更好地判断小句中各成分间的关系，但目前对致使结构的语义句法分析仅涉及部分致使结构类型，缺乏对致使范畴的系统研究。

（五）类型学视角

类型学视角不仅界定了致使范畴的概念，而且其对致使范畴的分类研究也得到学界的普遍认可。Comrie（1981，1989）从类型学视角将致使结构分为分析型（analytic causative）、形态型（morphological causative）和词汇型（lexical causative），并认为这三种类型构成一个连续统，且三者之间存在过渡形式。Dixon（2000）在类型学框架下，进一步从形式、句法和语义三个维度对致使进行了研究，讨论了限定致使结构的九个语义参数，根据形式构成将致使结构分为五类，即形态型、复杂谓词结构、迁说型、词汇型、交换助动词形式，并讨论了论元结构变化、论旨角色分配和致使结构语义参数等问题，探讨了致使结构中语义参数值的变化和形式紧密度之间的关系。Shibatani 和 Pardeshi（2002）认为致使在形式层上表现为一个连续统，通过分析动词语义，阐明了直接致使和间接致使的差别，并揭示了二者与词汇致使、能产型致使的关系，进而从语义角度指出致使结构是由直接致使、联系型致使和间接致使组成的一个连续统。联系型致使又可进一步分为参与行动型、协同辅助型和监督型三个小类。Song（1996）从共性和类型的角度考察了 408 种语言，认为致使概念包括目标（goal）、事件（event）和结果（result）三个元素，将致使结构分为融合式、并列式、目的式三类。他认为致使概念不能局限于致使者和被使者之间的关系，其关系只是致使概念的构成部分。他还指出致使概念的三要素：某些愿望和意愿的知觉、一种有意实现愿望或意愿的尝试、意愿或愿望的完成。其中第二要素是致使概念的本质属性，是不可缺少的成分。以上学者都认为致使范畴由两个事件组成。Dixon（2000）持不同的观点，他认为致使结构是在一个基础小句上加入一个附加论元（致使者）构成的，致使者指引发或控制活动的某人或某事（可以是一个事件或一种状态）。

　　国内学者也从类型学视角对汉语致使结构进行了深入探索。何元建（2004）考察了 15 种语言中的使役结构，从生成语言学角度探讨使役句不同表达方式背后的动因，发现使役句类型由使役动词的"致使"和"实施行为或过程"两个义项在不同语言中的表达方式所决定。牛顺心（2004）基于语言类型学和语法化理论分析了汉语致使结构的句法类型及发展脉络。他参照 Comrie（1989）的分类方式并结合汉语自身特点，从形式上将汉语致使结构归为分析型和综合型两类，分析型是汉语主要的致使结构，可细分为使令式、致动式和隔开式。由于致动式与隔开式在语义上更为接近，他将使令式表达的语义称为使令义，将致动式和隔开式表达的语义称为纯粹的致使义。朱琳（2009）从语言类型学的角度考察了起动 / 致使动词交替现象。在Haspelmath 研究的基础上，她对汉语相应的 31 个动词进行了类型学的考察，并通过分析动词语义的特征，从施事性转移特征角度对汉语中 31 个起动 / 致使动词进行了分类。玄玥（2017）从类型学视角考察了汉语动结式中动词的"完结"范畴，明确了"完结"范畴的范围，指出了"完结"的意义和性质，通过考察 66 种语言中的动作"完结"语义表达形式，将动词的完结范畴表达形式分为三大类五种，并分析了各类型间的依存关系。

　　类型学通过考察世界范围内的不同语言，从多维度对致使的概念及类型进行研究，并根据致使结构语义参数分析致使结构在形式和语义上形成的连续统，其对致使概念的界定和结构的分类具有一定普适性，能够为不同语言中致使范畴的定义及分类提供参考。但其分类中的形态型致使对于缺乏形态变化的语言来说，适用性有限。

三、本书研究视角

由上可知，致使范畴研究主要存在以下问题：对致使的界定和分类仍存有争议；对致使意义的研究不够全面、系统，过分关注致使结构的局部语义特征，缺乏对整个致使语义系统的关照；对致使结构的句法分析缺乏意义基础；英汉对比研究也较为零散；不同视角下的致使结构研究缺乏系统性。产生以上问题的原因主要在于：对于致使范畴的研究未能基于一个全面系统的理论。系统功能语法不仅关注局部语义特征，而且能够关照句式语义及整个语义系统，其及物性系统将语言体现的概念细分为不同的过程类型，并根据过程和参与者详细描述了及物性过程语义配置结构，能够构建更加精密细致的致使意义系统网络。另外，功能语法的"语义为中心，形式体现意义"的句法分析原则能够结合意义和形式对致使结构进行合理的句法分析，为句法分析提供了理论基础。

系统功能语言学自 20 世纪 60 年代由 Halliday 提出以来，经历了阶与范畴语法、系统语法、功能语法、系统功能语法和系统功能语言学阶段的发展，已经发展成为普通语言学和适用语言学，其理论不仅适用于描述英语，也适用于世界范围内的所有语言。随着系统功能语法的不断发展完善，在 Halliday 系统功能标准理论的基础上，不同的系统功能理论相继被提出和发展，其中尤以加的夫语法为大家所熟知。加的夫语法作为悉尼语法的简化和扩展，细化了及物性结构中的过程类型及其语义配置，明确区分了语义层和形式层，从而更好地解释了两者之间的体现关系，为功能句法分析提供了理论依据。

首先，系统功能语法的及物性系统将语言表达的概念细分为不同的过程类型，每个过程类型均涉及不同的参与者，构成不同的语义配置结构，能够为致使意义系统网络提供更精密细致的描述。系统功能语法的及物性系统由功能语法创始人 Halliday 提出，他将人类经验分为六种过程：物质过程（material process）、关系过程（relational process）、心理过程（mental process）、行为过程（behavioral process）、言语过程（verbal process）和存在过程（existential process）。加的夫语法创始人 Fawcett 在 Halliday 及物性系统的基础上将过程类型细化为六种主要过程：动作过程（action process）、关系过程（relational process）、心理过程（mental process）、环境过程（environmental process）、影响过程（influential process）和事件相关过程（event-relating process），并将各主要过程细分为若干次要过程。以上对语言表达经验意义的描述较为全面和系统，为致使语义系统网络构建提供了理论基础。

其次，系统功能语言学内的加的夫语法明确区分语言系统中的语义层和形式层，充分解释了两个层次之间的体现关系，在句法分析时，避免了语义句法难以区分的问题。同时，能更好地体现"语义为中心，形式体现意义"的描述原则。

综上，系统功能语言学中的及物性理论、系统思想、功能句法理论为考察英汉致使范畴的意义系统及句法功能提供了系统的理论体系。

四、研究目的与研究问题

本研究在系统功能语法框架下，对英汉致使结构进行语义句法分析，揭示英汉致使结构在语义特点和句法特征上的异同及其动因，扩展并加深对英汉致使结构共性和个性的认识。本研究主要回答以下问题。

1. 英汉语致使意义系统有何异同？

该问题旨在建构英汉致使意义系统并进行对比。本研究基于及物性理论分析致使结构体现的及物性过程及其语义配置结构，在功能语法系统思想指导下，分别建构英汉语致使意义系统网络，揭示英汉语致使义系统网络构成的异同。

2. 英汉致使结构内部语义成分实现的句法单位及句法结构有何异同？

本研究以英汉致使范畴在词汇和句法层面上的不同体现形式为研究对象，对英汉体现致使结构语义成分的句法单位及句式结构进行对比，揭示其异同。

3. 英汉致使结构语义句法异同背后有何深层原因？

本研究基于系统功能语言学，并借鉴其他学科理论深入分析英汉致使结构语义句法异同的动因。

五、研究方法

本研究在系统功能语言学的相关理论框架下，在意义与形式相结合的思想指导下，对英汉致使结构的语义特点和句法特征进行共时描述和对比，以期揭示英汉致使结构语义句法差异及其背后的动因。出于描述的充分性、对比的全面性和研究结论的客观性，本研究采用以下研究方法。

（1）定性与定量相结合的研究方法。本研究不仅对致使要素的语义特征进行了定性分析，而且通过定量方式考察了英汉致事和役事有生性的不同分布情况，充分描述并对比了英汉致使要素的语义特征。

（2）从微观到宏观的对比分析方法。本研究对英汉致使范畴的对比，不仅涉及微观层面上英汉致使结构内部成分语义句法特征的对比，而且关照宏观层面上句式语义句法特征的不同，全面系统地揭示英汉致使结构语义句法的异同。

（3）语料库与文献资源相结合的方法。为了使研究结论更具可信性、客观性及全面性，本研究在基于语料库的大量真实语料基础上，辅以各类题材的文献资料，并对检索到的语料进行人工甄别。英语语料主要来自英语国家语料库（British National Corpus，简称 BNC）、美国当代英语语料库（Corpus of Contemporary American English，简称 COCA）和文献资料及不同题材的文学作品，其中文学作品包括海明威的《老人与海》，马克·吐温的《汤姆·索亚历险记》《哈克·贝里芬历险记》，玛格丽特·米切尔的《飘》和菲茨杰拉德的《伟大的盖茨比》等 10 余部。现代汉语语料主要来自北京大学开发的现代汉语语料库（简称 CCL）和文献资料及不同题材的文学作品，其中文学作品包括老舍的《骆驼祥子》《四世同堂》《茶馆》《二马》，钱锺书的《围城》，巴金的《家》《春》《秋》，莫言的《生死疲劳》《丰乳肥臀》等 20 余部。

六、研究意义

1. 重新界定了致使概念，并完善了致使的分类。

本研究融合致使概念的事件观和力作用说，将二者视为致使范畴化网络中的图式和例示，既充分解释了两个事件之间的致使关系，也体现了致使动词对参与者的预测力。基于系统功能语法并协互补思想，将致使分为词汇致使和句法致使，完善了致使结构的跨语言对比分类框架。

2. 充分描述并构建了致使结构的意义系统网络。

本研究基于系统功能语法的元功能思想，以及物性理论为指导，构建了英汉致使意义系统网络，认为致使结构在概念意义上体现了两个过程，并将致使义与结果事件表达的及物性过程相融合，提出七种复合过程类型，通过分析不同过程的语义配置结构，构建了更加精密细致的致使意义系统网络。

3. 揭示了致使范畴不同体现形式内部的语义关系及其句法功能。

从致使义角度出发，充分考虑不同致使结构的差异，以致使过程期待出现的参与者为导向，对致使结构进行功能语义句法分析，揭示了致使范畴不同体现形式内部的语义关系及其句法功能，为致使结构的语义句法分析提供了一个新视角。

4. 揭示了英汉致使结构的共性和个性。

基于相关语义参数，本书自下而上依次考察了英汉致使结构内部成分及结构本身的语义语法特征，揭示了两种语言致使结构的共性与个性，论证了英汉语言类型学差异，有助于英汉语言学习者对目标语的习得。

七、小结

　　本章概述了致使结构的相关研究内容，回顾了不同语言学框架下的致使结构研究。通过文献回顾，本研究发现，以往对致使结构的研究虽然取得了丰硕的成果，但仍存在尚未解决的问题：目前学界对致使概念的认识仍没有达成一致；致使的语义描述还远不够全面、系统，致使意义系统网络仍没有建构起来；句法分析缺乏语义基础，且没有做到穷尽性分析；英汉对比研究主要集中于典型致使句式和致使动词，缺少基于致使范畴的系统研究；不同视角下对致使结构的研究各有侧重，但缺乏系统性。基于以上研究问题，本章进而提出本书的研究视角、研究方法、研究目的及意义。

第二章

致使结构概念、类别及特征

致使结构具有语义、句法复杂性的特征，目前还存在致使概念定义尚不统一、致使结构分类标准不一等问题。本章将综合以往对致使概念的解释，重新界定致使概念内涵。综合考虑英汉语致使结构的特征，在功能语法并协互补思想指导下，将致使结构分为词汇型和句法型两类，同时确定了致使结构的研究范围。而且本章对致使语义层内部的层级性特征、致使各语义要素的语义特点、致使与因果的关系进行了详细的说明。

一、致使概念内涵

英语致使概念的研究主要集中在两种观点：一种从 Croft（1991）的致使链理论和 Langacker（1991）的行为链理论出发，将致使关系看作参与者之间的力传递关系，即力传递说；另一种是从事件的角度解释致使概念，将致使看作由致使事件和被使事件构成的致使情景，即事件说。

当代认知语言学中的致使链理论认为语言中的致使关系反映了世界万物间的相互影响关系，将致使语义看作两个参与者之间的力传递关系，认为通过力量传递，致使者导致被使者的状态发生变化。力传递说最早由 Talmy（1985，2000）提出，认为致使概念是以作用力图示为基础，并为致使概念建立了一个由致使者和被使者构成的"施力—动态"系统，从动力传递角度对致使概念进行了充分的解释。Langacker（1991）认为致使结构是及物性结构的完型，表示能量从施力者传递到受力者并导致受力者发生动作或状态的变化。致使过程表达致事和役事两个参与者之间的施力互动关系及其引起的役事状态变化。Wolff（2002）基于 Talmy 提出的"施力—动态"机制，通过对致使范畴的大量实证研究，提出了致使概念的动态模式，认为致使者和被使者之间不仅体现对抗关系，而且包含和谐关系。

功能主义视角下，致使概念被解释为事件说。尽管力传递说由 Talmy 提出，但他更倾向于将致使概念理解为由两个事件构成的因果关系。Talmy（1976）认为，语义上的致使情景由两个或两个以上的事件构成，一个是"致使事件"，另一个是"结果事件"，两者存在"作用—效应"关系，即致使事件导致结果事件的发生。Shibatani（1976）从类型学角度对致使概念下了定义：致使情景由致使和结果两个事件构成，从事件角度看，结果事件总是发生在致使事件之后，且结果事件完全依存于致使事件。Comrie（1989）将致使视作一个由两个微观事件组成的宏观场景，两个事件间的关系为致使关系，致使事件导致被使事件的出现或产生，事件观从宏观上对致使的概括和解释具有较强的说服力。

汉语学界对致使概念的研究可以追溯到马建忠（1898）所著《马氏文通》，其将致使理解为"内动字无止词，有转词，固已。然有内动字用若外动者，则亦有止词也"。陈承泽（1982）、杨树达（1984）主要探讨词语的致动用法。王力（1943）、吕叔湘（1982）从语义角度对致使进行解释，认为致使的内涵为"使成"[①]，即"使止词有所动作或变化"。以往研究均是对个别致使现象的简单描述，不具概括性。之后，学者们从不同视角试图揭示致使的内涵，主要有以下观点：

（1）"力作用说"认为致使是致使客体受到致使主体的作用或影响，从而产生行为或状态的变化，作用和影响可以由外力产生，也可以由内力生发。如彭利贞（1996）认为某事物在另一事物的外力作用下，出现行为或状态的变化，两事物间的施力动态关系被称为致使。范晓（2000）、周红（2006a）等认为致使是致使主体对致使客体的作用或影响，且作用和影响既可由外力产生，也可由内力产生。

---

① 使成用法指某些动词能够与其动作导致的结果复合构成动结式或述结式。

（2）"过程说"代表学者程琪龙（2001）认为致使概念表达了一个致使过程，致使者使致使对象发生变化，变化可产生结果，可不产生结果，整个过程包含致使者、致使方式、致使对象及其变化倾向。

（3）"事件说"代表学者叶向阳（2004）、宛新政（2005）认为致使反映致使情景，致使情景涉及两个事件及两个事件之间的关系，即事件一导致事件二的发生。事件一为致使事件，指致使者通过致使力作用于被使者；事件二为被使事件，指被使者在致使者的作用下产生了致使结果。

过程说和力作用说都是基于转喻机制对事件因果关系的描述，强调致使者对被使者力的作用，力作用说更能概括两者的共同特征。

通过以上回顾，我们不难看出英汉语对致使概念的理解大致趋同，主要可以归纳为三种观点：力传递观、力作用观和事件观，充分反映了人类对致使概念的认知共性。根据张翼（2014）的研究，力传递观的核心是致使者和被使者为概念层上的不同参与者且二者之间有力的传递，使被使者产生状态的变化。但以致使链为理论基础的力传递说无法表征致使关系造成致事自身发生变化的情形，即只有一个参与者的致使结构，如"他喝醉了酒"和"The kettle boiled dry"这类表达内向致使力传递的情形无法用致使链理论解释。

由上可知，力传递说对典型致使有较强解释力，要求有明确的致使者和致使对象，但对于较复杂的致使关系，便显得缺乏解释力。汉语致使概念中的力作用说尽管能够表达双向作用力，但仅表征了致使结构内部成分间的作用关系，未能反映致使概念语义的整体映射，掩盖了致使范畴的本质特征。事件观将致使情景看作两个事件之间的致使关系，很好地揭示了致使的本质特征，但无法表征致使结构内部成分间的作用关系及致使动词对参与者角色的预测力。张翼（2014）将两个事件构成的致使关系看作范畴化网络中的图式（schema），将致使链看作一种例示（instantiation），致使关系的两种表征方式呈范畴化关系。我们赞成图示—例示的处理方法，并将两个事件构成的致使关系（"作用—效应"关系）看作范畴化网络中的图式，将致事、役事间的力作用关系看作范畴化网络中的例示，既充分解释了两个事件之间的致使关系，也体现了致使动词对参与者角色的预测力，可以加深我们对致使概念内涵的认识。

目前学界普遍认可致使是一个由双事件构成的致使情景，但在组构事件的称谓上不够统一。有学者认为致使情景由致使事件和被使事件构成，这种称谓极易造成理解上的混乱，致使情景本身是一个复杂事件，致使事件的称谓容易将其与致使情景混淆。

本研究倾向使用"使因事件"和"结果事件"这组称谓。一方面，致使事件和整个致使结构表达的致使情景容易产生混淆；另一方面，使因事件和结果事件能够更清晰地反映两事件之间的因果关系。

使因事件和结果事件及其相互作用关系充分解释了致使概念在语言中的表征。使因事件和结果事件存在以下关系：(1)时间先后关系，使因事件必须发生在结果事件之前；(2)依存关系，结果事件的产生完全依赖于使因事件；(3)作用或影响关系，致使动词须对被使者产生力的作用或影响，致使其动作或状态发生一定变化。

综上，致使是由使因事件和结果事件构成的一个致使情景，构成范畴化网络中的图式，其事件结构可以表示为：致使情景 = 使因事件 + 致使力 + 结果事件；语义结构体现为致事、致使行为、役事和致使结果构成的致使结构，构成范畴化网络中的例示，可以表示为：致事 + 致使行为──→役事 + 致使结果。

二、致使的语义层级性特征

传统形式句法研究的一个基本假设是动词语义可以在一定程度上预测句子的形式特征（张翼，2014）。传统的论元结构动词指派说以动词为中心，为论元指派论旨角色，论旨角色决定了论元在句法结构中的位置，论旨角色与句法成分呈一一对应关系，"施事"[①]对应句法结构中的主语，"受事"对应宾

---

① 传统语法中，施事指动作的主体，即做出动作或发生变化的人或事物；受事指受动作支配的人或事物。而加的夫语法将过程的施事参与者定义为动作的引发者，可以是个体或事件，有生物或无生物；受事参与者指动作的受影响者。为了与功能语法中的术语相区别，本书对传统语法中的施事和受事用引号标注。

语等，但致使关系的出现打破了论旨角色与句法结构成分的一一对应关系，致使结构中主语除了"施事"，还可以是"受事"、工具等使因事件语义成分，宾语论元也并非一定为"受事"。学者们从不同角度提出了不同的称谓以涵盖可能成为主语的语义成分，终极目标即寻找语义序列与句法序列的一一对应关系，如 Levin 和 Rappaport Hovav（1995）提出了涵盖"施事"、工具、自然力量等角色的直接致使概念；Reinhart（2002）试图通过寻找"施事"和工具的共有特征，从而将工具归为"施事范畴"；Dowty（1991）的原型论旨角色理论将原型论旨角色分为"原型施事"和"原型受事"，对应句法结构中的主语和宾语。即使论元具有更多"原型施事"特征，在句中存在致使者的情况下，致使者也优先与主语对应，由此可见，以上理论未能解决论旨角色和致使角色间的关系问题。

致使范畴普遍被认为是由两个事件构成的一个致使情景，致使结构的句法表征涉及事件融合。为了解释致使范畴的语义层级性特征，施春宏（2008）将语义分为高低两层，高层的致使关系是由两个底层事件的施受关系整合而成，很好地解释了致使的语义层次结构。致使关系包括致事、致使行为、役事和致使结果四个语义要素，构成"致事 + 致使行为 + 役事 + 结果"的基本语义序列，从而实现了语义成分与句法位置的一一对应关系。致使范畴的语义层次关系可以借助加的夫语法中逻辑概念系统与语义系统的投射关系加以阐释。

加的夫语法以"语义为中心，形式体现意义"的功能思想为指导，明确区分了逻辑概念系统、语义层和形式层。它们之间的关系是：语言体现概念系统，在语言内部，形式体现意义。概念系统中的事件（event）对应语义层的情形（situation），体现为句法层面的小句；概念系统中的物体（object）对应语义层的事物（thing），事物在句法层面体现为名词词组（nominal group）。但概念系统中的概念成分和语义层的语义成分并非一一对应，如概念系统中的事件可以转喻为事件的参与者，并不对应语义层的情形，而是投射为个体，在句法层面体现为名词词组。同样，概念层的物体可以表达事件，在语义层上对应情形，体现为句法层上的小句。加的夫语法语义系统与逻辑概念和句法的关系可以表示为图 2-1。

概念系统		事件	物体
表达		由……表达	由……表达
语言	意义	情形	事物
	实现	体现为	体现为
	形式：句法、形式项和声调	小句	名词词组

图 2-1　语义系统与逻辑概念和句法的关系（Fawcett，2000）

　　致使概念系统是现实世界因果关系在认知主体头脑中形成的概念结构。在逻辑概念系统中，致使范畴是由两个事件构成的一个情景，概念层上的事件对应语义层上的情形，在语义层上体现为两个情形构成的一个复杂情形。底层的两个情形表达施受关系[①]，语义成分包括"施事"、"受事"、感事、动作等，高层复杂情形表达致使关系，语义成分包括致事、致使行为、役事和致使结果。底层的施受关系和高层的致使关系存在提升关系，底层的施受关系在提升为更高层的致使关系过程中，两套底层情形的语义配置并不是简单相加，而是通过叠加、关系调整等一系列规则将二维的施受关系整合为一维的致使关系。

　　哲学意义上，致事为命题或事件，由使因情形提升而来，但出于不同原因，或通过象似性投射表征为事件型致事，在形式层上体现为嵌入小句，或通过转喻投射表征为个体致事（使因事件个体语义成分），在形式层上由名词词组体现。致使行为或为使因事件谓词与抽象致使力的融合，或由抽象致使力单独表达。役事和结果事件分别由结果情形主体和谓体提升而来。在不同致使结构类型中，使因事件和结果事件融合机制不同，在语言中的表征方式也不尽相同，表征方式依赖于认知主体对致使情景的概念化方式。致使结构内部语义层次关系如图 2-2 所示。

[①]　这里的施受关系是一个笼统的称谓，底层的两个情形内部语义成分并不一定限于施事和受事，还包括系事、感事、成事等语义成分，构成不同语义关系。为了便于操作，此处简单将情形的主体视为施事，客体视为受事，统称为施受关系。

逻辑层概念层：　　　　　［使因事件］　　　　CAUSE　　　　　　　［结果事件］

语义层 {
施受关系：［施事＋动作＋受事……］CAUSE　　［施事＋动作＋受事……］

致使关系：致事　　　　　　　　　致使行为　　　役事　　致使结果
}

图 2-2　致使结构内部语义层次关系

三、致使类型及范围

（一）并协互补思想下的致使分类

致使情景在语言中的表征存在多种形式，不同语言致使义体现形式也存在较大差别。致使作为人类语言普遍存在的一个语义概念，类型学对致使结构的分类更具说服力，其中尤以 Comrie 的观点最为显著。Comrie（1989）根据原因和结果的融合度，从形式上将致使结构分为三类：词汇型（lexical）、形态型（morphological）和分析型（analytic）。三者共同构成一个以致使力强度为参数的连续统网络，三者之间存在过渡形式。词汇型致使结构的致使义由动词体现，使因事件和结果事件融合于一个词汇动词。如 kill 体现使因事件 cause sb 和结果事件 sb die，该类动词即传统语法中具有及物性/不及物性的动词，在系统功能语法中被看作具有作格/非作格意义的动词，如 "The tourist woke/ The lion woke the tourist" 中，wake 本身既有致使义也有非致使义。形态型致使由非致使义动词或形容词、名词通过形态变化获得致使义，如 widen 由形容词 wide 加词缀构成。分析型致使也称作句法型致使、迂回型致使，致使过程和被使过程分别由独立的词汇形式体现。

我们认为 Comrie 的分类对于形态变化不够显著的汉语来说，其适用性有限。系统功能语法并协互补思想在识解人类复杂经验方面具有普适性特征。Halliday（2008）从词汇与语法、系统与语篇、书面语与口语三个方面阐释了并协互补关系。他认为词汇与语法在建构人类复杂经验方面表现出互补性的特征，构成语言层次体系中的词汇语法层，二者界限模糊，进而构成一个连续统（lexicogrammatical continuum）。Halliday（2008）认为，人类经验中的现象要么以词汇形式被识解为具体的、开放的、灵活的和信息量低的概念，要么以语法形式被识解为概括的、系统的、封闭的和信息量高的概念。任何现象都可以从词汇和语法两个方面中的任何一个进行识解。对于高度复杂的现象则可以同时从两个方面进行识解。Halliday 以英语中的 Pain 为例，对并协互补思想进行阐释，由于 pain 表达了一个复杂而抽象的人类经验，词汇和语法以互补的方式参与到该现象的识解中。

同样，致使现象反映了一个复杂的人类经验，只有综合词汇和语法两方面对致使的识解才能反映致使意义的全貌，因此，我们将致使义的体现形式分为词汇致使和句法致使两类。由于 Comrie 分类中的词汇型和形态型均为致使概念在词汇层面的体现形式，且句法结构相同，我们将二者统一归为词汇型致使。其典型分析型致使结构中使因事件和结果事件谓词在语言中各有独立的体现形式，但致使表达形式中还存在很多使因事件和结果事件谓词并不出现的隐性情形。显然，这样的定义不能涵盖致使结构的不同类型，具有一定局限性。我们将致使义在句法层上的体现形式称为句法致使结构，其致使义并非由某一词汇动词决定，而是致使动词和结构成分相互作用的结果，是小句的词汇资源和语法资源互动的结果，即在某种特定结构中才能表达致使义。英汉语句法致使范畴的分类标准不同，因而存在个别不对称的现象。陈秀娟（2010）在致使义范畴下对英语复合宾语句和汉语兼语句进行了对比，但对于和兼语句不对等的复合宾语句部分不置可否，仅对其进行了简单描述，没有深入探讨。为了与汉语致使结构进行全面对比，我们参照汉语致使结构的分类，在致使范畴下根据述语动词本身是否带有致使义，将英语复合宾语句分为致使复合宾语句和致使动结式两类，致使义复合宾语句述语动词为致使义动词，对应汉语致使义兼语句；英语致使动结式述语动词为无致使义动词，与汉语致使动结式构成特征相同，其致使义是结构内部语义成分互动的结果。该分类方式能够使英汉句法致使对比更加系统和充分，如图 2-3 所示。

图 2-3　英语复合宾语句类型

　　致使范畴下对英语复合宾语句的分类研究深化了对该结构的认识，以往研究将复合宾语句中的宾语和宾语补足语统一处理为一个主谓结构结果事件，这种基于宾语和宾语补足语关系的分析强调形式，没有全面考虑结构深层的语义关系。如 Fawcett（2010）在复合宾语句范畴内将 "He wiped the table clean" 和 "It makes him happy" 两类结构的语义关系统一分析为：wiped [[the table clean]] 和 make [[him happy]]。事实上，两类结构表达致使的方式不同，述语动词表现为致使义动词和非致使义动词，二者与结构中语义成分的关系不同。make 为致使义动词，致使过程期待的结果并不是某个参与者角色，而是一个嵌入小句体现的事件。wipe 本身为无致使义动词，其对结果并没有预期，应根据述语动词与后置名词间的语义关系进行语义分析。因此，我们根据动词有无致使义将英语复合宾语句分为致使义复合宾语句和致使义动结式，充分遵循了"语义为中心，形式体现意义"的功能思想。

　　句法致使结构除英语致使义复合宾语句（汉语致使义兼语句）、致使义动结式外，还存在一类致使义双宾语结构。Goldberg（1995）从构式语法视角，指出致使位移句式（caused-motion construction）、双及物句式（ditransitive construction）及结果句式（resultative construction）均表达致使。此处的双及物结构即本研究中的双宾语结构，可见双宾语结构表达致使义的观点由来已久。尽管词汇致使与句法致使为平行关系，但鉴于句法致使结构内部类型的多样性，我们将分不同章节对句法致使中的复合宾语句（兼语句）、动结式、双宾语结构进行英汉对比分析。致使结构的不同类型如图 2-4 所示。

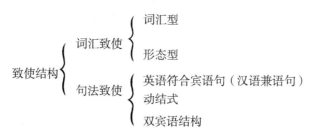

图 2-4　英汉致使结构分类

（二）致使范围

由于致使结构具有语义句法复杂性的特点，学界对于致使句式的研究范围仍没有达成一致，尤其对汉语中的"被"字句和"把"字句是否为典型致使句式存在争议。

1. 汉语"被"字句

汉语中一类表达致使义的"被"字句与致使结构存在一定联系，陈昌来（2002）认为某些"被"字句具有致使结构的特点，逻辑上表达了"原因"和"结果"的关系。但我们认为"被"字并没有参与到致使意义的建构中，因此不在本研究的讨论范围内。如"我被你迷惑了"是由"你迷惑了我"转换而来，二者表达的经验意义相同，致使义均由小句中的动结式复合词"迷惑"表达，不同的是人际意义发生了变化，"被"字作为标记词，引出"受事"并置其于动词之前，凸显了动作的发出者，起强调作用。可见"被"字并未参与致使义的建构，表达被动义才是其基本属性。事实上，"被"字句的语义关系存在不同的层次，上层关系即其表达的基本语义：被动义；下层关系则是内部结构表达的意义，如致使关系。"被"字句式作为汉语表达语态的形式，出现的范围很广，可以和不同的句式复合表达被动义，当和表达致使义的固有结构复合构成"被"字句时，自然具有了致使结构的特征，但致使义并非"被"字句式所赋予。因此"被"字句并非表达致使义的典型结构，不在本研究之列。

2. 汉语"把"字句

学界普遍认为汉语"把"字句能够表达致使义，具有致使义的"把"字句包括"把"字动结式、"把"字双宾句和"把"字位移句三种句式。其共同特点为:"把"字引出的"受事"处于致使动词之前,起凸显、强调"受事"的作用,和常规语序相比,具有不同的人际功能。但"把"字句是否构成一类致使句式仍存有争议,如叶向阳(2004)认为"把"字句在语义上表达了一个致使情景,其基本语义就是致使。我们认为以上句式表达致使义的方式不同。

"把"字动结式源于典型动结式"致事 + 致事行为 + 致使结果 + 役事",为了凸显役事,用"把"字将其前置。这类"把"字句的致使义实则由动结式体现,而不是"把"字句式所赋予,不能将其称为典型致使结构。如"我把花瓶打碎了"是"我打碎了花瓶"句式的变体,通过役事前置,达到特定的语用效果,属于致使动结式范畴。"把"字双宾句同样也是由双宾句转换而来,如"他送给我一本画册"和"他把一本画册送给了我"二者存在转换关系,表达的经验意义相同,"把"字并不参与致使义的建构。

"把"字位移句根据转移目标的属性分为处所性目标和方位性目标,带处所性目标的"把"字位移句,其位移主体必须由"把"字引出,如:"我把杯子放桌上了",是汉语致使位移句式的特定结构,与"我放杯子在桌上"并不存在转换关系,且后者不符合汉语表达习惯,因此"把"字和该位移句为不可分割的整体,参与了致使语义的建构,属于一类特定的致使句式。而带方位性目标的"把"字位移句,其位移主体并不一定由"把"字引出,和非"把"字位移句存在交替转换关系,如"他送我到地铁口"和"他把我送到地铁口"存在转换关系,"把"字只起改变人际意义的作用,并不参与致使意义构建,不构成特定致使句式。

因此,除"把"字处所位移句,"把"字句和"被"字句大多是为了达到某种语用效果而由基础句式转换而来的结构,并不是汉语表达致使义的基本句式,因此不在本研究讨论范围之内。

四、致使结构语义成分特征

（一）致使结构语义要素

致使是由使因和结果两个分事件构成的一个致使情景，包括致事、致使行为、役事和致使结果四个语义要素。下面就各语义成分的特征逐一进行描述。

语言学界对致事的讨论存在两种观点：个体致事观和事件致事观。持个体致事观的学者（Palmer，1994；Dixon，2000 等）认为，致使结构是在一个表动作或状态的事件或命题基础上外加一个具体的附加论元构成的，引发致使的便是该个体论元。持事件致事观的学者（Shibatani，1976；Dowty，1979；Comrie，1989 等）认为致使结构是由致使事件（a causing event）和被使事件（a caused event）构成的一个情景。我们选取最具代表性的两位学者的分析为例进行讨论。

Dowty（1979）将致使结构分析为两个事件之间的致使关系，第一个事件引起第二个事件的产生，语义结构表示如下：

He sweeps the floor clean：

[[He sweeps the floor] CAUSE [BECOME [the floor is clean]]]

（Dowty：1979）

Levin 和 Rapoport（1995）虽然将致使结构分析为一个致事论元和一个命题之间的致使关系，将役事状态的改变归结为个体致事，但事实上使因事件通过"by"后的命题得以表达。从深层语义关系来看，仍然表达两个事件或命题之间的致使关系。

wipe the floor clean：

[x CAUSE[y BECOME(AT)z] BY [x 'wipe' y]]

（Levin & Rapoport：1988）

以上两种分析反映了相同的语义内涵，但在语言中的体现形式不同，一个致事为个体，一个致事为活动或命题。

由此可见，学界普遍认为致使结构表达一个由双事件构成的情景，两个事件间存在"作用—效应"关系。本研究赞成事件观的论述，认为引发致使的是一个事件或活动，但人们在概念化过程中加入了自己的思考，致使的引发者可以转喻为事件中的个体语义成分。

尽管致事的原型为活动或命题，但出于语言经济原则考虑，使因情形个体语义成分通常可以转喻提升为致事，主要以使因情形"施事"、"受事"、工具为主。如"我让她离开"，致事实为事件或活动，但出于经济原则的考虑，通过凸显使因情形动作主体的方式来转喻整个事件或活动，致事"我"本身无法引起役事的动作或状态变化，而是"我做了什么"使役事产生了某种变化，"我"由使因情形"施事"提升而来。使因情形"受事"也可以转喻提升为致事，如"衣服洗累了妈妈"，使因情形可以还原为"妈妈洗衣服"，显然使因情形中"施事"（妈妈）与结果事件主体重合，此时致使行为的引起者只能归功于使因情形的"受事"（衣服），同样表现为个体致事。除此之外，使因情形中的工具也常通过转喻提升为致事，如"The hammer broke the piggy bank open"中的"hammer"为使因情形的工具，通常表达一种客观性描述。

使因情形提升为致事大致存在两种情况。如在英语复合宾语句和汉语兼语句中，当致使动词表达纯致使义时，仅表达抽象致使力，如"价格上升使销售额下降"中，使因情形谓词"上升"为非自主性动词，不表达具体致使方式，因此无法和致使力复合为致使行为，引起致使的为使因情形本身，在语言中表征为嵌入小句。在汉语致使动结式中，使因情形谓词为表达致使方式的具体词汇动词，可以和致使力融合表达致使行为，通常致事为个体，但有时为了凸显使因事件，使因情形被整体提升为致事，结构中使因情形谓词与致使动词复现，构成致使义重动句。由于英汉语不同的语法系统，英语中事件型致使通常由事件的名化形式、非谓语动词形式或形式主语 it 体现。

致事可以是有生命实体或无生命实体，不一定是致使行为的实施者，而是致使行为的引起者，可以是工具、环境、自然力等非施事性个体或事件。

张翼（2014）认为致使角色和论旨角色所表征的语义并不在一个层面上，致事和"施事"并非总是重合关系，"施事"的典型特征为生命性和意愿性等，而致事可以为有生或无生事物。根据论旨角色理论，论旨角色和句法位置一一对应，动词语义向论元分派论旨角色，因此论旨角色可以决定论元在句中的位置，通常"施事"论元占据主语的位置。但在致使句中，致使角色打破了论旨角色系统，句子结构由致使关系决定，和论旨角色没有直接关系。在决定句子主语的能力上，致事高于"施事"。致事范畴涵盖使因事件中的"施事"、工具、自然力量等角色，通常对应句法中主语的位置，因此在致使句中主语和论元是一对多的关系。例如：

（1）请您认真填写问卷。（CCL）

（2）I make him happy.（BNC）

（3）红苕吃坏了我的胃口。（CCL）

（4）钥匙开了门。（张翼，2014）

（5）The wind blew the door open.（同上）

例（1）中致使的引出者为隐性致使者，从上下文中很容易推出，致使者即为说话者本人。致使者可以是使因事件的参与者，如"施事"、"受事"、工具等个体，也可以是事件本身。例（2）"I make him happy"中的主语既是使因事件动作的发出者，也是致使力的引出者，动作者与致使者重合，在致使过程中充当致事。在例（3）"红苕吃坏了我的胃口"中，"红苕"并不是动作"吃"的发出者，仅仅是役事状态发生变化的引起者，动作者与致使者并不重合，充当致使过程的致事。例（4）中的致使者则为实施动作的工具。例（5）中致事则是自然力，作用于役事，并使其发生了动作的变化。

致使行为是致使方式和致使力的复合形式，可以表示为"致使行为＝致使方式＋致使力"，其中致使力表达一种抽象的作用力，暗含于两个事件之间的因果关系中，和致使方式复合表达具体的致使行为，致使力通常体现为纯致使义动词。

致使行为是人类对现实世界中物理力致使行为的概念化和认知结果，以客观世界中物理力致使行为为参照，通过隐喻认知机制可以将致使力扩展为非物理力致使行为。由于致使方式的不同，致使行为表达的致使力涉及物理力、言语力、心理力、泛力等类型，相应的致使动词类别为动作致使动词（如 throw、send、organize、扔、送、组织）、言语致使动词（如 persuade、ask、tell、劝说、叫、告诉）、心理致使动词（如 encourage、consider、judge、鼓舞、认为、判断）和纯致使动词（如 make、cause、使、让、叫）等，均含有两个语义成分 [Cause] + [Manner]。例如：

（6）He threw the stone in.（BNC）

（7）意外的惊喜使他有点不知所措。（CCL）

例（6）中动作所表达的致使行为是有意识的、具体的物理行为，表示通过肢体动作造成役事状态的变化。例（7）中"使"表达的致使行为则较为抽象，作用于役事的具体动作方式不得而知，只是向役事施加了一种作用力，使其状态发生了改变。

致使力可以是有生命实体有意识发出的，也可以是无生命实体或事件无意识发出的，前者称为主观致使力，后者为客观致使力。例如："I make him happy"中的致使者"I"对役事的作用力带有主观意愿，因此表现为主观致使力。"The wind opens the door"中致使者"wind"是无生命实体，显然不具备实施动作的意愿，因此表现为客观致使力。

根据致使力传递的方向可以分为外向致使力和内向或返身致使力。致使概念中的致使力语义要素指由致事发出的、对役事产生影响或作用并导致其动作或状态发生变化的作用力。致事和役事之间存在一种力的传递，即致使力从致事传递给役事。根据传递的方向，致使力可分为外向致使力和返身致使力。外向致使力指致事发出的、传递给另一个实体的致使力，致事和役事为不同的实体。返身致使力则指致事传递给自身的作用力，并导致自身状态的变化，致事和役事为同一实体，或同一个实体的整体与部分。例如：

（8）他跑了一身汗水。（CCL）

（9）He broke his arm.（BNC）

例（8）中致事"他"发出"跑"的作用力，最终导致致事"他"出了一身汗。例（9）中致事"He"和役事"arm"是整体与部分的关系，致事发出的致使力作用于自身并发生变化，致使力发生在致事的内部。

役事指致使力作用或影响的对象，是结果事件的主体，在致使力作用下产生动作或状态变化，可以是有生命的实体，也可以是无生命实体，通常由个体充当。例如：

（10）新旧的器物合在一处，使他想起过去，又担心将来。（老舍《骆驼祥子》）

（11）房屋被震撼得轧轧响。（巴金《家》）

（12）这时候她的母性完全被触动了。（同上）

例（10）中的役事为有生命实体"他"，且表达的意义较具体，例（11）中的役事为无生命实体"房屋"，例（12）中的役事为抽象实体。

和使因事件类似，致使概念中的结果事件在语言中或整体投射为小句，或分别投射为小句成分。致使结果指役事在致使力的作用下发生的动作或状态变化，役事和致使结果通常构成逻辑上的主谓关系。显性结果在句法致使结构中通常由独立的词汇形式体现；隐性结果常见于词汇型致使结构，蕴含于致使动词中。例如：动词 kill 为致使力与致使结果的隐喻化表征，通过语义分解可转换成 cause to die，本身隐含致使结果 die。根据秦裕祥（2015），致使结果表达两种意义：一种是役事在致使力作用下所处的状态；另一种是在致使力作用下役事所实施或接受的行为。在英语中，表状态的结果通常由形容词、小品副词和介词短语体现，表行为的结果由动词体现。在汉语中，表状态的结果通常由形容词和介词短语体现，表行为的结果由动词体现。

（二）致使结构成分的语义参数

学者们在对人类语言中的致使范畴进行深入分析的同时，提出了有关致使结构语义要素的不同参数。其中 Comrie（1989）将事件参与者的语义特征归纳为有生性、意识性和自控力参数。有生性指致使关系中致事和役事是有生命实体还是无生命实体或事件；意识性指致事和役事是否有意图发出致使力和是否有意愿执行致使力；自控力指致事是否对致使行为有完全的控制度，役事对致使力是否有抑制力。Dixon（2000）考察了人类语言中的各种致使表达形式，将有关致事、役事和结果事件谓词的语义参数概括如下：

和致事有关的语义参数包括四个：直接性（directness）、意图性（intention）、自然度（naturalness）、和参与度（involvement）。直接性指致事是直接作用于役事，还是间接作用于役事。意图性指致事作用于役事是有意而为之还是无意为之。自然度指致使结果的产生是自然产生的结果，还是致事通过一定努力产生的结果。参与度指致事是否参与到致使活动中。

与役事有关的语义参数包括三个：控制度（control）、意愿性（volition）和受影响度（affectedness）。控制度指役事自身是否具有自控力。意愿性指役事的内在倾向是否与致使力方向一致，是否愿意执行致事的作用。受影响度指役事是部分被影响还是全部被影响。

与结果事件谓词有关的语义参数包括两个：动词的意义属性和动词的及物性。动词意义属性指动词是状态动词还是行为动词，致使结构适用于所有动词，还是仅适用于状态动词或行为动词。动词及物性指致使结构只适用于及物动词或不及物动词，还是及物、不及物皆可。

综合以上与致使结构成分有关的语义参数，我们将主要考察致事的有生性、意图性，致使力的强度，役事的控制度、意愿性，致使结果的已然性。

五、致使和因果的关系

由上文可知，致使范畴指由使因事件和结果事件构成的一个致使情景，具有以下特征：时间先后关系，使因事件总是在结果事件之前发生；相互依赖关系，结果事件的出现完全依赖于使因事件的发生；力作用关系，役事在使因事件的作用下产生了某种结果。因果关系是哲学范畴的一个重要概念，表达现实世界中客观现象之间的引起与被引起关系。

以往人们总是将致使和因果联系在一起，常通过因果关系来判断语法上的致使范畴，甚至认为因果关系等同于致使关系。Shibatani（1976）也将原因和结果的时间先后和依存关系作为判定致使范畴的标准。事实上，因果和致使两者之间既有联系，也存在本质的区别。

（一）致使和因果的联系

致使和因果联系紧密，致使意义通常带有一定的因果意义。第一，致使和因果均是对现实世界现象间因果关系在语言中的反映。第二，语言中的致使关系是从逻辑因果意义中剥离出来的，因果范畴是更高一层次的概念，语言中的致使关系都可以理解为逻辑上的因果关系，使因事件为因，结果事件为果。

（二）致使和因果的区别

致使是语言学上的概念，而因果是逻辑学上的概念，二者有着本质的差别。致使和因果在语言表达上存在以下区别：第一，致使涉及力的作用，致事对役事有力的作用，从而产生一定的结果，而因果关系不一定存在作用力，结果不是在力作用下产生的，而是客观存在的；第二，致使情景的两个过程联系紧密，因果则较松散，通常表现为两个表述，由连词连接或用标点隔开而不影响因果关系的表达；第三，致使有主观性因素，致使主体存在致使意愿，致使客体存在执行动作的意志，而因果表达客观的逻辑关系。例如：

（13）因为嘴常闲着，所以他有工夫去思想。（老舍《骆驼祥子》）

（14）The raider forced him to open the safe and fled with cash.（BNC）

例（13）中两个表述由表示因果关系的关联词"因为……所以……"连接，结构松散，且原因和结果间并不存在力的作用，仅表示逻辑关系，因此属于因果关系。例（14）中致事（the raider）迫使役事（him）打开保险箱，役事本不愿意打开保险箱，但在致事的主观作用力下实施了该行为，因此两事件处于致使关系。

六、小结

本章主要讨论了致使的概念内涵、分类、研究范围和语义特征。目前学界对致使概念的界定尚未达成一致。本章在回顾国内外语言学界对致使概念的主要观点基础上，将两个事件构成的致使关系看作范畴化网络中的图式，将致事、役事间的力作用关系看作范畴化网络中的例示，既充分解释了两个事件之间的致使关系，也体现了致使动词对参与者角色的预测力，可以加深我们对致使概念内涵的认识。

以往对致使结构跨语言对比的分类框架仍不具有普适性，综合考虑英汉语致使结构语义句法特点，我们将英汉致使结构分为词汇型和句法型两类。同时对汉语致使结构的研究范围进行了限定，并讨论了致使结构的语义特征及其与因果关系的联系与区别。

第三章

理论框架

本章首先介绍系统功能语言学的元功能思想、系统思想和"语义为中心，形式体现意义"的功能句法分析理论，然后基于以上理论构建致使结构的语义句法分析框架。本研究融合系统功能语法内部的悉尼语法和加的夫语法两个视角，在现有致使结构的研究基础上，基于元功能思想和系统思想，对致使义及物性在精密度上进行了扩展和细化，从而建构致使义及物性系统网络。基于功能句法理论，本研究在及物性过程语义配置结构框架下，分析英汉致使结构的语义特点和句法特征。

一、元功能思想下致使过程意义

（一）元功能思想

系统功能语言学由英国语言学家 Halliday 于 20 世纪 60 年代创立，经过不同阶段的发展和完善逐渐走向成熟，1985 年《功能语法导论》的出版标志着功能语法体系的成熟。早期系统功能语法理论模式为阶与范畴语法，之后经过系统语法、功能语法、系统功能语法和系统功能语言学、社会符号学等阶段的发展，系统功能语言学已然发展成为一门普适性语言学。随着系统功能语言学的不断发展，在 Halliday 系统功能标准理论基础上，发展出多个语法模式：悉尼语法模式、加的夫语法模式、诺丁汉模式、马德里模式等研究模式。目前为国内外功能语言学界所熟知的主要是以 Halliday（1985，1994）、

Halliday 和 Mitthiessen（2004，2014）等为代表的悉尼语法和 Fawcett（2000，2008）、Tucker（1998）等为代表的加的夫语法，后者是对悉尼语法的简化和扩展。

    Halliday 于 20 世纪 70 年代提出了纯理功能的思想，认为语言具有表达多种意义的功能，具体体现为三个纯理功能：概念功能、人际功能和语篇功能。本研究主要对致使结构表达的概念功能进行描述，概念功能又可分为经验功能和逻辑功能。胡壮麟、朱永生、张德禄等（2005）指出："经验功能是人们对现实世界（内心世界）各种经历的语言表达，反映客观世界和主观世界中所发生的事、所牵涉的人和物以及与之有关的时间、地点等环境因素。逻辑功能则是指语言对两个或两个以上的意义单位之间逻辑关系的表达。"及物性是表达经验功能的语义系统，将人们在现实世界（内心世界）中的经验分成若干种过程，过程涉及"参与者"（participant）及与过程相关的"环境成分"（circumstantial element）。

    Halliday（1994/2000）在及物性系统中将人类的经验分为六种过程：物质过程（material process）、心理过程（mental process）、关系过程（relational process）、行为过程（behavioral process）、言语过程（verbal process）和存在过程（existential process）。过程的边界并非泾渭分明，而是共同构成一个渐变的连续统，其中物质过程、心理过程和关系过程是及物性系统中的主要过程，而行为过程、言语过程和存在过程作为次要过程，分别介于物质过程和心理过程、关系过程和心理过程、物质过程和关系过程之间。此外，还有一类介于物质过程和存在过程之间的气象过程，通常由 it 充当主语，没有实际意义，因此气象过程没有参与者。

    Halliday 分别为六类过程配给了参与者角色及环境成分。物质过程参与者角色包括动作者和目标；心理过程参与者角色包括感知者和现象；关系过程的参与者角色包括载体和属性，或识别者和被识别者；行为过程的参与者角色为行为者；言语过程的参与者角色包括讲话者、讲话内容、受话者和目标；存在过程的参与者为存在物。Halliday 将环境成分看作过程的间接参与者，环境意义具体包括：时间、空间、方式、因果、身份、伴随、因果等，通常由介词短语和副词词组体现。

之后语言学家们不断完善和发展及物性理论，包括 Matthiessen、Martin、Fawcett 等，其中加的夫语法创始人 Fawcett（2017）在 Halliday 及物性系统论述的基础上，完善并细化了及物性系统网络，并在《功能语义指南：从意义层面上进行英语分析》（*The Functional Semantics Handbook: Analyzing English at the Level of Meaning*）一书中论述了其及物性系统网络。加的夫语法对悉尼语法过程类型的语义配置结构进行了细化，使及物性理论具有了更高的"精密度"，将过程类型细化为六种主要过程：动作过程（action process）、关系过程（relational process）、心理过程（mental process）、环境过程（environmental process）、影响过程（influential process）和事件相关过程（event-relating process），并将各主要过程细分为若干次要过程。Fawcett 将动词词组的成分均提升为小句的直接成分，在小句中起主要动词和主要动词延长成分的功能。相应地，在及物性系统中，将其划分为过程和过程延长成分，在一定程度上解决了动词词组及物性过程划分上的难题。其及物性系统网络的主要选择如图 3-1 所示。

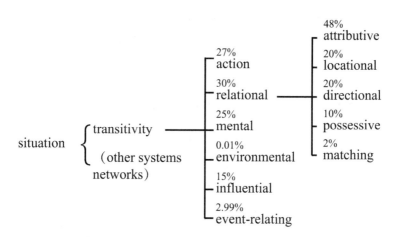

图 3-1 加的夫语法及物性系统网络的主要选择

Fawcett 同时对参与者角色也进行了细化，并提出隐性参与者的概念。加的夫语法及物性系统过程分别包含 17 个简单参与者角色和 12 个复合参与者角色。简单参与者角色是在悉尼语法的基础上增加了拥有物（Possessed）、创造物（Created）、搭配物（Matchee）、方式（Manner）、位置（Location）、路径（Path）、来源（Source）、目的地（Destination）等参与者角色。复合参与者角色包括：受事—载体（Affected-Carrier）、施事—载体（Agent-Carrier）、受事—来源（Affected-Source）、受事—路径（Affected-Path）、受事—目的地（Affected-Destination）、受事—拥有物（Affected-Possessed）、创造物—现象（Created-Phenomenon）、受事—情感表现者（Affected-Emoter）、受事—感知者（Affected-Perceiver）、施事—感知者（Agent-Perceiver）、受事—认知者（Affected-cognizant）、施事—认知者（Agent-Cognizant）。复合参与者角色解决了参与者在过程中承担多种角色的情况，很好地解释了语义项重合的现象。另外，悉尼语法中不同的过程类型存在不同的参与者，而加的夫语法认为及物性过程类型并非由参与者本身决定，而是由参与者的配置决定。因此，施事（Agent）、受事（Affected）、载体（Carrier）、现象（Phenomenon）等参与者角色可出现在不同的过程类型中。

鉴于加的夫语法在及物性分析方面具有精密度高和操作性强等特点，且已有多位学者在加的夫语法框架下对不同语法结构进行了描述，建构了相关语义系统网络，本研究主要基于加的夫语法，同时借鉴悉尼语法在某些问题上的处理方法，对致使结构进行及物性语义分析，构建英汉致使意义系统网络。

（二）基于及物性理论描述致使过程意义

致使是人们对现实世界因果关系的认知结果，是人类对物理世界客观经验的反映，因此必然体现经验意义。致使在概念意义上体现为使因事件和结果事件构成的一个致使情景；在语义层上，致使结构包括致事、致使行为、役事和致使结果四个语义要素。悉尼语法没有将致使结构体现的过程单列为一类过程，而是看作一个体现及物性过程的特殊句式。悉尼语法在判断典型致使义复合宾语句体现的过程意义时，有时依据致使动词的性质，有时依据补语中成分间的语义关系，将致使结构归为不同的过程类型。加的夫语法将致使小句体现的过程单独归为一类影响过程，并构建了影响过程及物性系统网络，根据过程参与者数量分为双参与者过程和单参与者过程。我们认为只有带施事的双参与者控制过程表达了致使义，包括致使类、允许类、使能类、阻止类、耽搁类等，而其他过程中的现象并不是过程所引起的，因此严格意义上并不表达致使义，可见"影响"概念表达的意义太过宽泛，而致使过程作为影响过程的一部分没有得到充分细致的描述。另外，Fawcett 的"影响过程"虽然揭示了致使结构的特点，但未能说明填充补语的嵌入小句内部的语义关系。黄国文（1998）考察了典型致使结构的语义，认为限定动词是英语使役结构中必不可少的成分，而非限定动词在某些使役结构中可以不出现，且限定动词是结构表达使役意义的关键，因此，使役结构体现的过程类型应由限定动词的性质决定，补语成分则是处于低一层次的过程。但对于某些抽象的纯致使义动词，我们很难判定其在及物性结构中体现的过程类型，如汉语中的"使""令""让"等，英语中的"make""cause""force"等。另外，致使行为和致使结果作为致使概念中的两个同等重要的组成部分，不应弱化结果事件内部的语义关系。综上，学者们对致使结构的及物性过程描写仍没有达成一致。

鉴于对致使结构体现及物性过程的争论，何伟等（2017a，2017b）兼容并蓄，创造性地将"使役义"融入及物性过程类型中，将引起结果事件的致使动词体现的过程统称为使役过程，与结果事件过程意义复合提出六种使役过程：使役动作过程（causative action process）、使役关系过程（causative relational process）、使役心理过程（causative mental process）、使役行为过程（causative behavioral process）、使役交流过程（causative communicative process）和使役存在过程（causative existential process）。我们赞同何伟等在过程融合视角下对使役结构及物性过程的描写方法，但其没有将使役过程作为一类单独过程进行讨论，而是作为不同过程类型中的一种特殊语义配置结构加以分析，未能将致使范畴作为主体进行研究，对致使义不同体现形式的意义研究还不够充分。致使动词本身可以表达及物性结构中的不同过程类型，如动作过程、心理过程、关系过程、言语过程等，但致使动词所表达的及物性过程具有一个共同特征，即描述客体在致使力作用下发生的动作或状态变化，因此，可将其统一归为一类过程。本研究认为致使情景是现实世界中普遍存在的一类现象，致使过程则能够描述这一普遍现象的经验意义，表达役事在致事的力作用下发生的动作或状态变化，因此我们在及物性系统中增加了一类致使过程，其过程参与者包括施事（施动者）、受事（受影响者）①、现象②。

从概念意义上看，致使情景由使因和结果两个事件构成；语义层上，致使结构包含致事、致使行为、役事和致使结果四个语义要素。Talmy（2000）认为，在致使关系无标记编码中，使因事件通常起背景作用，引出要凸显的结果事件，可见致使行为和结果事件是致使概念中的语义核心。鉴于结果事件均是在致使性外部因素的作用下产生，我们将致使行为和结果事件表达的及物性过程相融合，提出致使复合过程，并借鉴何伟等（2017a，2017b）对致使结构复合过程的处理方法，将复合过程扩展为七种类型：致使动作过程、致使心理过程、致使关系过程、致使行为过程、致使交流过程、致使存在过程和致使气象过程，如图3-2所示。同时在加的夫语法及物性理论框架下，根据过程和参与者角色描述了不同过程类型的语义配置结构。根据致使过程与结果事件过程的融合度，致使复合过程包括施事、受事、现象、方向等单参与者角色及受事—载体、受事—方向等复合参与者角色。

---

① 致使及物性过程中的施事、受事参与者与致使概念中的致事、役事并不完全对应。致使过程中施事表示致使行为的引出者，可以是个体，也可以是事件，与致事概念一致；受事指致使行为的受影响者，且在致使复合过程中不唯一，如致使双名结构中两个名词均为受影响者，而致使概念中的役事仅指受致使行为作用发生动作或状态变化的单一客体，因此役事与受事参与者之间并不完全对应。

② Fawcett（2010）指出影响过程参与者包括施事和现象，其中现象参与者表达一个情形或事件。鉴于致使过程中存在结果事件整体充当参与者的情况，本研究同样使用"现象"这一术语来指称致使过程中的事件参与者。

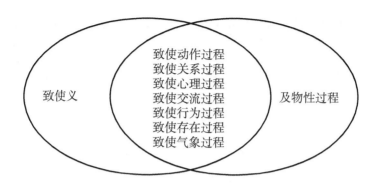

图 3-2　致使结构及物性复合过程

致使复合过程中两个过程的融合度受致使过程期待出现的参与者属性及两个过程语义成分的匹配度影响，可分为整体融合、部分融合和零融合。致使过程期待出现的参与者为事件时，致使过程与结果事件过程为零融合关系。致使过程期待出现的参与者为个体时，两个过程语义成分完全匹配，则二者发生整体融合；两个过程语义成分不完全匹配，则二者部分融合。整体融合指结果事件过程语义成分与致使过程语义成分相匹配，可完全融入致使过程中，即体现两个过程的谓词相融合，共同表达致使复合过程，结果事件过程参与者融入致使过程后获得受事参与者角色。部分融合指结果事件过程语义成分与致使过程语义成分不完全匹配，两个过程的谓词共同体现复合过程，但结果事件过程参与者部分融入致使过程中，保留了原有属性。其中某些语义成分受到致使力影响，既保留了原有属性，又负载了受影响者属性，体现为复合参与者角色；某些语义成分未受致使力影响，则以原有属性进入致使复合过程。零融合指两个过程语义成分不发生任何融合，结果事件过程整体充当致使过程的一个参与者。

　　根据上文对致使结构的分类，词汇致使结构中的致使动词本身凸显致使结果，同时蕴含抽象致使力，是致使行为和致使结果的复合体现形式，表达及物性结构中的致使复合过程，且结果事件过程完全融入致使过程，其基本语义配置为：施事＋过程＋受事。根据致使动词表达的意义，复合过程可表达致使动作过程、致使关系过程和致使心理过程。如"John killed Helen"中，

动词 "kill" 本身就是体现致使结果的动作动词，引起受事参与者由生到死的状态变化，该句中致使行为和致使结果复合于一个致使动词 "kill" 之上，因此体现致使动作过程。由上文可知，形态型致使结构在结构形式上与词汇型致使相似，均可表示为：NP1 + V + NP2，且致使行为和致使结果同样复合体现为一个单一词汇形式，为致使概念在词汇层面的体现形式，可归为词汇致使范畴。如："I widen my eyes (BNC)" 中的致使动词 "widen" 由形容词 "wide" 加词缀构成，为致使行为和致使结果的复合体现形式，结果表示役事性质状态的变化，体现及物性结构中的关系过程，因此致使结构体现致使关系过程。汉语属分析型语言，词语缺乏形态变化，因此主要以句法型为主，但受英语的影响，也出现了少量形态型致使动词，如形态标记 "化"。小句 "因为作家以其生花妙笔美化了我们的这个平凡的世界（CCL）" 中的 "美化"，即是由形容词 "美" 加形态标记 "化" 构成的致使词语，是致使行为与致使结果的复合体现形式，在及物性结构中表达致使关系过程。

句法致使结构中致使行为和致使结果分别由不同的词汇形式体现。该类致使结构的致使义并非由致使动词决定，而是致使动词和结构中的其他成分共同作用的结果，致使动词可以是纯致使义动词、带有具体词汇义的致使动词和无致使义动词，但进入相应句式后均具有了致使义，表达及物性系统中的致使过程，结果事件可以表达及物性系统中的不同过程类型，且该过程是在致使外力作用下引起的，二者复合构成致使动作过程、致使关系过程、致使心理过程等。

构成致使义英语复合宾语句和汉语兼语句的纯致使义动词和具体词汇义致使动词本身表达致使义，对结果事件的出现具有一定预期性，因此，致使过程期待的参与者是一个结果事件，而非个体参与者，在句法结构中由小句体现，此时，致使过程与结果事件过程发生零融合。其语义配置结构通常可以表示为："施事 + 过程 + [[施事 + 过程 + ……]]"。

无致使义动词在特定结构中也可以表达致使义，如致使义动结式和致使义双宾语结构，该类动词对结果的出现通常没有预期性，具有语义自足性特征，可以根据动作与后置名词是否存在支配关系，判断致使过程期待出现的参与者为事件参与者还是个体参与者。动结式中致使动作与役事不构成支配关系时，致使过程期待的参与者为结果事件，此时结果事件过程与致使过程发生零融合，结果事件过程整体充当致使过程的一个参与者；致使动作与役事构成支配关系时，且结果事件过程语义成分与致使过程语义成分相匹配，结果事件过程则完全融入致使过程中，其参与者获得致使过程属性。当结果事件过程语义成分与致使过程语义成分不完全匹配时，二者发生部分融合。如某些双名结构中结果事件过程包含两个参与者，而致使过程仅期待一个受事参与者，因此无法与致使过程语义成分相匹配，二者发生部分融合。在复合过程中，两个名词均受致使动作影响，具有了受影响者属性，同时保留了原有过程属性，体现为复合参与者角色。部分句法致使结构的及物性分析如下所示。

（1）Henry[Ag] made[Pro] [[Helen[Ca] happy[At]]].（黄国文，1998）

（2）不要让 [Pro][[他们 [Ag] 跑 [Pro] 了]]！（何伟，2017a）

（3）孩子 [Ag] 打 [Pro] 碎 [PrEx] 了玻璃 [Af]。（CCL）

（4）She[Ag] put[Pro] the book[Af-Ca] on the table[Dir: Des].（BNC）

（5）They[Ag] gave[Pro] you[Af-Posr] a helmet[Af-Posd].（BNC）

例（1）中 made 为纯致使义动词，其体现的致使过程期待一个结果事件参与者，在小句中充当补语成分，由嵌入小句填充。结果事件体现一个关系过程，Helen 在结果事件过程中充当载体，happy 为结果事件过程中的属性。

例（2）为单参与者致使过程，汉语中往往可以省略致使动作的引出者，而不影响句义。"让"为纯致使义动词，体现致使过程，隐性施事通过致使动词引出结果事件，"让"所期待的参与者为结果事件"他们跑了"，而不是个体参与者"他们"。

例（3）为致使义动结式构成的小句，朱德熙（1982）在《语法讲义》中指出："带结果补语的述补结构在语法功能上相当于一个动词"，但致使义动结式内部成分关系并非单一模式，存在支配与非支配两种关系。述语动词"打"为具体词汇义动词，本身无致使义，对结果没有预期，其致使义是与结果谓词"碎"相互作用的结果。动词"打"与后置名词"玻璃"存在支配关系，"玻璃"为致使过程期待的参与者，而结果"碎"是对动作"打"的补充和说明，在加的夫语法中，对动作所体现的过程意义进行补充说明的成分称为"过程延长成分（Process Extension）"，因此，"碎"在及物性结构中体现过程延长成分。结果事件过程语义成分整体融入致使过程中，体现了由两个过程意义复合而成的致使关系过程。

例（4）中的动结式表达致使义，是动词和表示方位的介词短语相互作用的结果，此时动词的致使义为负载意义。"put"本身没有致使义，只表示动作行为，和介词短语搭配共同表达致使义，体现致使关系过程。当介词短语"on the table"缺失时，该语法结构中的动词便失去了致使意义，只表达动作意义。该类结构还可以根据动词和介词短语的不同融合度进一步分类，对于融合度较高的致使结构，介词短语的缺失会造成句子不合语法；融合度较低的致使结构，在介词短语缺失的情况下，仍能单独成句。该结构中动词"put"和"book"构成支配关系，但致使过程语义成分与结果事件语义成分不完全匹配，二者发生部分融合，"book"不仅受致使动作影响，而且保留了原有的载体属性，为复合参与者角色。而"table"并不受致使动作影响，仅保留了方向属性，为单参与者角色。

例（5）为双宾语结构表达致使义，动词本身为无致使义动词，与结构中成分相互作用共同表达致使义。概念意义上，表达两个事件构成的一个致使情景。语义上表达及物性结构中的致使关系复合过程，致使过程与结果事件过程发生部分融合，鉴于结果事件过程中两个参与者均受到致使过程影响，在致使复合过程中具有了双重属性，表现为复合参与者：受事—拥有者（you）和受事—拥有物（a helmet）。

以上例句充分说明了致使结构表达一个由使因事件和结果事件构成的致使情景，在及物性结构中表达一个致使复合过程。

二、系统思想下致使意义系统

（一）系统思想

系统思想是系统功能语言学区别于其他语言学理论的重要思想之一。Halliday 的系统概念最初来自其导师 Firth 对系统和结构的概括，语言是由组合性的横组合关系和选择性的纵聚合关系组织起来的，语言的聚合关系即"系统"（system），语言的组合关系即"结构"，但没有明确系统和结构二者之间的关系。Halliday 赞成 Firth 对系统和结构的划分，但在系统是语言的聚合还是语义潜势的聚合上提出了自己不同的看法，认为系统是一种用聚合关系表达的语义潜势，并明确了系统与结构之间的关系，认为系统作为选择资源，是第一位的，结构则是选择的结果。Halliday 继承了系统和结构概念，通过不断发展深化，重新界定了系统和结构的内涵，最终提出了系统语法。Halliday（1967）把语言系统看作意义潜势构成的可供选择的网络，从系统中进行选择意味着意义的产生，认为语言是由可供选择的多个子系统构成的系统网络，是一个系统的系统。系统存在于所有语言层次，且各层次均有各自的系统表示本层次的意义潜势，不同层次的一系列选择意味着在精密度阶上对系统的不断细化。悉尼语法（Halliday，1985，1994/2000；Halliday & Matthiessen，2004/2008）认为，语言由语义、词汇语法和音系三个层次构成，各层次间存在体现关系，语义层的选择由词汇语法层的选择体现，词汇语法层的选择由音系层的选择体现，简而言之，意义体现为语言形式，语言形式又体现为实体。构成语义层的三大元功能均含有各自的语义系统，经验功能包括及物性、语态和归一度三个系统；人际功能包括语气、情态和语调三个系统；语篇功能包括主位、信息和衔接三个系统。Halliday 主要关注经验功能系统中的及物性系统，其及物性系统网络的提出经历了从初成到成型再到完善三个阶段。Fawcett 之后对 Halliday（1994/2000）的及物性系统进行了扩展和细化，增加了影响过程和事件相关过程，细化了参与者角色，提出了隐性参与者角色和复合参与者角色的概念，依照过程和参与者的组合搭配构造了不同的语义配置结构，细化了 Halliday（1985，1994/2000）的六类过程构成的基本语义配置结构，而且对过程及语义配置类型出现的几率进行了标注，构建了更为精密细致的及物性系统网络，为描述致使结构及物性系统网络提供了理论支撑。图 3-3 描述了动作过程及其参与者角色共同构成的一个及物性系统网络。

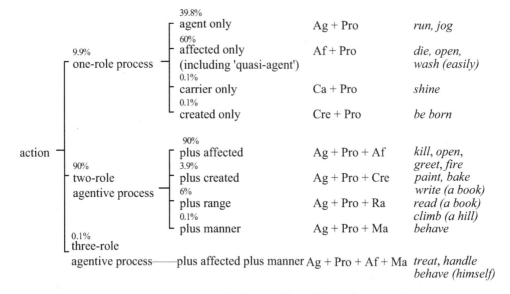

图 3-3 加的夫动作过程意义选择系统

（二）基于系统维度描述致使意义系统网络

鉴于致使义是语言中普遍存在的一个语义范畴，致使过程能够描述现实世界中这一普遍现象的经验意义，由此，致使结构在语义层上可以构成一个致使义及物性系统网络，致使结构在及物性系统中体现为不同类型的致使复合过程，涉及参与者和环境成分之间的关系。根据系统的思想，不同过程类型及其参与者角色共同构成了一个致使过程及物性系统网络。致使结构中结果事件均是在外部致使力作用下产生的，和致使过程相融合构成以下复合过程类型：致使动作过程、致使心理过程、致使关系过程、致使言语过程、致使交流过程、致使存在过程、致使气象过程。致使过程根据过程中的参与者数量通常可分为：单参与者过程、双参与者过程和三参与者过程。单参与者过程中致使力表现为内向致使，即致使者发出的致使力指向自己，并使自己发生了动作或状态的变化。双参与者过程中致使力通常为外向致使，其中的参与者可以是两个简单参与者，也可以是一个简单参与者和一个由嵌入小句充当的参与者。三参与者致使结构所表达的结果事件通常表达关系过程和心理过程，该过程类型包括一个简单参与者和两个复合参与者或两个简单参与者和一个复合参与者。以上不同参与者数量构成的过程在精密阶上可以进一步细化为不同的语义配置结构，在选择的终端体现为动词。我们基于结构表达的致使义，以过程期待的参与者为导向，对过程语义配置结构进行分析，从而构建致使意义系统网络。以英语词汇致使结构为例，英语词汇致使结构在及物性系统中可以表达致使动作、致使关系和致使心理三种过程类型，语义配置均表现为典型的"施事 + 过程 + 受事"结构，词汇致使过程期待的参与者为施事和受事两个简单参与者，其语义配置结构形成的词汇致使意义系统网络可以表示为图 3-4。

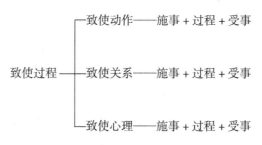

图 3-4　英语词汇致使意义系统网络

　　同样，其他类型致使结构均可以基于系统思想，以致使过程期待出现的参与者为导向，依据参与者和过程构成的不同语义配置结构，形成各自的及物性语义系统网络。

三、致使结构功能句法分析

（一）功能句法理论

系统功能语言学的句法分析理论主要包括悉尼模式和加的夫模式。加的夫句法理论是在 Halliday（1961）悉尼语法的"阶与范畴语法"基础上发展而来的，主要表现在对悉尼语法"词汇语法"部分的进一步发展，其主要贡献是对功能句法的研究。加的夫语法明确区分了语言系统内部的形式层和语义层，坚持形式层体现意义层，为系统功能理论在语言形式层的描写提供了便利。悉尼句法范畴理论与加的夫句法范畴理论的区别在于对"级阶假说"的不同观点，悉尼语法主张强级阶，加的夫语法主张弱级阶。

加的夫语法和悉尼语法在级阶上的不同主张使得二者在句法范畴划分上存在差异。悉尼语法描述的句法范畴由单位、类别、结构和成分四部分组成。单位分为小句、词组／短语、词和语素几个类别，彼此存在级阶关系，即上一级的语法单位由下一级的语法单位构成，如：语素构成词，词构成词组／短语，词组／短语构成小句。小句分为两个类别：主要小句（major clause）和次要小句（minor clause）。词组／短语包括：名词词组、动词词组、副词词组、连词词组、介词词组和介词短语。词包括三大类：名词、动词和副词。小句结构成分主要包括主语（Subject）、限定成分（Finite）、谓语（Predicator）、补语（Complement）、状语（Adjunct）等。句法范畴之间存在构成（consisiting）和体现（realization）关系，即单位由成分构成，成分又由不同类别的词组体现。

加的夫语法的句法范畴由单位、类别、成分和形式项（item）四部分组成。单位又由小句、词组和字符串（cluster）构成。小句单位没有进一步的类别划分。词组包括名词词组、介词词组①、性质词组（quality group）②和数

---

① 加的夫模式没有在词组层次上另外区分"介词短语"概念，介词词组对应悉尼模式中的"介词短语"，但不包括悉尼模式中的"介词词组"。

② 加的夫模式中的性质词组涵盖悉尼模式中的部分形容词词组和副词词组，包括描述"物"或"情形"性质的形容词词组和副词词组。

量词组（quantity group）四个类别。字符串包括属格字符串（genitive cluster）和人类专有名词字符串（human proper name cluster）两个类别，属于名词词组的次类别。小句基本结构成分包括主语、操作词（Operator）、主要动词（Main Verb）、主要动词延长成分（Main Verb Extension）、补语、状语、助动词（Auxiliary）、助动词延长成分（Auxiliary Extension）、链接语（Linker）、黏合语（Binder）等。句法范畴之间存在组成（componence）、填充（filling）、说明（exponence）和重合（conflation）四种关系，即单位由成分组成，成分又由下一级单位填充，或直接由形式项说明，重合指两个成分由一个表达式体现的现象，两个成分间的关系即重合。

与悉尼语法句法范畴相比，加的夫语法句法范畴中没有短语概念，将词和词素归为形式项，增加了对名词词组进行说明的字符串，并对词组单位进行了扩充，除名词词组和介词词组外，增加了性质词组和数量词组。加的夫语法将悉尼语法动词词组中的各个成分提升为小句的直接成分，因此没有动词词组单位类别。

加的夫语法认为单位类别的级阶构成关系与实际语言相悖，小句成分并非一定由词组 / 短语充当，还可以由小句填充。加的夫语法的组成、填充和说明句法范畴关系弱化了级阶概念，认为语法单位由成分直接组成，成分则可以由下一级单位填充或由形式项直接说明。事实上，小句结构成分大多由形式项直接说明，如主要动词、主要动词延长成分、操作词、助动词等，只有主语、补语和状语通常由下一级单位填充。

二者对"级阶假说"的不同观点也体现在句子类型划分上。悉尼语法将小句分为主要小句和次要小句两个类别，由此构成的句子类别分为简单小句和小句复合体，小句复合体又包括从属和并列两种关系。而加的夫语法认为小句单位不可进一步划分，构成的句子类别只包括简单小句和并列小句两个类别，将小句复合体理解为小句中结构成分由小句单位填充的现象，无论何种单位填充结构成分，其在小句中的功能相同，仍然属于简单小句，这种处理方式充分体现了功能思想。

悉尼语法的框型图描述方法容易让人误解为：不同功能是由不同的结构

形式体现。加的夫语法用一个二维的树形图表示句法范畴及句法关系，能够更清楚地标示成分之间的关系，并说明小句的多功能性是由一个结构形式体现的，同时解决了成分之间的重合问题。因此，我们基于加的夫模式对英汉致使句进行功能句法分析，以更清晰地揭示英汉致使结构成分的句法功能。

以下我们就加的夫句法理论的描述方法进行详细介绍，加的夫句法范畴间的关系及表示方法如图 3-5 所示。

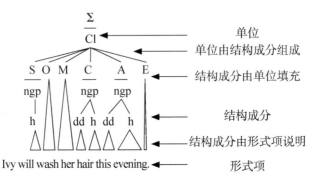

图 3-5　加的夫模式句法范畴及句法关系

由图 3-5 可知，加的夫模式句法范畴关系包括组成、填充、说明和重合。单位由结构成分组成，与其成分之间存在一种整体部分关系，如名词词组 this evening 由限定词 this 和中心语 evening 组成，组成关系在树形图中用始于单位终于成分的一段直线标示。填充指一个成分与下一级单位之间的关系，表明该成分由何种句法单位体现，填充关系在树形图中用横线标示。成分不仅可以由单位填充，也可以由形式项直接说明，说明表示成分与形式项之间的关系，在树形图中用三角形标示。填充概念的提出为加的夫语法有效处理"级阶"问题提供了理论支撑，如加的夫模式只承认存在并列关系小句，悉尼模式中的主从复合词句被解释为由小句填充某一句法成分的简单小句。重合指两个成分由一个表达式体现的现象，两个成分间的关系即重合，用斜线标示，如助动词和操作词的重合关系可以标示为"O/X"。重合关系可以标示一个句法单位同时在句法层和语义层所充当的成分，如加的夫语法中的过程参与者都在句法和语义层充当不同的成分角色，主语和施动者的重合可以表示为"S/Ag"，补语和受影响者的重合可以表示为"O/Af"。重合概念的提出充分反映了语言的多功能属性。

　　随着功能句法理论在国内的发展，很多学者尝试将该理论用于汉语句法分析，其中何伟等（2015a）根据汉语特点，基于加的夫模式（Fawcett，2000），同时借鉴悉尼模式（Halliday，1994/2000）的某些观点，提出了现代汉语功能句法理论，为本研究分析汉语致使结构提供了理论基础。汉语句法范畴由单位、成分和形式项三部分组成。单位包括小句（clause）、词组（group）和字符串（cluster）。小句是最高层次的单位，因此只有一个类别；词组分为名词词组、性质词组、数量词组、介词词组、连词词组和介词短语；字符串包括属格字符串和人类专有名词字符串。三个语法范畴之间存在组成、填充、说明和重合四种关系，单位由结构成分组成，结构成分由单位填充或由形式项说明，组成单位的不同结构成分可以体现为同一表达式，不同成分构成重合关系。小句成分包括主语（Subject）、操作词（Operator）、谓体（Predicator）、谓体延长成分（Predicator Extension）、补语（Complement）、状语（Adjunct）、助动词（Auxiliary）、不定式成分（Infinitive）、否定词（Negator）、语气词（Mood Particle）、连接词（Linker）、黏合词（Binder）、呼语（Vocative）、起始语（Starter）和结束语（Ender）等语法成分。和英语句法成分显著不同的是，汉语充当谓语的可以是动词、形容词或名词，故称为谓体，而英语中仅动词可以充当谓语，故称为主要动词成分。现代汉语功能句法范畴及关系如图3-6所示。

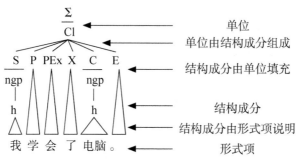

图3-6　现代汉语功能句法范畴及句法关系

尽管悉尼语法和加的夫语法对介词短语的存废持不同观点，但何伟等（2015b）仍然区分介词词组和介词短语两个概念，认为介词词组由次动词（minor verb）和次动词调节词（minor verb regulator）两个成分构成；介词短语由次动词和介补语（completive）构成。何伟（2019）进而融合两种分类模式，将英汉词组类型统一分为：名词词组、性质词组、数量词组、连词词组、介词词组以及与词组处于同一层级的介词短语，其中名词词组还包括属格字符串和人类专有名词字符串等。本研究采纳何伟的词组分类模式对英汉致使结构进行句法描述。

另外，鉴于加的夫语法对悉尼语法的简化和扩展，及加的夫语法在功能句法描写上的优势，本研究将主要以加的夫句法分析理论为指导，借鉴悉尼语法在某些问题上的处理方法，对英汉致使结构进行句法分析。

（二）基于功能句法理论描述致使结构

首先，加的夫语法小句层面的嵌入关系为嵌入小句充当致使过程的参与者提供了理论依据。加的夫语法和悉尼语法在嵌入概念的界定上存在差别。悉尼语法将嵌入限定在词组层面，指一个小句或短语构成词组中的一个成分，对小句层面的嵌入关系则通过小句复合体关系进行解释，即依赖关系和逻辑语义关系；加的夫语法所探讨的嵌入关系涵盖却不局限于词组层面，认为嵌入也存在于语篇和小句层面（赵宏伟、何伟，2019）。小句在语篇层面可以填充句子；在小句层面可以填充小句的某一功能成分，如主语、谓体、补语和状语；在词组层面可以填充名词词组中的前修饰语和中心词、性质词组中的完成语以及介词短语中的介补语（何伟等，2015a）。施事引出致使过程，致使过程的受事或现象参与者可以由结果事件个体语义成分投射，由词组体现，也可以是由结果事件整体投射而来，通过嵌入小句体现。同样，由于使因事件在语言中可以投射为个体或事件，致使过程中的施事可以由词组体现，也可以由嵌入小句体现。因此，在加的夫功能句法理论框架下，致使结构被描述为一个简单小句，由主语、主要动词（谓体）、补语等构成，主语和补语可以由嵌入小句填充。表达致使义的复合宾语句和兼语句，其过程期待出现的参与者通常为事件，由嵌入小句体现，如图 3-7 所示。致事可以由使因事件整体投射而来，形式层上由小句体现，如图 3-8 所示。

其次，加的夫语法主要动词延长成分的提出为分析致使义动结式提供了理论基础。Fawcett（2008）提出，动词延长成分作为主要动词的延伸，与主要动词共同表达过程。这说明主要动词的形式项通常为实义动词，能单独表达及物性结构中的不同过程意义，但也存在某些主要动词无法单独表达一个完整过程意义的情况，需要与副词、名词词组或性质词组共同体现一个过程，作为对过程的补充和说明，在小句中充当主要动词的延长成分。根据上文对致使结构的功能语义分析，英汉致使义动结式中的部分"补语"[①]起补充说明主要动词或谓体的作用，在小句结构中充当主要动词延长成分或谓体延长成分，如图 3-9 所示。

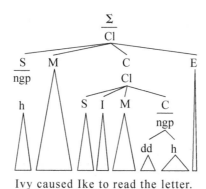

Ivy caused Ike to read the letter.

图 3-7　英语复合宾语句的功能句法分析

---

① 此处用"补语"与系统功能语法中的补语相区别，下同。传统语法中的"补语"指对述语的补充，而根据 Fawcett 的定义，系统功能语法中的补语指"不是主语的任何参与者角色"。

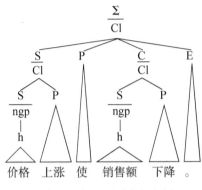

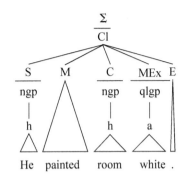

图3-8 汉语兼语句的功能句法分析　　图3-9 英语致使动结式功能句法分析

　　鉴于语义与句法间存在选择与体现关系，因此，基于"语义为中心，形式体现意义"的功能思想对致使结构的句法分析，能够更好地揭示致使结构句法语义的双向选择性和认知互动性。根据致使过程期待出现的个体参与者或事件参与者，小句结构中的主语和补语成分可以由单个语义成分填充，也可以由嵌入小句填充。

四、小结

　　本章在系统功能语言学视角下，为致使结构研究构建了功能语义句法的描述框架。首先介绍了系统功能语言学的元功能思想，其经验功能为描述致使情景体现的及物性过程提供了理论依据。致使在概念意义上表达一个由使因事件和结果事件构成的致使情景，在语义层上体现为两个情形构成的复杂情形，且结果事件均为外力作用下产生的，因此在及物性系统中我们将致使过程与结果事件过程融合为一类复合过程，具体包括致使动作过程、致使关系过程、致使心理过程、致使交流过程、致使行为过程、致使存在过程和致使气象过程。

　　系统思想为建构致使意义系统网络提供了理论依据。系统由一系列选择和准入条件组成，存在于不同语义层次，构成一个可供人们选择的、由多个子系统组成的系统网络。致使范畴同样构成一个可供选择的系统网络，基于致使结构体现的及物性过程及其不同语义配置结构，可建构致使意义选择系统网络。

功能句法理论为我们结合意义和形式对致使结构进行句法分析提供了依据。功能句法理论坚持"语义为中心，形式体现意义"的功能思想，能够根据不同致使意义对结构的句法功能做出合理的分析。本研究以致使过程期待出现的参与者为导向，对致使结构进行功能句法分析，揭示了致使范畴下不同体现形式内部的语义关系和句法功能。

第四章

英汉词汇致使结构的语义句法对比

Comrie（1989）和 Dixon（2000）根据使因和结果的融合度，将致使结构分为词汇型、形态型和分析型三类，词汇致使指使因和结果在语言形式上复合体现为一个动词的结构。本研究中的词汇型致使结构包括以上两位学者分类标准当中的词汇型致使和形态型致使两类，由于二者均为致使概念在词汇层面上的体现形式，且致使行为和致使结果以融合方式体现为一个单一动词，句法结构均为"S + V +（O）"，因此，可将其统一归为词汇型致使结构，并将词汇致使重新定义为"致使行为和致使结果复合体现为一个动词的致使结构"。英汉语学界对致使义在句法层面上的体现形式进行了多维度、多视角的研究，但对致使义在词汇层面上的体现形式讨论仍不够深入。

一、英汉词汇致使结构

（一）英语词汇致使

英语词汇致使结构指致使行为和致使结果在语言中融合为单一词汇形式的结构。英语词汇致使结构的产生可从致使动词的演变过程窥见一斑，由前文可知，词汇致使动词为出现在及物性结构中的二价动词，或由不及物动词同形变价而来，或由不及物动词、不及物形容词性动词通过形态变化而来，如动词 sharp，broad，march，walk 等可以通过形态变化或同形变价出现在"动 + 宾"结构中表达致使义。从状态形容词到致使动词的演化过程存在转化和提升机制，如 "The experience broadened my mind" 中的 "broaden" 是由 "My mind broadened" 中的始变动词 "broaden" 提升而来，而该始变动词又是由 "My mind is broad" 中的形容词 "broad" 转化而来。另外，词汇致使动词与非致使义动词存在对应关系，Comrie（1981，1989）和 Dixon（2000）指出词汇致使结构和对应的非致使结构中的动词间存在"异干交替"和"非能产非异干交替"两种关系。"异干交替"关系中的两个动词在形式上没有任何规律可循，其中一个为致使义动词，另一个为非致使动词，如 kill 和 die，lay 和 lie。"非能产非异干交替"关系中的两个动词形式相同，动词本身兼有及物和不及物两种语法属性，如 melt，break 等，也被称为作格动词（ergative verb）。Halliday（1994/2000）在对小句进行作格分析时，也对作格动词的用法进行了讨论，作格动词的不及物用法描述事物状态变化，及物用法描述该事物状态变化由另一事物引起，表达致使义，作格分析关注过程是自发的还是外界作用的结果。为了更好地理解词汇致使，学者们将词汇致使和句法致使建立起联系，认为词汇致使与句法致使存在对应关系，并通过运用分析原始义素法，证实词汇致使和句法致使具有相同的深层结构，如 kill 可以分解为 [Cause[Become[Not Alive]]]。

（二）汉语词汇致使

汉语词汇致使的研究始于《马氏文通》对动词"使动"[①]用法的讨论，即"内动字用若外动者，则亦有止词矣"。之后王力（1943）讨论了词语的"使成"用法，并将其定义为"凡叙述词和它的末品补语成为因果关系者"。陈承泽（1982）认为动词的使动用法是由自动词用作他动词所致。随着研究的深入，致使词语的内涵、分类、语义特征等受到了学者们的广泛关注。杨树达（1984）分析了使动词的不同形式并将使动词构成方式归纳为：外动词直接充当、由内动词同形变价而来以及由名词或形容词转类而来。黄锦章（2004）将词汇致使词语分为达成动词（如"杀""烧""毁"等）、致动词[如"跑（马）""斗（蟋蟀）"等]和 V-R 复合词（如"革新""改良""增强"等）三

———————

① 使动指不及物动词、形容词或名词带宾语后表达致使义的动词用法。

类，该分类未能全面覆盖所有词汇类别，如"化"缀型动词、转类型复合词，也没有对词汇致使动词展开深入研究。李金妹等（2017）基于事件结构理论讨论了四字成语中的词汇型致使的构式类型，指出四字成语中存在三种词汇型致使构成方式：使动词、结果自足综合性及物动词和动结式。孟凯（2011）讨论了词汇致使词语中的致使合成词类型及语义要素的表征与成分凝固度，通过对语料穷尽式的考察，全面梳理了合成词的种类，将能够进入词汇致使结构的合成词归纳为：动结式复合词（查实、挫败、提高、战胜等）、动宾复合词（健身、强国、惊人等）、转类型复合词（充实、端正、繁荣等）和"化"缀型派生词（美化、复杂化、神化等），对合成词的概括丰富了词汇致使结构的类型。鉴于致使合成词来源的复杂性，学界对其历时演变过程、句法功能、构成语义要素进行了深入研究。

成镇权（2011）考察了汉语动补复合词的句法—语义错位现象，通过回顾生成语法题元理论、格理论以及词汇功能语法词汇投射理论在解释错位现象方面的不足，指出汉语动补复合词的致使具有句法属性。程工、杨大然（2016）基于分布式形态学理论，分析了现代汉语动结式的底层结构，认为动结式复合词包含两个子事件，其中结果 / 状态事件的核心为表示变化的轻语类 Become。孟凯（2012，2016）从词汇语义角度考察了动宾致使合成词的语义特征，将汉语致动词与其后的名词搭配合称为"X + N 役事"致使复合词，并将构式理论运用于词汇层面，提出词法构式概念，进而考察了致使动宾复合词构式的历史演变过程及构式与内部成分间的语义互动关系。

除对词汇致使的微观研究外，学者们也从宏观上对词汇致使进行了系统研究。郭姝慧（2004）从历时角度回顾古代汉语及现代汉语中词语的使动用法，重点考察了结果谓词致使句[①]中致使动词的来源及特点。通过分析结果谓词致使句与相关致使句式的转换关系，揭示结果谓词致使句的句法语义特点。宛新政（2005）从句法、语义和语用三个层面探讨了由词语使动用法构成的汉语致使句。在分析使动句类型及句法特点的基础上，他考察了使动句

---

① 结果谓词致使句是根据动词属性对词汇致使结构的命名方式。

的语义特征，认为使动义是一种结构义，进入结构的成分需满足一定句法限制条件，分析了使动句的动核结构及句模，并对结构中致事、役事的性质及其体现的句法单位进行了分析，最后探讨了使动句的语用功能。

通过以上梳理，我们发现英汉语词汇致使研究存在以下问题：（1）以往研究主要聚焦于微观层面对词汇致使的研究，包括词汇致使动词的形成、分类，以及词汇致使结构内部成分的语义功能、体现形式等，致使作为一个语义语法范畴，对其句式语义及句法结构的讨论不够充分。（2）目前对汉语词汇致使结构的研究多限于词汇致使的某一类型，对由动结复合词、动宾复合词构成的特殊词汇致使的研究不够，缺乏系统性，词汇致使的意义系统仍没有建构起来。（3）鲜有对英汉词汇致使的对比研究。无论是从致使分类，还是语义描述和句法分析来看，英汉均存在一定差异，但目前对比研究不够系统深入，难以揭示现象的本质。有鉴于此，本章拟从功能语义句法理论出发，从微观层面考察英汉词汇致使内部成分的语义特点及其体现形式，从宏观层面讨论英汉词汇致使句式语义及其句法功能，揭示英汉语词汇致使的异同及其动因。

二、英汉词汇致使结构语义成分对比

（一）英汉词汇致使动词的类型及构成方式对比

词汇致使动词作为词汇致使结构的核心一直受到研究者的普遍关注。国内外学者对词汇致使动词进行了语义语法分析，深入探讨了词汇致使动词表达的意义及构成方式。就英汉语来说，词汇致使动词的类型和构成方式均存在一定的差别。

从意义上看，英语词汇致使单位均表达使动义，主要通过不及物动词、形容词或名词后跟名词的方式表达致使义。汉语除表达使动义外，还存在一类表达使成义的动结式复合词。就表达具体意义而言，英汉词汇致使动词可以分为动作动词、状态动词和心理动词。

从形式上看，英语词汇致使动词包括单纯词（kill，melt，break 等）和派生词（enlarge, widen, broaden 等）两类。而汉语词汇致使动词包括单纯词（如毁、杀、烧、遛、健、烦等）、复合词和派生词（复杂化、美化、西化等）三种形式。其中复合词包括动结式复合词（打倒、提高、推翻等）和转类型复合词（丰富、巩固、温暖等）。

从构成方式上看，英汉语词汇致使结构中的动词构型具有各自的特点。英语词汇致使动词除结果自足及物动词（kill, melt, break 等）外，还可以通过词缀法、同形变价和词类转换的方式获得致使义。词缀法是词汇致使动词的主要构成方式，如 sharpen, deepen, endanger 等。同形变价也是英语致使动词的重要构成方式，如一价动词（walk, march, jump 等）通过同形变价方式用作二价动词，后跟宾语，表达致使义；词类转换，如名词（shelf, dust, air, skin 等）、形容词（free, empty, slow, clear, wet, narrow, smooth 等）用作及物动词，后跟宾语表达致使义。

汉语词汇致使词语除了单音节词的使动用法（苦、斗、跑、健、惊、鸣等）和结果自足及物动词（烧、杀、毁等）外，还包括动结式复合词、转类型复合词、"化"缀型和声调变化派生词。单音节词的使动用法由不及物动词和形容词后接宾语构成。通常情况下，这两类词做谓语不带宾语，但附加名词后，经历了致使化的过程，具有了致使义。就其来源而言，可分为由古汉语演变而来的用法和现代汉语的词类活用。古汉语中的动宾致使句式是该类致使词语产生的根源，古汉语中某些不及物动词、形容词和名词的使动用法以动宾结构为载体，表达致使义，可以表示为"NP 致事 + V/A/N + NP 役事"。在向现代汉语演变过程中，一部分保留到现代汉语的动宾致使句式中，但动词范围仅限于不及物动词和形容词，如"我们是铁了心要在一起的"和"他总是铁着脸"中的"铁"均为不及物动词的使动用法；另一部分则经过语义凝结、结构简化、成分强制共现、语义依附，逐渐演化并凝固为现代汉语词法层面表达致使义的动宾复合词，主要表现为双音复合词，其使动词也限定在不及物动词和形容词范围内，如斗（鸡）、亡（国）等。现代汉语的词类活用则是在古汉语演变过程中形成的动宾复合词的影响下，依照动宾构成规则形成的现代汉语动宾复合词，如美（容）、健（身）等。结果自足及物动词本身表达结果义，后附宾语表示该宾语发生某种状态变化，表达致使义。

动结式复合词的产生是汉以后兴起的双音化趋势所致，复合词内部包含致使原因和结果两个语义因子，其因果关系不言自明，相互制约形成一个整体。形式上体现为述谓动词和结果谓词两个语法成分融合而成的一个单一句法单位，具体包括"动＋动"和"动＋形"两种结构，如改善、革新、提高、战胜等。

转类型复合词源于古汉语"VI/ADJ+O"致动结构，在演化过程中发生了结构义的偶发性转移，结构表达的致使义逐渐转移到了宾语前的不及物动词或形容词动核成分上，此处的不及物动词和形容词本身是双音节复合词，形成转类型复合词，其致使义在句法层面得以表征，如丰富、巩固、健全、明确等。不及物动词或形容词虽然获得了致使义，但对句式有强制性要求，只有进入带宾语的句法环境才能够表达致使义（孟凯，2011）。

另外，通过形态变化获得致使义的词语也是使动用法的一种类型。虽然汉语不存在严格意义上的形态变化，但受英语影响也出现了少量词缀形式。另外，古汉语中某些词语通过变调方式可以获得致使义，但在现代汉语中比较少见。汉语中常见的词缀即"化"，加在名词或形容词后构成"化"缀型合成词，如美化、绿化、恶化、丑化、淡化、钙化、僵化、净化、老化、强化、异化、软化、深化、复杂化、工业化、神化、汽化、液化、氧化、企业化等。汉语词汇的语音变化也会产生致使义，如："饮马""空间房间""风吹草低见牛羊"中的"饮""空"和"见"通过声调的变化而具有了致使义，但这种现象在现代汉语中仅占少数。英汉词汇致使动词差异如表4-1所示。

表 4-1 英汉词汇致使动词类型特征

类型	英语词汇致使		语义类型	汉语词汇致使	语义类型
单纯词	结果自足及物动词（kill、melt、destroy 等）		使动型	结果自足及物动词（毁、杀、烧等）	使动型
	同形变价（walk,march 等）及词类转化（rich，air，empty 等）			源于古汉语动宾复合词中不及物动词、形容词的单音节使动用法[健（身）、美（发）、喜（人）等]	
				现代汉语形容词、不及物动词使动用法（苦、铁、阴等）	
形态变化	词缀法（enlarge，sadden 等）		使动型	词缀法（复杂化、西化等）	使动型
				变调法（空、饮等）	使动型
复合词				转类型（明确、健全等）	使动型
				动结型（打倒、提高等）	使成型

英汉词汇型致使动词在多个方面表现出不对称性。从语义来看，英语词汇致使均为使动型，而汉语既有使动型也有使成型；从形态来看，英语中仅包括单纯词和派生词，汉语致使词语的形态更为多样，包括单纯词、复合词和派生词；英语词汇致使单纯词构成上包括结果自足及物动词和通过同形变价、词类转化而来的使动用法，汉语词汇致使单纯词构成上包括结果自足及物动词、源于古汉语动宾复合词中不及物动词、形容词的单音节使动用法和现代汉语形容词、不及物动词的使动用法；英语词汇致使合成词构成上只存在形态变化类，而汉语中则包括形态变化（"化"缀和个别音调变化）、转类型复合词和动结式复合词。

（二）英汉词汇致使结构的语义层级

尽管词汇致使在语言中表征为一个动核，但概念上表达由两个子事件复合构成的一个致使情景。根据加的夫语法语义系统与逻辑概念的关系，语言体现逻辑概念，概念系统中的成分投射为语言中的语义成分，语义成分又由形式体现。致使概念结构中的两个次事件构成一个复杂事件，映射到语言结构中表现为语义层上的整合。语义层内部存在施受和致使两层关系，两个情形中的施受关系语义成分通过整合提升为复杂情形中的致使关系语义成分，最终在语法规则限制下投射为形式层上的句法结构。汉语词汇致使从语义角度可以分为词的使动和使成两种用法，英语词汇致使则只体现为使动用法。使动式凸显致使结果，表现为显性致使结果和隐性致使方式。使成式不仅凸显致使结果，而且明确了致事通过何种方式作用于役事。使动和使成用法的语义整合过程存在一定差别。

1. 使动式词汇致使结构语义层级

英汉词汇致使结构均包含使动用法，具有相同的认知语义基础。词汇致使结构语义层包含施受关系和致使关系两个层次，施受关系位于底层，致使关系语义成分由施受关系两个情形中的语义成分通过一系列整合规则提升而来。施受关系包括"施事"、动作、"受事"、工具等语义成分，致使关系包括致事、致使行为、役事和致使结果语义成分。从哲学角度看，引起致使的是命题或事件，但人类在概念化过程中，出于语言经济原则或象似性原则考虑，或将使因情形中个体语义成分转喻提升为致事，或将使因情形整体提升为致事。结果事件中的谓体和抽象致使力融合构成致使关系中的"致使行为 + 致使结果"，在语言中复合表征为一个单一词汇动词。相比致事，役事来源则较为单一，由结果情形中的主体提升而来。

使动式词汇致使动词本身凸显致使结果，同时蕴含表达抽象意义的致使力，具体致使方式则需根据语境推知。可以转换为 make、cause、let、使、叫、让等纯致使义动词和致使结果构成的句法致使结构。如"他毁了我的生活"中"毁"可以转换为"使……毁灭"，动作本身表达结果。如英语中的"kill"凸显了致使结果"die"，同时蕴含致使力"cause"，可以转换为"cause…to die"，具体的致使方式则需根据语境推知，如果在对方手持枪械的语境下，可以推知致使者开枪杀死了受害者。词汇致使的致使行为和致使结果存在必然联系，致使行为的完成即暗含役事状态必然发生改变，因此结果具有已然性。如"The sun melt the ice"，从句中可以推知阳光照射产生的热量使冰融化了，即太阳晒化了冰块。再如"I break the cup"的语境也许是"他走过来，碰碎了杯子"，也许是"他举起杯子，砸碎了杯子"。因此，使动式词汇致使动词是致使力和致使结果的复合体现形式。使动式词汇致使结构内部语义关系可以表示为图4-1，其中虚线标示施受关系中语义成分提升为致事存在或然性特征，实线标示语义层内部提升与被提升成分间的必然性关系。

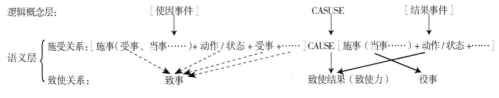

图 4-1　使动式词汇致使结构语义层次关系

2. 使成式词汇致使结构语义层级

使成式可以是表达致使义的动结式短语或动结式复合词。如果动核结构为前者，构成使成句，即句法致使结构；如果动核结构为后者，则构成词的使成用法，即词汇致使结构。动结式复合词是动结式短语语义的引申，当使因事件谓体与结果事件谓体融合为一个复合词时，其语义已经发生了变化，不再表达某种具体致使方式，复合词作为一个整体表达抽象语义。如"袁世凯推翻清室"中的"推翻"，虽然既凸显致使方式又凸显致使结果，但并不表达"推"的物理动作。动结复合词与动结短语二者往往界限模糊，构成一个语义连续统，本研究排除介于二者之间的过渡形式，以动结复合词和动结短语的典型成员为研究对象，以便更好地在致使范畴下对二者进行分类研究。汉语特有的动结式复合词为双音节致使单位，包含致使行为和致使结果两个语义因子，均在语言形式上有所体现，且二者联系紧密，存在自然的因果关系，不仅凸显结果，而且明确了致使方式。如"打倒"包含抽象动作"打"和抽象结果"倒"两个语义因子。结果语义因子的语法属性可以是动词性的，也可以是形容词性的。再如"他们战胜了敌人"中的"战胜"由两个动词性词根构成，一个表达动作，另一个表达动作的结果。动结式复合词中"动"和"补"两个子事件一般不描述同一主体，即"补语"语义指向结果事件主体，表现为致役分离。致事不能由事件本身充当，动结式短语构成的句法结构在"动"和"补"两个子事件描述同一主体的前提下，使因事件才能投射为致事构成动结式重动句。而动结式复合词和动结式短语构型相似，语义关系相同，以此类比，动结式复合词使成用法中使因事件无法投射为致事。动结式复合词中表达致使行为的语义因子为使因情形谓词与致使力的复合体现形式，因此，作为动作发出者的使因情形"施事"被提升为致事符合人类认知习惯。使成式词汇致使结构内部语义关系如图 4-2 所示。

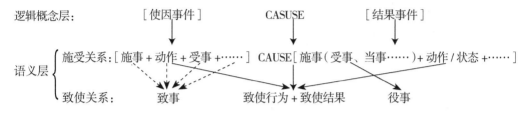

图 4-2　使成式词汇致使结构语义层次关系

在逻辑概念上，词汇致使结构表达由使因事件和结果事件构成的一个致使情景。语义层内部，使因情形谓词、抽象致使力和结果情形谓词三者融合提升为致使关系中的致使行为和致使结果，在语言形式上表征为动结式复合词，既凸显了致使方式，也表达了致使结果。

（三）英汉词汇致使结构致事对比

根据上文对词汇致使语义关系的分析，致事可以由使因情形个体语义成分或整体提升而来，英汉语使因情形"施事"、"受事"、工具和情形提升为致事较为常见，因此我们针对致事的以上来源进行考察。

1. 致事的来源

致事：使因事件

由上文可知，致事范畴的原型是一个命题或事件，在象似性原则作用下，概念系统中的使因事件投射为语言系统中的小句或名词词组，体现为名词词组属于非一致式。

（1）Reading in the dim light soon tired his eyes.（《英语动词用法词典》）

（2）It surprised them that she was such a fine swimmer.（同上）

（3）施工无序苦了职工。（CCL）

（4）稻种质量差苦了种田人。（CCL）

（5）开展外商投资财产鉴定遏制了一些外商的不义之举。（CCL）

系统功能语言学视角下的英汉致使结构对比研究

（6）用药过量毁了庄稼。（CCL）

致事：使因事件"施事"

使因事件"施事"是致使动作的发出者，充当致事符合人类的认知习惯，是最常见的致事表征方式。如：

（7）You've disappointed me now.（BNC）

（8）Her smile could melt the ice.（BNC）

（9）以前张家界的路，苦了游客。（CCL）

（10）再胡说八道我停你的职。（CCL）

致事：使因事件"受事"

为了凸显使因事件"受事"，通常将"受事"转喻投射为致事，充当小句主题。

（11）The bad news sobered all of us.（《英语动词用法词典》）

（12）The book wakened the reader's interest.（同上）

（13）红枣能健脾开胃。（CCL）

（14）一杯牛奶强壮一个民族。（CCL）

致事：使因事件工具

出于语言的间接性及表达致使的客观性，工具作为使因事件的语义成分，同样可以通过转喻方式替代整个事件充当致事。相比使因事件"施事"和"受事"，工具充当致事的致使句数量较少。

（15）遥控器关了电视机。（CCL）

（16）钥匙开了门。（张翼2014）

（17）A rock broke glass.（BNC）

（18）The key opened the rear-alley door of the bookshop.（COCA）

2. 致事的有生性和意图性

如前文所述，Dixon（2000）提出用四个语义参数对致使结构中致事进行描述，分别为直接性、意图性、自然度和参与度。Comrie（1989）也从生命度、意识性和控制度特点来描述事件参与名词。由于词汇致使本身属于直接致使，致事显然直接参与了致使过程，具有直接性和参与度高的特点，词汇

70

致使中的结果是致使行为的必然结果，具有自然度特征。在我们看来，意识性和生命度二者密不可分，有生命实体具有意识性，二者可以合并为生命度参数。综合以上致事语义参数，我们主要考察词汇致使结构中致事的生命度和意图性两个语义参数。

致事的来源丰富，既有事件致事也有个体致事，可以是有生命的人或人构成的组织机构，也可以是无生命的具体或抽象的事物或事件。由于词汇致使是英语中主要的致使结构，而在汉语中是有标记致使结构，汉语词汇致使结构的绝对数量小于英语词汇致使。因此，我们从英汉语各类题材的文学作品中收集英汉词汇致使小句各 500 例，统计致事的有生性，具体对无生命的事物、事件和有生命的人或由人构成的组织机构的比重进行统计，如表 4-2所示。

表 4-2　致事来源类型

类型致事	事物	事件	人（或由人构成的组织机构）	致使结构总数
英语致事	102（20.4%）	23（4.6%）	359（71.8%）	500
汉语致事	119（23.8%）	79（15.8%）	218（43.6%）	500

英汉语料中，除以上致事类型外，还存在致事省略的现象，由于无法确定其属性，因此没有进行统计。从表 4-2 可看出，英汉语致事均以有生命实体为主，其次是事物，再其次是事件。英汉语致事选择的优先序列可表示如下。

汉语：人 > 事物 > 事件

英语：人 > 事物 > 事件

尽管英汉语致事选择的优先序列相同，但各类型致事的比重存在一定差别。英汉语有生性人充当致事均占比最高，说明英汉词汇致使多表达主观致使，致使动作的发出者充当致事符合人类的认知习惯。由于无生性致事不能发出动作，只能引发动作，所以比重较低。就无生性致事来看，英语事件型致事占比为 4.6%，汉语事件型致事占 15.8%，说明在象似性原则和经济性原则的博弈中，经济性是英语追求的目标，事件致事信息含量高，无论对说话者还是受话者都增加了信息处理负担，同时也是英语尾重原则作用的结果。汉语则由于"头重尾轻"的表达习惯，允许将信息含量高的原因置于句首。统计数据也反映出汉语词汇致使中致事省略的情况多于英语，考察语料发现，英语只有在祈使句的情况下可以省略致事，而汉语只要在上下文语境可推知的情况下，均可省略致事而不影响意义的表达，这与英语重形合、汉语重意合的语言特点有关。

意图性是在致事有生性前提下，对致事特征的进一步描述。意图性指致事是否有意造成役事的变化，意图性同时也说明了致使是主观的还是客观的，如果是有意为之则表达主观致使，如果是无意之举则表达客观致使。我们对语料进行分析后发现，英汉语意图性存在不确定性，没有规律可循，有时需要依赖语境判断。如"The mother puzzled Clara"虽然致事是有生命实体，但意图性不明确，可以是客观致使，也可以是主观致使。"He broke his arm"中尽管致事是有生性致事，但不具有意图性。

3. 致事的句法实现单位

英汉语词汇致使结构均包括四个基本语义成分：致事、致使动作、致使结果和役事。其中致使动作蕴含于致使结果中，但形式上，体现语义成分的句法单位存在差别。概念意义上，引起致使的是一个事件或命题，但在概念化过程中，加入了人类对致使的理解，在经济原则作用下，可以转喻映射为个体，英汉语个体致事通常由名词、代词、名词词组体现。英汉语中体现事件型致事的句法单位尽管相同，但使用频率有所不同，句法结构类型也存在差别。

英语事件型致事由代词、名词词组（事件的名化）和小句体现，句法结构形式包括：定中结构、动名词、不定式、形式主语"it"等，如"Walking up hill wearied grandfather"。英语中，在"末端重量"原则制约下，命题小句被置于句首充当致事的情况较为少见，通常由形式主语"it"代替小句、动名词、不定式。

汉语事件型致事可以由代词、名词词组（事件的名化）和小句体现，结构形式包括：主谓结构、动宾结构、述补结构、定中结构、状中结构等。汉语由"因"及"果"的表达习惯以及"头重尾轻"的原则使得小句充当致事较为常见。但小句型致事语言形式复杂，通常用逗号与后部隔开，有时为了简洁，可以用代词"这""那"前指。名词词组体现事件型致事通常为事件的名化形式，以简单的结构表达丰富的内容。

另外，汉语还存在致事省略的现象：（1）在广告、口号或诗词作品中较为常见，如"牺牲自己　幸福别人""用暴力推翻旧秩序"。（2）致事由介词引出，在句中充当状语，结构中致事承前省略。如："经过这次会议，统一了我们的认识"和"通过广泛的阅读和接触社会，开阔了他的眼界"。（3）役事作为主题在小句中充当主语时，致事省略，如"封建制度推翻了"。而英语则仅在祈使句或广告、口号中可以省略致事。

（四）英汉役事及致使结果对比

役事来源较为单一，由结果事件中的主体提升而来，可以是有生命实体或无生命实体。Dixon（2000）借助自控力、意愿性和影响度语义参数描述役事属性。词汇致使表达结果的已然性，因此役事完全受到影响，并产生结果。我们认为自控力和意愿性均与生命度有关，后者是前两个参数的基础。有生命实体均具有自控力，具体可以表现出反抗或协同的不同意愿性。意愿性难以从役事自身属性判断，需根据致使力的强弱来判断，致使力强说明役事接受结果的意愿性低，致使力弱说明意愿性强。

有生性役事如以下各例所示。

（19）It could kill you.（BNC）

（20）I'm sorry, that would endanger them.（COCA）

（21）山村土游戏乐了孩子。（CCL）

（22）产品积压苦了花农。（CCL）

以上例句中役事为有生命实体，无论役事和致使力的内在倾向是否一致，均具有一定的自控力，具体体现为意愿性和非意愿性。当役事和致使力同向时，役事具有意愿性，如例（21）中的"乐"为役事带来积极的结果，役事表现出一定意愿性；当使事与致使力相向时，役事具有非意愿性，如例

（20）中的 endanger 给役事带来不好的结果，显然役事的自控力体现为非意愿性。意愿性与非意愿性主要取决于致使动词，但致使动词对于役事是积极的还是消极的无规律可循，因此，役事的意愿性也表现出不确定性。

无生性役事本身没有自控力，只是被动接受致使力的作用，从而产生一定的结果，因此不具有意愿性。如以下各例所示，役事为具体或抽象的事物。

（23）He opened the library door.（BNC）

（24）We don't normally melt the wires.（BNC）

（25）掺杂使假的羊绒毁了我们的市场。（CCL）

（26）采用各种经济手段及时遏制了物价涨势。（CCL）

英汉语役事均由结果事件主体提升而来，表现为个体役事，可以是有生性的人或事物，也可以是无生性的具体或抽象的事物，形式上均由名词、名词词组或代词体现。

词汇致使表达直接致使行为。直接致使中致使动作的发出和致使结果的产生间隔时间短，致事和役事的空间距离短，甚至可能存在身体接触。词汇致使中，无论使动式还是使成式，致使结果均被凸显，致使动作的发出即暗示结果的产生，二者因果关系显著，不言自明，因此，结果已然性是英汉词汇致使的共同特点。但英汉语表示结果已然性的方式存在差别，从体现方式上看，英语词汇致使动词均为单一词汇形式，本身蕴含结果义素及结果的已然性。而现代汉语词汇致使动词除自身表达结果已然性外，还存在某些需借助动态助词表达结果已然性的词汇致使动词，包括结果自足及物动词和现代汉语形容词、不及物动词使动用法这类单音节动词。这类动词通过附加动态助词"了""着"以表达结果的已然性，如"苦了孩子""乐了观众""斜着身子""眯着眼睛"等。结果自足及物动词除了附加助词"着"和"了"外，个别还可以附加动态助词"起"表示动作的完结及结果的已然，如"方局长板起脸"。这种附加助词的方式不仅标示了结果的已然性，同时满足了汉语的双音韵律特征。

因此，结果已然性是英汉词汇致使的共同特征，但语言表现形式上存在一定差别。英语词汇致使动词本身蕴含了结果的已然性，没有句法形式上的变化，而汉语某些词汇致使结构需借助动态助词表达结果的已然性。

三、英汉词汇致使结构的功能语义句法对比分析

系统功能语法不仅关注过程而且关注过程的参与者和环境成分及其语义关系，其及物性系统是描述句式语义的理论体系，能够有效地描述词汇致使结构的句式义。系统功能语法的及物性系统将现实世界表达的经验意义细分为不同的过程类型，如动作过程、关系过程、心理过程、行为过程等，过程及其参与者又进一步构成不同的语义配置结构，为致使义系统网络的建构提供了更加精密细致的理论框架。英汉词汇致使结构表征相同的经验意义：致使过程，其基本语义成分相同，包括施事、过程、受事。但在形式上，语义成分的配置方式不同，体现语义成分的句法单位也不尽相同。我们以及物性过程中不同语义配置结构为框架，对英汉词汇致使的体现形式进行对比，以揭示英汉词汇致使结构在语义特征和句法特点上的异同。

齐曦（2007）在系统功能语法框架下，将英语词汇致使结构称为"合成式"使役结构，即动词不仅体现结构过程，也体现"影响"参与者角色，在及物性分析时，将小句"Which modern masters inspire you most"体现的过程分析为"使役心理过程"，这种复合过程表达了两层含义，从而解决了语义形式不对等的问题。齐曦（2007）"复合过程"的提出，为我们描述词汇致使结构体现的意义提供了启发，词汇致使动词是致使行为和致使结果在语言中的复合体现形式，表达由两个过程构成的一个复合过程。我们把致使行为表达的过程统一称为致使过程，结果事件表达的过程由词汇致使动词的属性决定，词汇致使动词通常表达动作、行为、状态和心理/情感意义，相应结果事件可以表达及物性结构中的动作过程、关系过程和心理过程。鉴于结果事件均是在外力直接作用下产生的，致使过程与结果事件过程发生整体融合，结果事件谓词与致使动词融合体现致使复合过程，结果事件过程参与者在复合过程中充当受事参与者角色，体现为致使动作过程、致使关系过程和致使心理过

程。复合过程能够描述致使事件和结果事件两层含义，从而解决了词汇致使结构语义和形式的不对等问题，能够较好地解释致使结构语义形式的接口问题。鉴于英汉词汇致使过程的引起者均可以由小句体现，我们在语义分析时，不对事件型致事构成的语义配置进行单独讨论。

（一）致使动作过程

致使动作复合过程能够描述致使事件和结果事件两层含义，词汇致使动词所共有的特征即表达致使力，体现致使过程，结果事件表达的过程则根据动词的动作属性称为动作过程。

致使动作过程表示在外在致使因素作用下，产生表达及物性动作过程意义的结果事件。动作过程（action process）作为及物性结构中的一个重要过程类型，描述外部世界的各种事件和活动，表达做某事或某事发生的过程。Halliday（1994/2000）将该过程类型称作物质过程，不仅包含物理意义上的动作行为，如英语中的"hit""break""speak"和汉语中的"扭打""逃跑""碰撞"等，而且包含抽象意义的动作行为，如英语中的"ignore""praise""help"和汉语中的"解雇""刺激""欺骗"等。但"物质"这一术语使人自然联想到物理上的动作行为，容易产生误解。Fawcett（2010）使用"动作过程"这一术语，能够更好地概括物理动作过程和抽象动作过程。具体来说，动作过程包括物质动作过程（material action process）和社会动作过程（social action process）两类，物质动作过程描述物理世界经验，涉及实体间的物理性动作；社会动作过程描述社会交际经验，涉及抽象性质的动作。不同动作过程涉及不同的参与者角色，包括施事（Agent）、受事（Affected）、范围（Range）、方式（Manner）、创造物（Created）、方向（Direction）、程度（Degree）及其他复合参与者角色（Compound Participle Role）等。根据及物性过程和参与者角色构成的语义配置结构，可以更加详细地描述及物性过程意义。同样，致使动作过程及其参与者的不同配置构成了致使动作过程语义网络。功能语法中的施事参与者角色指过程的引发者或执行者，可以是有生命实体（人、动物等）、无生命实体（工具、自然力等），也可以是事件，受事参与者角色指过程的承受者或被影响者。

施事 + 过程 + 受事

语义上，该致使结构体现致使过程和动作过程融合而成的致使动作过程。体现形式上，致使行为和致使结果以复合方式体现为一个词汇动词，动词不仅表达动作行为的结果，而且蕴含致使力，致使动作产生的结果即动作本身，体现动作过程，线性结构可以表示为"NP1 + V + NP2"，但英汉语体现过程的句法单位存在差别。

英语中体现该过程的词汇致使动词包括单纯词和派生词，凸显致使结果，同时蕴含抽象致使力，两者复合于一个动词之上。致使行为和致使结果之间存在必然联系，致使行为引出的结果具有唯一性，即致使行为的发出暗含了结果的产生。可以进入该语义配置结构的动词多为二价及物动词（如kill, fill, clean 等），也可以是一价动词通过同形变价方式用作二价的动词（如march，move，drop 等）。

汉语中能够进入该语义配置结构的动词形式多样，不仅包括单纯词，如结果自足及物动词的使动用法（杀、毁、烧等）和不及物动词转类用法（如遛、健、斗等），还包括大量表达致使义的转类型复合词（稳定、润滑、振奋等）和动结式复合词（推翻、战胜、打倒等）。单纯词和合成词虽然在形式上表现为一个单一的动词，但语义上表达两个具有因果关系的子事件构成的一个复杂事件。动结式复合词的语义构成及语义关系与动结式短语相同，是由体现致使行为和致使结果两个语义因子的词根组合而成的一个双音节复合词。进入该语义配置结构的动结复合词为"动 + 动"型，即两个语素均为表达动作的动词性成分，在及物性结构中体现致使动作过程，如打倒、推翻、改掉、提升等。动结复合词作为由两个语素构成的合成词，两个语素在黏合过程中语义均发生了抽象化，二者意义取向相似，在语义上彼此制约，动作本身即能预示结果的产生，组合形式固定，其语义核心为"结果补语"。如动结式复合词"提升"，其中表原因和结果两个语素为"动 + 动"组合，两个语义因子"提"和"升"之间存在自然的因果联系，表达具有因果关系的两个子事件，且结果事件表达动作过程。以下各例中致使动词均表达动作意义，内含结果动作，因此，小句体现及物性结构中的致使动作过程。

（27）Smoking[Ag] kills[Pro] a fifth of all smokers in middle age[Af].（BNC）

（28）She[Ag] cleaned[Pro] the room[Af].（秦裕祥，2015）

（29）The flood[Ag] destroyed[Pro] the village[Af].（程明霞，2008）

（30）Too much love[Ag] will kill[Pro] you[Af].（BNC）

（31）盗版 [Ag] 毁 [Pro] 了他们前程 [Af]。（CCL）

（32）一句话 [Ag] 可以振奋 [Pro] 人心 [Af]。（CCL）

（33）洪秀全 [Ag] 想打倒 [Pro] 清朝 [Af]。（CCL）

（34）打击走私 [Ag] 还遏制 [Pro] 了税源流失 [Af]。（CCL）

（35）三峡工程的建设 [Ag] 进一步提升 [Pro] 了重庆在西南地区的水运枢纽地位 [Af]。（CCL）

（36）贵族完颜亮 [Ag] 杀死 [Pro] 了金熙宗 [Af]。（CCL）

（37）钥匙 [Ag] 开 [Pro] 了门 [Af]。（张翼，2014）

施事参与者指动作的实施者或引发者，可以由个体充当，也可以由事件充当。个体包括有生命实体（如人、动物等）和无生命实体（如工具、自然力量、抽象事物等）。事件可以由名词词组、事件的名化形式或小句填充（Fawcett，2010）。例（29）中的施事为自然力量"flood"、例（27）和例（30）中的施事"smile"和"love"均为抽象概念。例（37）中致使的引起者为工具"钥匙"，虽然不是动作的发出者，但通过凸显使因事件工具的方式转喻整个事件，把致使的引发归功于工具。引出致使的还可以是事件，由小句或事件的名化形式填充。例（27）、例（34）和例（35）中施事为带有隐性参与者的小句"smoking"、嵌入小句"打击走私"和抽象事件的名化形式"三峡工程的建设"，这些抽象事件本身不能发出具体的致使力，而是通过作用力对受事产生了一定影响，最终导致结果的产生。

以上各例均为词汇型致使结构构成的小句，致使行为和致使结果均由单一动词体现，即动词不仅表达致使结果，同时蕴含致使力，结果即动作本身，具体致使方式则可以根据语境加以推断。英语中体现动作过程的词汇致使动词形式较为单一，均为单音节结果自足及物动词。如例（27）中，"kill"

是一个结果自足及物动词，本身带有致使结果，同时表达了致使义，动作产生的结果即动作本身，因此，结果事件体现及物性结构中的动作过程。词汇型致使动词均可以理解为 "cause sb to do sth" 的结构，如 kill 可以分解为 "cause sb to die"，break 可以分解为 "cause sth to break" 等。make，cause 等纯致使义动词表达抽象致使力，具体致使方式在语言中没有得到凸显，可以通过语境推断其具体的致使方式。例（27）至例（30）中的英语词汇致使动词均为单语素动词，凸显致使结果，其致使方式需从语境推知。如动词 "destroy" 和主语 "flood" 搭配时，可以推知动词表达的意义为 "冲毁"，即村庄受到洪水的冲击，遭到了毁灭性破坏。例（28）中的 "clean" 和有生命实体搭配，表示房间被打扫干净。例（30）中的 "kill" 则与无生命抽象实体搭配，表达过多的溺爱会毁掉你，即 "宠坏" 的意思，并不是真正意义上的杀害。

　　汉语中词汇致使动词形式较为复杂，主要包括结果自足及物动词、词的使动用法和动补复合词。如例（31）中的动词为结果自足及物动词，为单语素动词，仅凸显致使结果，具体致使方式需从语境中推知。例（32）中的动词为转类型复合词的使动用法。例（33）至例（36）中的动词均为双语素动补复合词，不仅凸显致使结果，而且表征致使方式。例（36）中的动补复合词 "杀死" 是致使动作和致使结果的复合体现形式。使因事件为 "贵族完颜亮杀金熙宗"，结果事件为 "金熙宗死了"。例（34）中，"遏制" 表达的结果为 "停止"，是由两个意义相近的动词性语素构成的复合体，同时蕴含抽象致使义，表达 "使……停止" 的意义，但具体怎样阻止却不得而知。

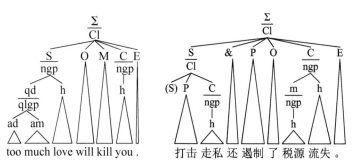

图 4-3　例（30）的功能句法分析　　图 4-4　例（34）的功能句法分析

施事 + 过程

该语义配置结构是汉语特有的结构形式，过程由动词性动宾复合词体现。动宾复合词源于古汉语"VI/ADJ+O"致动结构，由两个词根语素复合而成，其中VI/ADJ本身为单音节词，和后跟宾语构成X+O双音节复合词，在词法层面表达致使义，X与后跟宾语并非支配关系，而是致使关系。现代汉语致使性动宾复合词既有源于古汉语的动宾致使句式（如富国强兵、光宗耀祖、飞沙走石、独善其身、汗牛充栋、破釜沉舟、丰衣足食、亡国、折腰、宽心、急人、惊人、败家、坏肚子等），又有基于该结构类型新近扩展而来的致使性动宾复合词（如美容、美发、健身、清热等）。动宾复合词由两个词根语素复合而成，其中动词为不及物动词或形容词，和后跟宾语习用已久并语法化为一个表达致使义的复合词。句式结构可以表示为"V+NP"，其中动词既有致使性又有结果义，致使性是结构所赋予的，结果义则是动词或形容词自身固有的。动宾复合词中，动作或由不及物动词充当，或由形容词充当，不及物动词本身可以描述动作的变化，隐含动作结果义，形容词本身表达状态，描述状态结果义。复合词作为一个语法单位，其具有动词或形容词的句法属性，在小句中充当句法成分，在及物性结构中体现过程意义。

孟凯（2016）统计了《现代汉语词典》中317个双音节动宾复合词，其中动词279个，形容词38个。《现代汉语词典》中未收录的225个双音节动宾复合词中，动词237个，形容词18个。由上得出，动词占比远大于形容词，这表明了致使性动宾复合词词类分布不均的状况，同时说明动词单位比形容词单位更适于表达致使义。

（38）主人 [Ag] 经常在街上遛狗 [Pro]。（CCL）

（39）今日十万吨航轮 [Ag] 就会自信地鸣笛 [Pro]。（CCL）

（40）专车 [Ag] 就在宿舍楼下鸣笛 [Pro] 了。（CCL）

（41）他 [Ag] 正趴在地上跟他的几个侍女斗蟋蟀 [Pro]。（CCL）

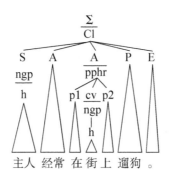

图 4-5　例（38）的功能句法分析

以上例句中的复合词均由不及物动词加宾语构成，表达动作变化，体现及物性结构中的致使动作过程。如例（38）中，"遛狗"包含的两个语素是一种固定搭配，习用已久后，逐渐语法化为复合词。"遛"和"狗"之间不存在支配关系，而是致使关系，"狗"是动作"遛"影响的对象，"遛狗"作为一个复合词，在及物性结构中整体体现过程意义。

受事 + 过程

"NP2 + V"作格句式通常可以做两种理解：一种是外力致使过程的发生，如"门开了"可以表示人推开门或风吹开了门；一种是无需借助外力自然发生，表示门是自动开的，致事和具体致使动作的缺失使其更倾向于理解为无致使义小句。但汉语中由动结式复合词构成的该句式能够表达致使义，动结式复合词内部成分及语义关系与动结式短语相同，包含动作和致使义、结果和状态义，具备致使表达的语义要素，因此在致事省略的情况下仍能表达致使义。动结式复合词作为一个合成词在及物性结构中体现致使复合过程，在小句中充当谓体。

（42）封建制度 [Af] 早已推翻 [Pro]。（CCL）

（43）汪精卫被刺的消息传出后，全国 [Af] 轰动 [Pro]。（CCL）

（44）这下子不只是吵到骑兵队，连敌人 [Af] 恐怕都会惊动 [Pro]。（CCL）

（45）目前，鄱阳湖沿湖猎捕、网捕现象 [Af] 已基本清除 [Pro]。（CCL）

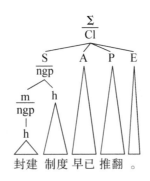

图 4-6 例（42）的功能句法分析

（二）致使关系过程

该过程类型由致使过程和关系过程融合而成，二者发生整体融合，致使关系复合过程参与者包括施事和受事参与者角色。就关系过程的种类而言，目前功能语言学界仍没有达成一致的看法。功能语法创始人 Halliday（1994/2000；Halliday & Matthiessen，2004/2008，2014）认为关系过程包含三类（内包型、环境型和所有型）和两式（归属式和识别式），两个参数的交叉组合形成六种关系过程类型。三种类型均包含归属和识别两种模式，归属模式说明载体的属性，识别模式显示载体的识别者，二者可以互换位置。也有学者（胡壮麟等，2005；Thompson，2004/2008；Eggins，2004）将关系过程分为两类（归属类和识别类）和三式（内包式、环境式和所有式）。Fawcett（1987）在 Halliday 的分类基础上，将关系过程更直观地呈现为以下次类：归属过程、位置过程、方向过程、拥有过程，之后又在此基础上增加了一类匹配过程（Fawcett，2010）。何伟等（2017a，2017b）基于加的夫语法，提出了更全面、清晰的分类方式：归属类、识别类、位置类、方向类、拥有类和关联类。本研究采纳该分类方式，以全面反映关系过程的全貌。根据结果事件体现的关系过程，类型可细分为：致使归属类、致使识别类、致使位置类、致使方向类、致使拥有类和致使关联类。不同类别关系过程涉及不同的参与者角色，主要包括：载体（carrier）、属性（attribute）、价值（value）、标记（token）、位置（location）、来源（source）、路径（path）、目的地（destination）、拥有者（possessor）、拥有物（possessed）、相关方（correlator）。关系过程和不同参与者构成的不同语义配置结构构成了关系过程意义系统网络，同样，致使关系过程意义系统也是由不同的语义配置结构组成的意义网络，其中体现在词汇层上的致使关系过程语义配置结构包括："施事 + 过程 + 受事""施事 + 过程"和"受事 + 过程"。

施事 + 过程 + 受事

该语义配置结构包含两个参与者角色，为典型词汇致使结构。致使情景中的结果事件表达役事的状态变化，体现及物性结构中的关系过程，与致使过程融合为致使关系过程。由于致使结果是致使行为的必然结果，因此二者被整体概念化，并以复合形式表征为一个状态动词。致使的引出者或为事件，或为事件活动的参与者，既可以是有生命实体，如人，也可以是无生命实体，如工具、自然力、机构、抽象事物等。

在英语中，能够进入该语义配置结构的致使动词主要是以致使结果为基础概念化而成的形态型致使动词，该类致使动词多由表结果的形容词和与这类形容词同源的名词派生或转类而来（秦裕祥，2015），因此过程动词本身体现致使结果，表达了被使者状态或性质的变化，同时蕴含致使义，由此构成的致使小句体现致使关系过程。通过词缀法派生而来的致使动词包括 endanger, broaden, enlarge, modernize, beautify, sharpen, widen, sweeten, thicken 等；词性转类也是致使动词构成的方式，主要为形容词及其同源的名词用作动词，如 dry, empty, air, baby, disorder 等。

由于汉语没有丰富的形态变化，主要通过合成词根的方式构成新词，即合并"外部动因"和"变化结果"两个语义因子以获得致使义。如前文所述，汉语中能够进入该类语义配置结构的动词包括单语素使动词（苦、累、湿等）、动词性和形容词性语素构成的动补复合词（如减少、提高、增强、拓宽、澄清、捣乱等）、转类型复合词（如开阔、丰富、温暖等）。动补复合词是由两个词根组合而成的一个双音节复合词，内含使因和结果两个语义因子，两者之间存在必然的联系，动作导致的结果具有唯一性，因此形式上体现为一个单一动词，蕴含致使义。如"拓宽"中动作性语素"拓"可以表示在横向空间上的扩张行为，反映在空间范围上的变化必然为"宽"，两者因果关系紧密，相互依赖，在语义上彼此制约，组合形式固定，从而构成一个新词。转类型复合词如前文所述是由"VI/ADJ+O"结构的致使义前移形成的。当转移到形容词性质的复合词上时，表达结果的状态，体现及物系统中的关系过程。

虽然汉语形态变化不够丰富，但在英语的影响下，汉语也出现了少量由名词和形容词加词缀构成的形态致使动词。汉语中最常见的致使词缀为"化"，如致使动词"现代化""美化""工业化""复杂化"等，也存在"搞""弄"一类词缀，但并不常见，如搞砸、搞好、做大、弄坏、弄脏、开开等。通过形态变化构成致使动词的名词或形容词本身带有状态义，表示被使者状态或属性的变化，因此结果事件体现及物性结构中的关系过程。

（46）They[Ag] empty[Pro] the boat of some 20 boxes of prime Scottish langoustine[Af].（COCA）

（47）She[Ag] would not endanger[Pro] the valley[Af].（COCA）

（48）Its function[Ag] beautified[Pro] it[Af] immeasurably in her eyes.（BNC）

（49）It[Ag] can enlarge[Pro] this field[Af].（COCA）

（50）She[Ag] will broaden[Pro] her horizons[Af].（BNC）

（51）教学促进科研，科研 [Ag] 提高 [Pro] 教学 [Af]。（CCL）

（52）网络营销 [Ag] 减少 [Pro] 了中间环节 [Af]。（CCL）

（53）友谊 [Ag] 美化 [Pro] 着人们的生活 [Af]。（CCL）

（54）兄弟，这 [Ag] 可苦 [Pro] 了你 [Af] 了。（CCL）

（55）这些实践活动 [Ag] 丰富 [Pro] 了司马迁的历史知识和生活经验 [Af]。（CCL）

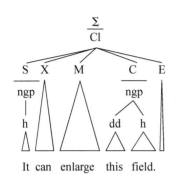 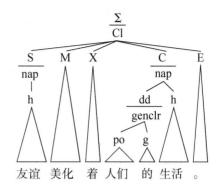

图 4-7　例（49）的功能句法分析　　图 4-8　例（53）的功能句法分析

以上例（46）至例（50）中动词均由形容词或与形容词同源的名词派生或转类而来。empty 是由形容词转类而来的，为带有状态属性的动词。endanger，enlarge，broaden 分别由形容词 danger，large，broad 加上词缀 en 派生为致使动词。beautified 由其形容词同源的名词 beauty 派生而来。以上致使动词本身带有状态义，同时在结构中蕴含致使义，表示役事在致事的致使力作用下发生的状态变化，结果事件在及物性结构中体现为归属关系过程，因此整个小句体现为致使关系过程。

例（51）、例（52）中的汉语动结式复合词包含动作和结果两个语义因子，当两个因子表达的语义趋同时，逐渐演化为表达单一意义的词汇，在致使结构中凸显结果义并蕴含致使。如"减少"和"提高"中两个词根均彼此制约，动作和结果具有自然的因果联系，构成动结式复合词。例（53）中动词"美化"为"化"缀型派生词，例（54）中"苦"为单语素形容词的使动用法，例（55）中动词"丰富"为表示状态的转类型复合词。

施事 + 过程

该语义配置结构中的过程由形容词性动宾复合词体现。如上文所述，汉语动宾复合词由不及物动词或形容词后跟宾语构成，形容词加宾语构成的动宾复合词具有形容词属性，表达状态义，体现及物性结构中的关系过程。如："强身""美容""便民""健身"等作为单一词汇，整体在及物性结构中体现过程，在小句中充当谓体成分，表示役事在致事作用下发生的状态变化。

（56）他 [Ag] 天天健身 [Pro]。（CCL）

（57）跳舞 [Ag] 既可娱乐也可健身 [Pro]。（CCL）

（58）在夏季，西瓜皮 [Ag] 也可美容 [Pro]。（CCL）

（59）只讲"情义" [Ag] 难免坏事 [Pro]。（CCL）

（60）重教 [Ag] 才能强国 [Pro]。（CCL）

及物性过程中的施事参与者可以由名词词组、小句体现。例（60）中的"重教"为事件型致事，体现为动宾结构。"才"为推断语，用"IA"标示，"能"是操作词，用"O"标示，其功能句法分析如图 4-9 所示。

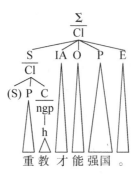

图 4-9　例（60）的功能句法分析

受事 + 过程

如上所述，该语义配置结构仅出现在汉语词汇致使中，过程由汉语动结式复合词体现。一方面，出于语言经济原则的考虑，在不影响意义表达的情况下省去致事；另一方面，为了凸显役事，将其作为主题置于主语位置。汉语通过语序与虚词的运用表达语法意义，因此语序变化较为灵活，而英语则通过形态变化表达特定的语法意义，严格遵循"施事 + 过程 + 受事"的结构，因此，该语义配置结构并不出现在英语中。

（61）生存的条件 [Af] 改善 [Pro] 了。（CCL）

（62）城镇化速度 [Af] 加快 [Pro] 了。（CCL）

（63）很多想法 [Af] 在碰撞中澄清 [Pro] 了。（CCL）

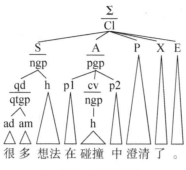

图 4-10　例（63）的功能句法分析

（三）致使心理过程

该结构类型小句中的谓语动词本身表达致使行为的结果，是致使行为和致使结果的复合体现形式。结果事件表示役事在致事作用下产生的心理状态变化，体现及物性结构中的心理过程，而这一过程是由致事通过致使力引起的，和致使过程复合体现为致使心理过程。对于心理过程的分类，学界存在不同的观点。Halliday（1994/2000），龙日金、彭宣维（2012），Fawcett（2017）将心理过程分为感知、情感和认知三类。Halliday 和 Matthiessen（2004/2008），Martin et al.（2010）认为心理过程可分为：感知、情感、意愿和认知四类。其争议在于意愿类是否为情感类的组成部分。鉴于意愿和情感所表达意义存在细微差别，我们认为有必要将意愿从情感类型中分离出来。情感表示对客观事物的主观评价，而意愿是对客观事物的憧憬或实现客观活动的愿望，将二者分离开来可以避免由于语义模糊而造成的语言描述混乱。心理过程包括两个参与者：感受者（Senser）和现象（Phenomenon）。感受者在心理过程的次类中分别被称为情感表现者（Emoter）、意愿表现者（Desiderator）、感知者（Perceiver）和认知者（Cognizant）。由此，致使心理过程可以进一步细分为：感知类、情感类、意愿类和认知类。致使心理过程表达的语义配置结构包括："施事 + 过程 + 受事""施事 + 过程"和"受事 + 过程"。

施事 + 过程 + 受事

该语义配置结构中过程动词本身表达心理状态，同时蕴含致使义，为致使行为和致使结果的复合体现形式，动词表示役事在致事致使力作用下发生的心理状态变化，语义上，复合体现及物性结构中的致使心理过程。

在英语中，该配置结构过程动词由心理致使动词体现。心理致使动词按照是否同对应的心理状态动词共享词干可分为两类关系：同形异构和异形异构。各自构成的小句可以通过不同的语序表达相同的意义，其不同在于小句过程参与者角色及其句法功能存在颠倒匹配关系，在心理状态动词构成的小句中，感受者充当主语，而心理致使动词小句中的感受者充当补语，现象充当主语。

（64）a. John worries Bill.

b. Bill worries about John.

（65）a. Bill fears the police.

b. The police frighten Bill.

以上两组句子表达的意义相同，但感受者和现象两个参与者的匹配呈颠倒状态，句法功能不同。例（64）中两个小句表达同样的经验意义，小句中的谓词性动词形式相同，但过程参与者角色及其句法功能呈颠倒关系，表达致使义的心理动词为同形异构型。例（65）两个小句分别由心理致使动词"frighten"和心理状态动词"fear"构成，过程的两个参与者在句中的位置恰好相反，但两个小句表达的意义相同，这对动词属于异形异构心理致使动词。

从心理致使动词的构成方式来看，英语心理致使动词主要包括以下三类：本身具有致使义的心理词汇动词，即结果自足心理及物动词（如amuse, disappoint, excite, convince, inspire 等）；通过形态变化而来的致使义心理动词（如frighten, terrorize, horrify 等）；通过同形变价或词类转换方式获得致使义的心理动词，名词转类包括bore, concern, anger, delight, interest, puzzle, scare, shock, surprise, trouble, worry 等，形容词转类包括upset, frustrate, blind 等。

汉语心理致使动词从构成上来看主要包括：单纯词的使动用法（如愁、喜、恼、馋、急、气等）、转类型复合心理动词（如振奋、苦恼、陶醉、镇静、愉悦、迷惑、恐吓等）和动结式复合词（如激怒、触怒、惹怒等）。可见，汉语心理致使动词没有词缀构词法，而英语中不存在动结式复合心理动词。

从心理致使动词表达的意义角度出发，英语致使义心理动词可分为情感（please, frighten, worry, delight, anger, satisfy, sadden, amuse, move, bore, interest 等）和认知（convince, puzzle, inspire, confuse 等）两类。同样，汉语心理致使动词根据意义也可分为情感类（烦、愁、喜、激怒等）和认知类（说服、迷惑等）。因此，结果事件表达的心理过程可以具体分为认知心理过程和情感心理过程。

（66）Politics[Ag] bore[Pro] me[Af], frankly.（BNC）

（67）I[Ag] will delight[Pro] myself[Af] in your statutes.（BNC）

（68）They[Ag] must convince[Pro] the jury[Af].（BNC）

（69）That he quitted the school[Ag] shocked[Pro] his mother[Af] greatly.（何伟等，2017b）

（70）Our hiding under the tarpaulin[Ag] delighted[Pro] them[Af].（BNC）

（71）梁思成 [Ag] 说服 [Pro] 了苏联专家 [Af]。（CCL）

（72）他的行为 [Ag] 激怒 [Pro] 了我 [Af]。（CCL）

（73）凿穿石洞 [Ag] 迷惑 [Pro] 晕头转向的敌人 [Af]。（CCL）

从以上例句可以看出，致使的引起者包括有生命个体、无生命个体和事件。个体形式上由名词词组体现，事件在语言形式上体现为事件的名化形式或嵌入小句，如例（70）中的 Our hiding under the tarpaulin 表达的是事件 "We hide under the tarpaulin"，这种动名词简化方式既是出于语言经济原则的考虑，也是尾重原则的作用。但英语中也存在小句充当致事的情况，如例（69）中致事为嵌入小句体现的一个事件，在其作用下役事发生了心理状态的变化。役事通常为能够参与心理体验的有生命实体或人格化的无生命实体，如例（68）中的 jury 本身指一个团体，但该团体由陪审员组成，具有了生命性，能够参与心理体验。

从上文分析可知，英汉语体现致使心理的词汇动词仅表示情感和认知，可以是外向致使，也可以是返身致使。例（68）、例（71）中致使动词

convince（说服）表达役事在心理认知上的改变，致事使役事相信其观点。其余例中致使动词均表达心理情感，如 bore、delight、烦、激怒等。

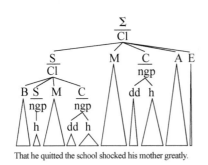

图 4-11　例（69）的功能句法分析

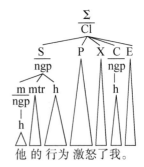

图 4-12　例（72）的功能句法分析

施事 + 过程

此类语义配置结构为汉语所特有的结构形式，过程由形容词性动宾复合词体现，复合词内部成分相互依赖形成一个固定的表达。动词和宾语间并不存在传统意义上的支配关系，而是影响与受影响关系，动词语素描述心理状态。

（74）你这女人 [Ag] 真烦人 [Pro]！（CCL）

（75）我们建路的资金状况 [Ag] 却愁人 [Pro]。（CCL）

（76）这消息 [Ag] 真喜人 [Pro]。（CCL）

（77）这歌声 [Ag] 真悦耳 [Pro]。（CCL）

例（74）中的"烦人"为动宾复合词，二者结合紧密，已经词汇化为一个整体，复合词中两个语义因子间的关系并非支配关系，而是致使关系，这是形容词带宾语后，句式所获得的致使义。

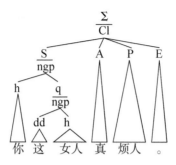

图4-13 例（74）的功能句法分析

受事 + 过程

构成的"NP2 + V"句式的动结式复合词中的结果语义因子表达心理状态，在及物性结构中体现心理过程。虽然致事省略了，但动结式复合词内部具有显性动作和显性结果语义成分，动作暗含役事状态变化是在致事的作用下产生的，因此可以表达致使义。

（78）美国朝野 [Af] 震惊 [Pro]。（CCL）

（79）老人 [Af] 容易惊醒 [Pro]。（CCL）

（80）其攻击之柔和，甚至连共产党人 [Af] 也未激怒 [Pro]。（CCL）

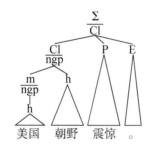

图4-14 例（78）的功能句法分析

四、英汉词汇致使结构异同及其动因

（一）英汉词汇致使结构差异

上文已对致使结构内部成分的语义特征及句法实现单位进行了描述并对表现出的异同进行了讨论。从英汉词汇致使动词构成特点来看，英语以单纯词为主，汉语以双音合成词为主，这是英汉对致使概念词汇化模式的不同所致，我们将在第八章第二节详细论述。从结果已然性来看，汉语除本身蕴含结果已然性外，某些单音节词需附加动态助词"着、了、起"等表示结果已然性，英汉结果已然性实现方式的不同也造成了英汉词汇致使结构形态上的不同。

就英汉词汇致使的句式语义句法而言，我们根据英汉词汇致使结构表达的及物性过程及其语义配置结构，构建了英汉词汇致使意义系统网络，如图4-15和图4-16所示。我们发现英汉词汇致使体现的及物性过程类型相同，这是由英汉语共有的行为、状态和心理三类词汇致使动词所致。但语义配置结构存在一定差别，汉语中"施事 + 过程"和"受事 + 过程"两类语义配置结构在英语中缺失，句法结构体现为SV形式，其线性结构可以表示为"NP1 + V"和"NP2 + V"，这造成了英汉词汇致使结构形态上的差异。

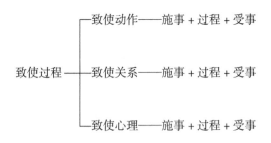

图4-15　英语词汇致使及物性意义系统网络

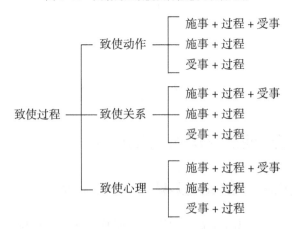

图4-16　汉语词汇致使及物性意义系统网络

（二）英汉词汇致使形态差异与汉语双音化趋式

"NP1 + V + NP2"（SVC）为英汉语词汇致使的基本结构类型，汉语还体现为"NP1 + V"（SV）和"NP2 + V"（SV）两类特殊结构。汉语中动宾复合词和动结式复合词的使用是造成英汉词汇致使语义句法差异的主要原因。

蔡基刚（2008）认为："在古代英语中，复合词曾占很大比例，复合法是主要的构词法。进入中古英语时期，大量法语、拉丁语和希腊语词汇进入英语，英语才改变了运用复合法作为造新词的主要手段，转而通过直接引进借词的方法来满足对新词的需要，而外来词中大量为单纯词。"

汉语动宾复合词和动结式复合词是在多重因素作用下形成的，包括双音化、高频共现、句法环境、语义相关性等，其中双音化趋势是复合词形成的主要原因。汉语词汇音节的发展历程可以概括为三个阶段：先秦时期、西周到春秋战国时期、东汉到唐代。先秦时期主要以单音词为主，随着双音词的出现，双音节复合词也随之增多。西周到春秋战国时期，复音化开始正式成为一种构词法，推动复音词数量上的增长，并呈不断上升趋势。东汉到唐代，复音化经历了一个快速发展期，这时复音词已经取代单音词成为汉语词汇系统的主要形式。

动宾复合词是在汉语词汇复音化背景下产生的。现代汉语致使义动宾复合词源于古汉语中的使动用法，主要体现为不及物动词、形容词和名词用作及物动词的用法，构成"VI/ADJ/N+O"致使结构，VI/ADJ/N 和 O 并非支配关系，而是致使关系。经过语义凝结、结构简化、成分强制共现、语义依附，它们逐渐演化并凝固为现代汉语词汇层面表达致使义的动宾复合词，主要表现为双音复合词。除严格由古汉语动宾致使句式演化而来的动宾复合词外，很多古汉语动宾致使句式中的单音节动词或形容词沿用至今，且随着动宾构词框架的成熟，单音节名词进入该框架后也构成了双音节动宾复合词。如古汉语中使动词"鸣、空、正、亡"等在现代汉语中可以组成鸣枪、鸣钟、空腹、空手、正骨、正畸、正身、亡国、亡命等复合词。另外，由于双音节动宾复合词简洁明了的特点，它在推动现代汉语创造新词方面起着重要的作用，如美容、美发、美甲、美肤等均是在动宾复合词框架下的新创词语，习用已久后，某些词语已经进入词典的词条，如美容、美发和美体，有些词则仍然处于词汇化的进程中。这类致使单位虽然是双音节的，且两个语素表达动宾语义关系，但在语言中作为一个词语使用，具有动词或形容词特征，并作为一个整体在及物性系统中表达过程意义，内含役事语义成分，由此构成"施事+过程"的特殊语义配置结构。

动补式复合词经历了由并列动词结构到连动结构再到动补短语的语法化和词汇化过程，最终在双音化驱动下成形。动结式复合词则是动补复合词中表达"动作+结果"语义关系的结构。石毓智（2002）认为："动补结构的形成实质上就是动词和结果成分的融合"，而双音化是动词和结果成分融合的最根本因素，它对汉语的构词法、形态变化和句法结构均产生了深远的影响。董秀芳（1998）根据韵律制约，分析了汉语的述补带宾句式中的黏合式述补结构，认为该结构通常表现为双音节形式。在汉语双音化趋势的影响下，单音节述语动词和单音节结果可以构成一个标准的韵律单位，且在因果关系驱动下高频共现，经过长期习用，逐渐凝固为一个完整的韵律单位，最终融合为复合词形式。动补复合词来自动补短语，具有与动补短语相同的内部成分及语义关系，只是语义成分的凝结度发生了变化，动补复合词凝结度更高，融合为一个由两个语素构成的双音词。对于动结式复合词构成的"受事+过程"致使结构，尽管句法层面主要包括一个体现受事参与者的名词词组，一个体现过程的动结复合词，但复合词内部构成语素同动结短语相同，只是句法功能发生了变化，语义结构可以表示为：[[动作]+[结果]]，具有显性致使方式和显性致使结果的特征。致使语义结构中的致使动作、役事和致使结果均在形式上得以体现的情况下，致事省隐不影响致使义的表达，体现为"受事+过程"语义配置结构。

另外，汉语某些单音节词汇致使动词通过附加标记词"着、了、起"等表达结果已然性，某种程度上也是汉语双音韵律特征作用的结果。

五、小结

词汇致使结构中的致使词语是致使行为和致使结果的复合体现形式，行为的发生即表示结果的产生。英汉词汇致使词语无论在语义还是构成上，均表现出一定的差异。从表达意义上来看，英语词汇致使只表达使动义，汉语词汇致使可以表达使动义和使成义。从构成形式上来看，英语致使词语仅包括单纯词和派生词两类，汉语致使词语包括单纯词、复合词和派生词。英汉致使词语表现为英语以单纯词为主、汉语以双音节合成词为主的特征，这是由汉语双音化韵律特征所致。

使动式和使成式两类结构内部有着不同的语义层次关系。英汉使动式词汇致使结构中的致事由使因情形整体或个体转喻提升而来，役事和致使结果分别由结果情形的主体和谓体提升而来，致使力隐含于致使结果中。汉语使成式词汇致使结构中，使因情形"施事"转喻提升为致事，使因情形谓词、致使力和结果情形谓词合并提升为致使关系中致使行为和致使结果的复合体。役事由结果情形主体提升而来。

英汉词汇致使结构内部成分语义特征及体现单位均存在细微差别。英汉语致事选择的优先序列均表现为：人 > 事物 > 事件，动作的发出者充当致事，符合人类认知习惯。但汉语事件型致事占比远大于英语，这与汉语"头重尾轻"和英语"尾重"原则有关。英汉致使结果均具有已然性特征，但已然性实现的方式存在一定差别，英语致使结果的实现蕴含于词汇致使动词中，而汉语中结果自足及物动词和现代汉语形容词、不及物动词使动用法这类单音节动词主要通过附加动态助词"着、了、起"等来实现，以满足汉语双音化特征。结果已然性实现方式的不同也造成了英汉词汇致使结构形态上的不同。

英汉词汇致使结构表达及物性结构中的致使动作、致使关系和致使心理三种复合过程，但语义配置结构存在一定差别。汉语词汇致使除英汉语共有的典型语义配置结构外，还有"施事 + 过程"和"受事 + 过程"两类非典型语义配置结构。英汉词汇致使结构形态上的差异由汉语特有的复合词所致，我们通过考察汉语动宾复合词和动结式复合词在双音化趋势下的形成过程，揭示了英汉词汇致使语义句法差异的动因。

第五章

致使义英语复合宾语句与汉语兼语句语义句法对比

英语致使义复合宾语句和汉语致使义兼语句均属于句法致使范畴，致使结构中的致事行为和致使结果在语言中均有相应的词汇体现形式，其致使义是二者相互作用的结果。英语致使复合宾语句和对应的汉语致使兼语句具有相同的认知语义基础，且句法成分序列及成分间语义关系高度相似，具有可比性。二者的句法结构可以表示为：NP1 + VP1 + NP2 + VP2。英汉语该类结构具有以下共同特点：VP1 为带有致使意义的动词；NP2 身兼二职，既是 VP1 的宾语，又是 VP2 逻辑上的主语。本章在对英汉语两种结构进行界定及回顾过往研究的基础上，从微观上探讨致事、役事、致使行为、致使结果的语义句法特点，然后基于及物性过程语义配置结构，从宏观上对两者的句式语义句法进行全面梳理，以揭示两种结构的异同及其动因。

一、英语复合宾语句和汉语兼语句

（一）英语复合宾语句和致使义复合宾语句

复合宾语句是英语一种常见的句式，其结构形式可以表示为 SVOC（主语 + 谓语 + 宾语 + 宾语补足语），语法学家们对该句式的称谓不尽相同，但对其本质的认识一致。Quirk（1985）将 SVOC 句式中的宾语和宾语补足语看作一个名词性分句中的主语和谓体，二者存在逻辑上的主谓关系。根据章振邦（1989）的研究，复合宾语句指"谓语动词虽然有了宾语，但句子意思仍不完整，需要在宾语之后增加一个成分以补足其意义，这种成分叫做宾语补足语（object complement），用来说明宾语所表示的人或物的类属、性质、状态、动作等意义。'宾语＋宾语补足语'，称为复杂宾语（complex object），复杂宾语的两个组成部分在意义上是一种'主谓'关系。"

对复合宾语句的讨论主要围绕其结构分类。有根据形式构成进行分类的，也有根据动词语义进行分类的。如 Quirk（1985）根据"补语"的不同体现形式将英语复合宾语句类型归纳如下。

（a）SVOA（"补语"由形容词充当），如：He could make her happy.（BNC）

（b）SVON（"补语"由名词充当），如：Others call him Oliver Stone with a sense of humor.（BNC）

（c）SVOInf（"补语"由不定式充当），如：He forced the boy to stand still.（BNC）

（d）SVOPrp（"补语"由现在分词充当），如：I've had him doing actual words.（BNC）

（e）SVOPap（"补语"由过去分词充当），如：That would get him annoyed.（BNC）

（f）SVOPrep（"补语"由介词短语充当），如：She soon had him out of the door.（BNC）

（g）SVOAP（"补语"由副词充当），如：We will have to get him out by other means.（BNC）

郭锐、叶向阳（2001）基于类型学视角考察了世界范围内语言的致使表达类型。根据致使谓词是否带有致使义，他们将致使结构分为两类：使动型（致使事件谓词带有致使义）和述补型（致使事件谓词本身不带致使义）。我们赞成该观点，认为英语致使义复合宾语句和汉语致使义兼语句的述语谓词本身带有致使义，而英汉致使义动结式的述语谓词本身不带致使义。述语动词作为复合宾语句的核心，其意义在某种程度上决定了复合宾语句表达的意义。学者们对述语动词表达的语义类别进行了归纳，如 Quirk（1985），安丰存、刘立群（2003），陈秀娟（2010）等均分析了述语动词表达的意义类别，但对某些动词是否具有致使义存在分歧，如"称谓"类、"意愿"类等。我们在前人分类的基础上，使用 [+ 致使] 和 [+ 及物] 两个义项对述语动词重新标注如下。

纯致使义动词：该类动词表达抽象致使义，具有 [+ 致使] 和 [+ 及物] 语义特征。如 make, cause, let, have, get 等。

使令义动词：除致使外还带有具体的使令意义，具有 [+ 致使] 和 [+ 及物] 语义特征。如 order, ask, permit, persuade, command, encourage 等。

认定义动词：表达"选举""任命"等意义，具有 [+ 致使] 和 [+ 及物] 语义特征。如 appoint, elect, designate 等。

称谓义动词：学界对这类动词是否表达致使义存在争议，我们认为，称谓义动词在说话者具有某种命名权力的特定语境中具有致使义，具有 [+ 致使] 和 [+ 及物] 语义特征。如 call, name, entitle, label, report 等。

告知义动词：该类动词表达"告诉""声明""宣布"等意义，如 tell, announce, acclaim, proclaim 等。我们认为这类动词除 tell 之外，其他动词均不具有致使义，且 tell 用作致使义并不表达告知义，而是使令义。

意愿义动词：该类动词为表示内心意愿的心理活动动词，具有 [– 致使] 和 [+ 及物] 语义特征。如 prefer, intend, wish, want 等。

情感义动词：指表示心理活动的一类动词，具有 [– 致使] 和 [+ 及物] 语义特征。如 like, dislike, hate 等。

使成义动词：该类动词常和"结果补语"构成动结式，表达致使义，但本身并不表达致使义，具有 [– 致使] 和 [+ 及物] 语义特征。如 paint, put, push, cut 等。

感觉、直觉义动词：该类动词表示感官动作，具有 [– 致使] 和 [+ 及物] 语义特征。如 hear, see, perceive, find 等。

状态保持类动词：该类动词也称"体动词"，表示后跟"补语"成分所指涉事件的开始、持续和终止状态。具有 [+ 致使] 和 [+ 及物] 语义特征。如 start, keep, stop, leave, hold 等。

思维活动义动词：表示人们思维活动的一类心理状态动词，多数学者认为该类动词不具有致使义，但也有学者（如 Halliday，1994/2000；黄国文，1998）认为，在复合宾语句中该类动词具有致使义特征，是思维者对宾语属性或特征的判断，使宾语受到影响并具有了某种特征。我们同样认为这类思维活动义动词具有 [+ 致使] 和 [+ 及物] 语义特征。如 consider，believe，prove，judge，think，assume 等。

以上动词均可进入 SVOC 式，但仅具有致使义特征的动词才能构成致使义复合宾语句。

（二）汉语兼语句和致使义兼语句

兼语句或兼语式是汉语中使用频率较高的一种句式，是由动宾结构和主谓结构融合而成的一个复合结构形式。自"兼语式"在《语法讲话》中被正式提出以来，其存废之争就不绝于耳，主要围绕该结构的句法属性展开。一方认可兼语式的称谓；另一方则认为应取消兼语说，且试图论证其具有其他句式属性。汉语兼语句的存废之争可以追溯到 20 世纪 20 年代。黎锦熙（1924）指出，NP2 兼主宾两种资格而有之，故称为"兼格"，其后的 VP2 被称为"补足语"。李临定（2011）同样认为 VP1 后的名词性成分身兼宾语和主语双重角色，既是 VP1 的宾语又是 VP2 的主语。持相反观点的学者（如朱德熙、张静、刘街生、苏丹洁）认为应该取消兼语说。朱德熙（1985）将兼语句划归为连动式中的一个小类。张静（1977）认为兼语句的界限太过宽泛，会造成紧缩复句和单句界限不清。她通过分析实例，驳斥了兼语句作为一种特殊句式的观点，认为兼语句或为双宾语结构，或为非典型动宾结构，或为复句，主张取消兼语句。刘街生（2011）从类型学视角，采用变换分析法，将兼语句的内部结构视为 A+V+O 和 S+V 套合而成的双小句复合体，证明兼语句是一种句法连动式。苏丹洁（2012）认为 NP2 和 VP2 间仅存在语义联系，在句法上并没有联系，更无从说 NP2 是 VP2 的主语了，从而说明兼语说无法准确反映结构的句法特点，也不能揭示句式及句式内部的语义特征。文章进而采用构式语块分析法，进一步论证了兼语句的不合理性。尽管兼语说受到质疑，但该观点经历了由提出到争论再到统一的不断认识过程，已被学界广泛接受并沿用至今。事实上，很难找到一个准确的称谓概括该结构的特征，我们认为一味争论称谓的恰适性似有主次不分之嫌，应该把重心放在揭示该结构的语义语法特征上。

学界主要根据 VP1 表达的意义对兼语句进行分类。吕叔湘（1980）根据述谓动词意义将兼语句分为 3 类：由使令义及物动词构成的兼语式（如叫、让、使、催、命令、阻止等）；由赞许或责怪类及物动词构成的兼语式（如称赞、感谢、讨厌、嫌等）；由给予类及物动词构成的兼语式（如送给、交给等），存在两个受动者，一个通过"把"字提前，另一个处于动词后作兼语。黄伯荣、廖序东（2000）将兼语句分为：使令类、赞许或责怪的心理活动类、领有或存在类。宋玉柱（1986）根据述谓动词语义，将兼语式分为使令类、帮陪类、有无类、心理活动类、推举称名类等。黄伯荣、廖序东（2002）又重新将兼语式分为致使、情感、选举和存在 4 种类型。He（2014）基于系统功能语法内部的加的夫模式，描述了在不同情况下兼语句表达的意义类别，主要包括致使义、命名或认定义、情感义、描述义和存在义。邓仁华、樊淑颖（2018）认为基于 VP1 意义的分类方式不够合理，他们在功能语法的及物性系统框架下，根据汉语兼语句述语动词体现及物性结构中的过程类型对其进行分类，分为"物质过程""关系过程""心理过程""存在过程""言语过程"和"行为过程"。该分类方式与其他语义分类殊途同归，但及物性过程不仅描述过程，还涉及参与者和环境成分等语义成分，因此该分类方式相比以往分类更加细致。但该及物性过程仅反映了兼语句中 VP1 表达的意义，没有兼顾结果谓词 VP2 表达的过程意义，仍未能全面描述其句式语义。

综上所述，兼语句的语义主要由 VP1 表达，致使兼语句中 VP1 的意义包括：使令义、帮陪义、推举称名。学界通常将表达致使义的兼语句称为使令兼语句，动词为表达使令义的动词，但对使令义兼语句的研究范围还不够明确。主要存在两种观点：一种将"使"字句排除在使令兼语句范畴之外，称为狭义使令句（范晓，2000）；一种认为"使"字句属于使令兼语句，称为广义使令句（谭景春，1995）。我们认为两者虽然在语义上存在一定差别，但结构相似，且后者语义涵盖前者，如使令动词"让、令、叫"同时含有纯致使义项，而纯致使义动词"使"则是由具体使令义语义虚化而来。因此，我们将"使"字句和使令兼语句共同置于致使兼语句范畴内讨论。另外，使令兼语句仅是致使兼语句的一类，我们认为除使令兼语句外，表达帮陪义和推举称名义的兼语句也属于致使兼语句范畴。

对致使义兼语句的研究可以追溯到20世纪40年代。随着认识的不断深入，越来越多的学者致力于在致使语义范畴内研究汉语兼语句，如范晓（1998），牛顺心（2004），周红（2004），宛新政（2005），郭姝慧（2004），金贞儿（2012），He（2014），杨江锋（2016），何伟，张瑞杰（2017c），邓仁华，樊淑颖（2018）等在其研究中均探讨过致使兼语句的句法语义。

牛顺心（2004）探讨了使令式和致动式中致事的属性，并从历时的角度对普通话中6个基本致使词的产生和发展演变进行了回顾分析。宛新政（2005）考察了现代汉语致使句中的兼语句式，讨论了"使"字句和使令兼语句的联系与区别，并从句法、语义、语用三个平面分别对二者进行了系统研究。他将使令句中的动词V1归为以下几类："催逼"类、"培养"类、"派遣"类、"嘱托"类、"带领"类、"请求"类，并通过将使令句变换为"使"字句，论证了"使"字句和使令句的联系。将使令句的句法结构分析为：N1做主语，V1+N2为述宾结构，V2做述宾结构的"补语"。郭姝慧（2004）对4类现代汉语致使句式进行了分类讨论，其中对"使"字进行了深入分析，涉及"使"字词性的界定、"使"字句的句法语义组成、成句条件、与"把"字句的区别等几个方面。金贞儿（2012）在致使范畴内讨论了"使"字句、使令句和"把"字句的句法语义属性，并重点探讨了"把"字句与"使"字句和使令句的构式转换关系及其理据。

He（2014）在"意义为中心，形式体现意义"的功能原则思想指导下，结合语义和形式对汉语致使义兼语句进行了语义句法描述，认为在致使义兼语句中致使过程期待的参与者是一个事件而非个体，将该结构分析为由"主语＋谓体＋补语"构成的一个简单句，其中补语由一个嵌入小句填充。何伟、张瑞杰（2017c）从系统功能语法视角出发，对使令兼语句进行了句法语义分析，在句法上将兼语句分析为一种非典型动宾结构，致使动词后的主谓结构整体被视为一个嵌入小句，作致使动词的补语，并将致使概念语义成分概括为使役方、过程和受役方，在系统功能语法框架下讨论了使役方的句法构成单位以及受役方体现的及物性过程。邓仁华、樊淑颖（2018）对致使义兼语句的句法分析基于意义表达，根据不同的意义对兼语句进行句法分析，将引导类致使兼语句分析为"主语＋谓体＋补语＋状语"结构，将命令类和推选类致使兼语句中的宾语和补语成分均视为兼语句的直接成分，分析为"主语＋谓体＋补语＋补语"。以上对致使义兼语句的研究均涉及结构的分类、语义基础和句法分析，但对兼语句的研究范围及语义句法分析仍存有争议。

对致使义英语复合宾语句和汉语兼语句的描述大多关注致使结构内部语义成分的语义特点和句法特征，尤以述语动词语义的描述为主，句式层面上对英汉两种结构语义句法描述不够。为了研究的充分性，本研究对致使意义的描述兼顾微观和宏观两个层面。微观上，探讨致使结构语义要素的语义句法特征；宏观上，在系统功能语法框架下对英汉两种结构体现的及物性过程及其语义配置结构进行描述，构建致使结构的及物性意义系统，并在此框架下分别对英汉致使结构进行语义句法分析，揭示其异同。最后，本研究对英汉两种致使结构表现出的异同进行解释。

二、致使义复合宾语句与兼语句语义成分对比

（二）英汉致使动词及致使力对比

英语复合宾语句和汉语兼语句结构成分对应，线性排列顺序相同，内部语义关系相似，两种句式在语义和形式上高度相似。句式中的述语动词均表达致使义，但鉴于动词语义的差别，表达致使力强度亦有强弱之别，致使动词构成了一个表达致使的范式。

英汉语中能够进入该结构的动词包括纯致使义动词（make、cause、get、have、使、令、让、叫等）和除致使义外本身带有其他词汇义的动词（ask、persuade、order、force、help、要求、命令、强迫、推、抓、拉等）。纯致使

义动词对句式结构有强制性要求，只能出现在递系式^①结构中，与结构中成分相互作用共同表达致使义，动词本身仅表达抽象致使力，表明使因事件和结果事件之间的因果关系。但"make、cause、get、have、使、令、让、叫"等纯致使义动词表达的意义常随语境的变化而变化，表达纯致使义只是其义项之一，除致使义外，还可以表达命令、允许、听任等意义。为了明确这类动词的意义类型，我们根据《牛津简明英语词典》《朗文当代英语词典》和《现代汉语词典》对"make、cause、get、have、使、令、让、叫"的释义进行分类标注。

在《牛津简明英语词典》对 make 的释义中，表达致使义的有以下义项：（1）cause to become or seem；（2）cause or compel (a person etc.) to do something；（3）appoint, designate。《朗文当代英语词典》中 make 表达的致使义项包括：（1）to put into a certain state, position, etc.（2）to force or cause (a person to do something / a thing to happen)。综合以上，我们将纯致使义标记为 make$_1$，强迫义标记为 make$_2$，任命义标记为 make$_3$。

《牛津简明英语词典》中 get 表达的致使义项包括：（1）cause to reach a certain state or condition; cause to become；（2）cause to succeed in coming or going。《朗文当代英语词典》中 get 表达两个致使义项：（1）to (cause oneself to) become；（2）to cause to do。《牛津简明英语词典》第二个义项表示致使成功做某事的含义，虽然没有明确标记 cause sb to do 的使令义项，但暗含主观的使令义，同时我们参考《朗文当代英语词典》的解释，发现 get 具有使令义。因此，我们将纯致使义标记为 get$_1$，把使令义标记为 get$_2$。

两部词典对 have 的解释如下。《牛津简明英语词典》中 have 表达的义项为：cause (a person or thing) to be in a particular state or take a particular action。《朗文当代英语词典》中 have 包含三个义项：（1）to permit; allow；（2）cause (someone) to (do something)；to cause (something) to be (done by someone)；（3）to cause to be in the stated place or condition。我们将表达纯致使义标记为 have$_1$，表达使令义标记为 have$_2$，表达允许义标记为 have$_3$。

---

① 王力在《中国现代语法》中将递系式定义为："凡句中包含着两次的联系，其初系谓语的一部分或全部分即用为次系的主语者。"

let 在《牛津简明英语词典》中的义项包括：（1）allow to, not prevent or forbid；（2）allow to enter；（3）allow or cause (liquid or air) to escape (let blood)。《朗文当代英语词典》中的义项包括：（1）to allow (to do or happen)；（2）allow us to。由上可知，let 可以表示允许义 let_1 和任凭义 let_2。

根据《现代汉语词典》（第五版）中的释义，我们分别对"使、令、让、叫"进行分类标记。

"使"具有两个义项：（1）让、叫、致使；（2）派遣、支使。我们分别将其标记为使$_1$和使$_2$。

"叫"具有三个义项：（1）使、命令；（2）容许；（3）听任。我们认为第一义项中的"使"和"命令"意义差别较大，应视为表达两个义项，我们将其表达"使"的义项标记为叫$_1$，表达命令的标记为叫$_2$，容许标记为叫$_3$，听任标记为叫$_4$。

"让"具有三个义项：（1）指使；（2）容许；（3）听任。考察语料发现，"让"致使义存在纯致使和主观使令两种意义，我们将纯致使义标记为让$_1$，主观使令义标记为让$_2$，容许义标记为让$_3$，听任义标记为让$_4$。

"令"具有两个义项：（1）使；（2）命令。我们将其标记为令$_1$、令$_2$。

具体词汇义致使动词为致使力和使因事件谓词的复合体现形式，不仅表达致使力，同时还明确了具体的致使方式，可以语义分解为：[致使方式] + [致使力]。致使动词表达的致使力既可以是具体的物理力，也可以是抽象的性质力，如言语力、心理力、社会力、关系力等。致事通常为具备某种权利，能发出使令的有生命实体。

具体词汇义动词可进一步分为：显性使令动词（order、force、request、persuade、请求、叮嘱、鼓励、催促等）、隐性使令动词（抓、推、拉等）和助使类致使动词（allow、help、permit、let、允许、任凭、帮助等）。隐性使令义动词（拉、推、抓等）仅存在于汉语中，且多为临时用法，进入该结构后获得致使义，其致使义是动词与结构中其他成分相互作用的结果，为句式所赋予。如"他拉我起床"中的"拉"，对句式依赖性弱，可以单独使用表达具体词汇义。（见表 5-1）

表 5-1　英汉致使动词的类别对比

致使动词类型		英语	汉语
纯致使义动词		make$_1$, cause, have$_1$, get$_1$ 等	使$_1$、令$_1$、让$_1$、叫$_1$ 等
具体词汇义致使动词	显性使令动词	persuade, request, have$_2$, make$_{2/3}$, get$_2$ 等	令$_2$、让$_2$、叫$_2$、劝、请求等
	隐性使令动词		抓、拉、拖等
	助使类致使动词（允许、任凭、帮助）	allow, help, permit, let, have$_3$ 等	允许、任凭、帮助、叫$_{3/4}$、让$_{3/4}$ 等

不同学者对英语致使义复合宾语句中动词表达致使义的强度进行了深入探讨，根据不同参数考察了动词致使义强度。Talmy（1985，1988）将力动态理论用于解释致使。根据该理论，致使概念可以从致使者与被使者的对抗关系、被使者内在的力量倾向、致使结果的静止和动态三个维度进行解释。根据以上参数将致使范畴分为：致使类、帮助类、允许类和阻止类。Wolff（2002）基于 Talmy（1988）的力动态理论提出动态模式（dynamics model），该模式包含 Talmy 的两个参数，即被使者内在的施力倾向性和致使结果的状态，以及参照 Jackendoff 提出的另一个参数，即致使者与被使者存在和谐或对抗关系。Wolff 使用二分法将三个语义参数进一步进行分类，从而分出六类具体的参数类型：被使者的内在力量或趋向运动，或趋向静止；致使结果状态或为运动，或为静止；致使者与被使者施力互动关系或为和谐，或为对抗关系。根据以上参数，Wolff 将致使范畴分为致使类、使能类（包括帮助、允许、听任类）和阻止类。Wolff 和 Jackendoff 在 Talmy 的基础上均提出，致使者和被使者间的关系不仅存在对抗关系，还存在和谐关系。

刘永耕（2000）用使令度来描述动词使令义的强弱，提出动词对使令结构的依赖性越强，使令度就越强。显性使令类动词（请、派、命令等）对兼语式结构有绝对的依赖性，具有较强的使令义。隐性使令类动词（放、交等）对兼语式没有强制性要求，具有较弱的使令义。他将使令义动词按使令度从高到低归纳为：称呼定名类、任命选举类、低调催逼类、命令唤请类、带领劝导类、培养辅佐类、准允容忍类。另外他指出，兼语句中 VP2 可以表达

VP1 动作的结果或动作的目的。当表达动作的结果时，VP1 使令度较强；当表达动作的目的时，VP1 使令度较弱。

我们认为，使令度的判断标准同样适用于致使强度。纯致使义动词本身只表达致使义，且对兼语句有绝对的依赖性，因此该类动词表达的致使力应该是最强的。书中所举显性使令动词（如请、派、命令等）实为具体词汇义致使动词，其对结构的依赖性弱于纯致使义动词，因此致使力也较纯致使义动词弱。

杨大然（2006）依据刘永耕的使令度判断标准，把"使""令""让"类兼语句纳入研究范围，将使令兼语句按使令度由弱到强排列为：隐性使令动词句，命令、强迫、鼓舞类使令动词句，称呼定名类使令动词句，"使""令""叫""让"类使令动词句。

何伟、张瑞杰（2017c）认为"使""令""叫""让"类动词在不同语境下表达意义不同，不能将其归为一类。如"领导让我写材料"和"他们让我做班长"，前一"让"表达命令义，后者表达称呼定名，分属不同类别。他们不仅考察了致使义，还将否定致使即表达阻止某事发生的情景也纳入研究范围，并根据受役方实现的潜力，从高到低将致使动词重新分类为：称定类、命令类、组织类、唤请类、鼓劝类、帮辅类和准允类。

He（2014）参照 Fawcett 对影响过程的描述、Dixon（2000）对致使动词语义参数的归纳，以及 Wolff 和 Song（2003）对致使动词的力动态模型分析，确定了决定致使义强度的两个参数：致使者对被使事件的控制力以及受使者执行被使事件的意愿。依据以上两个参数，她分析了致使动词表达致使义的不同强度，并将致使力强度由大到小依次排列为：允许类、鼓励类、邀请类、劝说类、导致类、命令或禁止类、强迫类、致使类。

根据以上学者对致使强度的研究，我们发现纯致使义动词、使令义致使动词、助使类致使动词三者表达的致使力强度从高到低呈连续统分布，纯致使义动词和助使类致使动词均为封闭类词语，界限清晰，分别位于连续统两端，介于两者之间的是使令义致使动词，根据致使方式的不同，可以进一步细分为表达不同致使力强度的动词类型，构成一个表达不同致使力强度的连续统，如图 5-1 所示。

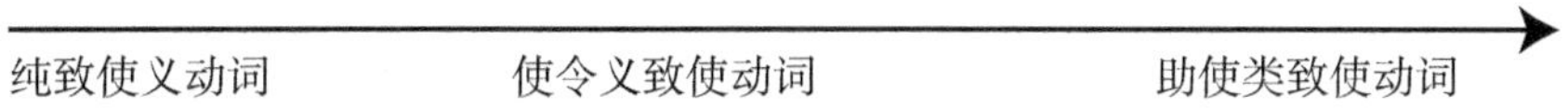

纯致使义动词　　　　　使令义致使动词　　　　　助使类致使动词

图 5-1　致使动词致使强度连续统

综上，单纯基于致使动词意义判断致使力强度具有一定局限性，缺乏对致事和役事的主客观性的考察，尤其对于跨语言研究不具普适性。随着研究的深入，学者们倾向于根据致事和役事间的力作用关系来判断致使力的强弱，同时也将役事执行结果事件的意愿性纳入考察范围。以上两个参数对致使强度的分析更具概括性，更符合人类的认知习惯，根据动词语义对致使强度的考察则无法实现穷尽性。

综合致役间的力作用关系及役事执行致使结果的倾向性两个参数，我们对英汉两类结构表达的致使力强度进行了考察。致役关系可分为控制类、对抗类、和谐类，役事执行结果事件的倾向性有强弱之别。致事对役事有绝对的控制权时，表达强致使力，其中根据役事内在倾向性，内部可以分为不同等级的致使类型，包括指令类、任命类、派遣类、引导类和称定类；致事与役事存在对抗关系时，致役间的对抗关系越强，即役事执行致使结果的内在倾向性越弱，致使力相应也越强，致使强度从高到低排列为迫使类、阻止类、劝说类、请求类和鼓励类；致事与役事间处于和谐关系时，和谐关系越强，即役事执行致使结果的内在倾向性越强，致使力越弱，致使强度由高到低排列为允许类、听任类和帮助类。以上次类别又可进一步根据动词语义的不同对致使强度进行细分，但由于根据动词语义对致使强度的考察无法做到穷尽，本研究仅基于致役关系和役事倾向性两个参数对致使强度进行分类。英汉致使动词表达致使力的强度从高到低排列如表 5-2 所示。

表 5-2　英汉致使动词的语义类别及致使强度对比

致使强度	汉语致使动词类型		汉语致使动词例词	英语致使动词类型	英语致使动词例词
强致使	纯致使义类		使$_1$、让$_1$、叫$_1$、令$_1$	纯致使义类	cause，make$_1$，get$_1$，have$_1$
中致使（使令义）	控制类	指令类（命令或禁止）	命令、叫$_2$、让$_2$、令$_2$、告诉、禁止	指令类	ask，order，require，get$_2$，have$_2$，tell，prohibit
		任命类	选、任命、拜	任命类	elect，appoint，make$_3$
		派遣类	使$_2$、派遣、派	派遣类	send，assign，dispatch
		引导类	领导、组织、召集	引导类	lead，organize
		称定类	叫、称、认为、证明、判断	称定类	call，name，entitle，consider，prove，think
	对抗类	迫使类	迫使、促使、催促	迫使类	force，urge，make$_2$
		阻止类	阻止、劝阻、阻碍	阻止类	prevent，resist
		劝说类	劝说、劝告	劝说类	persuade，advise
		请求类	请、邀请、请求	请求类	request，beg，plead
		鼓励类	鼓舞、号召、鼓励	鼓励类	encourage，appeal
	隐性类	隐性类	推、拉、抓、逮		
弱致使	和谐类（助使类）	允许类	允许、答应、准许、叫$_3$、让$_3$	允许类	allow，permit，have$_3$，let$_1$
		听任类	任由、听任、任凭、叫$_4$、让$_4$	听任类	keep，leave，let$_2$
		帮助类	帮助、帮、协助	帮助类	help，enable，assist，aid

　　由表 5-2 可知，英汉语该类致使结构中致使动词的语义类别基本相同，致使力强弱变化趋同，但汉语使令义动词中存在一类隐性使令动词，进入兼语句后，获得了致使义，而英语复合宾语句中没有对应的动词类型。

（二）致使义复合宾语句与兼语句的语义层级

　　英汉两类结构在概念逻辑层上均表达使因事件和结果事件构成的一个致使情景。如前文所述，致使语义层内部包含施受和致使两层语义关系，施受关系与致使关系构成提升与被提升关系，位于下层的施受关系通过整合、省略等一系列规则提升为上层的致使关系。致使结构因致使动词的不同，在语义关系、句法形式上表现出显著差异，因此，我们将致使动词分为表达使令动作致使动词和表达非使令动作致使动词，分别就二者构成的致使结构内部语义层次的提升关系进行分析，以揭示致使结构内部的语义关系。使令类动词兼有致使和命令义，要求致事为动作的发出者，且具备可以发号施令的身份。而非使令动词对致事没有特定的限制，可以由使因情形个体语义成分或整个情形提升而来。

1. 非使令致使结构的语义层级

由上可知，非使令致使结构包括纯致使义结构和助使义致使结构。致使动词包括表达抽象意义的致使动词（使、令、让、make、let、cause 等）和表达允许、听任、帮助的致使动词（允许、听任、帮助、allow、leave、help等），这类动词对致事没有强制性要求，可以是使因事件的个体语义成分或事件本身。为了更好地阐释致使结构表达双事件融合而成的一个致使情景，我们将致使概念语义层内部分为底层施受关系和上层致使关系，底层使因情形可以转喻提升为个体致事或整体提升为事件致事，致使行为或由使因情形谓词（助使义动词）与抽象致使力融合提升而来，或由抽象致使力（纯致使义动词）直接提升而来。役事和致使结果分别由结果情形主体和谓体提升而来，在语言形式层均有相应的词汇体现形式。非使令致使范畴下英语复合宾语句和汉语兼语句语义层内部的整合提升过程如图 5-2 所示。

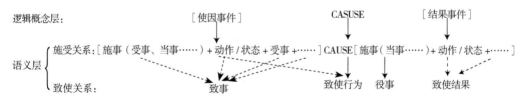

图 5-2 非使令致使结构语义层次关系

出于语言经济原则的考虑，人类在使用语言时追求以尽可能简洁的语言表达清晰的意义。因此，多数情况下使因事件通常转喻投射为个体，这时听话者很容易根据语境还原整个事件，从而不影响交际效果。句法上，汉语中致事体现为名词、代词、名词词组、性质词组或小句，英语体现为名词、代词名词词组或小句。如汉语"她让我明天值班""骄傲使人落后"和"圆满地解决了这个问题，使人类对地球的认识产生飞跃"；英语中的"I make him happy"和"What you have said made me excited"。其中"I make him happy"中"I"本身并不能使"him"变得高兴，而应该是"I"做了某件事情之后，引起对方状态的变化，这时通过凸显事件参与者"I"来代替整个事件，从而有效传达意义。

2. 使令致使结构的语义层级

使令致使动词包括显性使令义动词和隐性使令义动词，是使因情形谓词和致使力在语言中的复合体现形式，动词均包含自身的词汇义和致使义两层含义，不仅产生致使力，还明确了具体的致使方式，所表达的致使义具有一定主观性，其语义结构可以表示为：[致使力]+[词汇义]。致使力和不同词汇义的搭配组合表达了不同的致使行为，如物理致使力（force、push、press、拖、拉、揪等）、言语致使力（persuade、advise、require、permit、邀请、命令、劝、请求等）、心理致使力（encourage、believe、consider、鼓励、鼓舞等）。语义层内部使因情形谓词表达致使方式，和抽象致使力复合提升为致使关系中的致使行为，使令义致使动作要求致事为具有特定权力且能够实施动作的有生命实体或由人组成的团体，即作为动作执行者的使因情形主体。役事和致使结果分别由使因情形主体和谓体提升而来。使令致使动词构成的致使兼语句和复合宾语句内部的语义层次关系如图 5-3 所示。

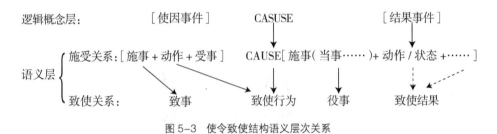

图 5-3　使令致使结构语义层次关系

（三）致使义复合宾语句与兼语句致事对比

逻辑概念上，引起致使的是一个事件或命题，但在语言经济原则或象似性原则的作用下，语言中致事可以由使因情形个体语义成分或整体提升而来，如上所述，致事类型由不同致使动词属性决定。使令致使动词表达主观致使，是使因情形谓词与致使力的复合体现形式，因此致使的引起者即使因情形"施事"。非使令致使动词对致事的选择更加宽泛，可以由使因情形任一语义成分或整体提升而来，具有客观致使性特征。

1. 致事的来源

致事：使因事件

事件致事由使因事件整体投射而来，可以是抽象事件或具体事件。英汉语体现事件型致事的句法单位存在较大差别，英语由代词、名词词组、小句体现，句法结构类型包括：it 形式主语、动名词和不定式；而汉语由代词、名词词组、小句体现，句法结构类型包括：主谓结构、述宾结构、状中结构等，如以下各例所示。

（1）What you have said made me excited.（陈秀娟，2010）

（2）I was fascinated, just listening to him made me feel intelligent.（同上）

（3）The fact that Barbara and Sheena are sisters makes it even worse.（BNC）

（4）产量上升使销售额大大增加。（何伟、张瑞杰，2017c）

（5）他的到来使这座滨海城市顿时沸腾起来。（CCL）

（6）重返铜鼓镇叫他彻夜难眠。（CCL）

（7）在七里沟抬石头使身子暖和了。（CCL）

致事：使因事件"施事"

抽象动作致使结构和具体动作致使结构中的致事均可由使因事件"施事"投射而来，且使因事件"施事"充当致事不仅是语言经济原则的驱使，而且符合人类对具体动作致使概念的认知习惯，即动作的执行者充当致事，具有主观意愿，如以下例句所示。

（8）She made him crazy for her in the end.（COCA）

（9）Suddenly the wind made the plant move.（BNC）

（10）The state could then require taxpayers to attach their city income tax return to their state return.（COCA）

（11）They also compel them to interact with others.（BNC）

（12）他使野生植物林变成果园。（CCL）

（13）商品经济将使社会分工进一步发展。（CCL）

（14）各地传销组织叫你防不胜防。（CCL）

（15）他劝我竞选监察院长。（CCL）

对于使因事件"施事"充当致事的生命度而言，英汉语致事可以是有生命实体，如人或由人组成的组织或团体，如例（8）、例（10）、例（11）、例（12）、例（14）、例（15），也可以是具体或抽象事物等无生命实体，如风、天气等自然现象和"商品经济"这样的抽象事物，如例（9）和例（13）。就意图而言，只有致事为有生命实体时才可能具有实施行为的意图。因此，致事具有 [+– 生命] 和 [+– 意图] 的属性。体现致事的句法单位主要为代词、名词、名词词组。

致事：使因事件"受事"

（16）The news made me glad.（COCA）

（17）The memory made him deeply unhappy.（BNC）

（18）一封表扬信使她激动了好久。（陈秀娟，2010）

（19）电影让我想起我童年。（CCL）

纯致使义动词构成的兼语句和复合宾语句致事也可由使因事件"受事"投射而来，例（16）的致事是由"I heard the news"中"受事"（the news）投射而来，例（19）的致事是由使因事件"我看了电影"中的"受事"（电影）投射而来。

由使因事件"受事"投射而来的致事均为无生命实体，如"news、memory、一封表扬信"等，具有 [– 生命] 和 [– 意图] 的属性。尽管无生命致事不能发出致使动作，但能够间接对役事产生影响并导致某种结果的产生，在句法层上由代词、名词、名词词组体现。

鉴于致事来源的多样性特征，其研究引起了学者们的广泛关注。Dixon（2000）提出了与致事相关的四个语义参数：直接性、意图、自然度、参与度。Comrie（1989）也从生命度、意识性和控制度三个特点来描述事件的参与名词。英语致使义复合宾语句和汉语致使义兼语句均表达间接致使，致事充分参与到致使情景中且具有较高的自然度，意识性和控制度均和致事的生命度有关，因此，我们就致事的生命度和意图性进行考察。

2. 致事的有生性

使令义和非使令义致使结构致事具有各自的特征。使令义致使结构致事均由使因情形"施事"提升而来，且使令动词要求动作的发出者为有生性的人或由人构成的组织或团体。非使令义致使结构致事可以由使因情形整体或个体语义成分转喻提升而来，具有来源多样性的特征。因此，我们只考察非使令致使结构致事的生命度和意图性特征。

本研究从英汉语料库和不同题材的英汉文学作品中选取语料，剔除不合理的例子，从中随机选取英汉语料各1000例，对充当致事的有生性实体（人或由人组成的组织或机构）和无生性实体（具体或抽象的事物和事件）所占比例进行统计，结果如表5-3所示。

表5-3　英汉致事的有生性

单位: 例

类型致事	事物	事件	人或由人构成的组织机构	致使结构总数
英语致事	160（16%）	60（6%）	696（69.6%）	1000
汉语致事	123（12.3%）	145（14.5%）	605（60.5%）	1000

从上表可以看出，英汉语致事选择的优先序列为：

英语：人 > 事物 > 事件

汉语：人 > 事件 > 事物

英汉语在致事的选择上，均以有生性致事为主，但在无生性致事的选择上存在差别。英汉致事主要由有生性的人或组织充当，分别占语料总数的69.6%和60.5%。非使令义致使结构动词包括纯致使义动词和助使类动词，纯致使义动词为封闭类动词，数量有限，而助使类动词为开放性动词，因此，非使令义致使结构动词以助使类为主，且为具体词汇义动词，是使因情形谓词和致使力的复合体现形式，作为动作发出者的使因情形"施事"提升为致事符合人类认知习惯，而动作的发出者通常为有生性的人，因此表现为有生性致事。

但在对无生性的事件型和事物型进行选择时，英汉表现出相反的取向。就所承载的信息量而言，事件信息量最大，事物次之，人承载的信息量最小。英语非使令复合宾语句中事件型致事占比最小，符合英语直线思维的习惯，即将信息含量高的内容置于句尾，表现为头轻尾重的形式结构。汉语事件型致事占比大于事物型致事，事件型致事是致事范畴网络的原型，汉语具有曲线思维特征，倾向于详细叙述使因事件，通过充分阐述背景信息，引出信息中心，表现为头重尾轻的特征。但在语言经济原则的驱使下使因事件个体语义成分可以转喻投射为致事，语言使用过程中通常会在信息充分性和语言经济性两者间进行选择。为了实现二者的平衡，汉语表现为一定数量的事件型致事，可以说汉语兼顾了语言的简洁性和清晰性。

3. 致事的意图性

英汉致事的意图性与致使动词的主观性有关，而英汉致使动词表现出大体一致的规律，因此英汉致事的意图性也表现出较大的相似性。使令致使结构具有致事主观上要求役事产生动作或状态变化的特征，致事本身均具有意图性。而非使令类致使结构中致使动词并没有主观上的驱使义，对致事的意图性没有限制，因此我们主要考察非使令类致使结构中致事的意图性。非使令类内部助使小类的有生性致事均表现出一定的意图性，而纯致使义类通常表达致事客观造成役事动作或状态的变化，意图性不明确，具体需要根据上下文语境来判断，如以下各例所示。

（20）Her mother made the girl promise never to marry until she was at least nineteen.（BNC）

（21）He made me nervous.（BNC）

（22）政委是个清官！他使我懂得怎样做人。（CCL）

例（20）中致事显然具有主观性，从语境可以推知役事并非主动做出承诺，而是在外力致使下做出的承诺，因此致事为有意为之。例（21）中致事意图性无法判断，如果是致事的无意之举造成役事紧张，则致事无意图性。另一种可能是致事故意盯着对方，致使其感到紧张。例（22）中致事"他"为官清廉的气节感化了役事，没有特定的意图性，也有可能是有意图的，例如他通过言传身教使我懂得怎样做人，因此，英汉语两类结构中致事意图性具有不确定性。

4. 致事体现的句法单位

致使义复合宾语句和兼语句中体现致事的句法单位存在一定差别。英语复合宾语句中的致事可以由使因情形个体语义成分或整体提升而来。个体致事由名词、代词、名词词组体现。事件致事通常由代词、名词词组、小句体现，句法结构形式包括：it 形式主语、动名词、不定式。事件型致事除小句形式外，可以体现为事件的名化形式，由名词词组或动名词形式实现。事件的名化形式往往隐含了谓词性成分表达的意义，根据语境可以将名化形式还原为相应的事件。如 "His coming makes us happy" 中的 "coming" 本身是由事件谓词性动词加 ing 词缀构成的动名词形式，从形式较易推断出事件的意义："He comes" 致使 "We are happy" 结果事件的产生。

汉语致使兼语句个体致事由名词、代词、名词词组、性质词组体现，如"骄傲使人落后"中致事由使因事件中的属性参与者提升而来，为性质词组。事件型致事可以由代词、名词词组、小句体现，句法结构形式包括：主谓结构、动宾结构、定中结构、状中结构、的字结构、前指事件代词这 / 那等。

传统语法将小句充当致事的句式称为复句，但加的夫语法基于功能视角将其分析为简单句，认为填充主语的句法单位无论是词组还是小句，其句法功能是一致的。该模式认为，只有两个或以上小句以并列关系构成的句式才称为复句。因此，嵌入小句充当致事的致使结构形式仍然属于单句范畴。

（四）复合宾语句和兼语句役事对比

我们根据有生性、自控力、意愿性语义参数考察两类结构中的役事特点。英汉语役事在以上参数上表现出一致的属性特征，且均由名词、代词、名词词组体现。

使令致使句和非使令致使句中的役事表现出不同的特征。使令类中的役事通常为有生命实体，只有在役事为有生命或有意识情况下，才能执行致事所发出的命令，本身具有自控力。非使令致使句中役事可以是有生命也可以是无生命实体，有生命实体具有自控力，无生命实体没有自控力。

英汉语役事的意愿性与其生命度紧密相联。有生性实体存在主观意愿性，无生性实体不存在意愿性，有生性实体中的意愿性从强到弱呈等级分布，这和致使动词的使令度有关。动词使令度越低，需要执行的致使力越弱，说明役事意愿性越高；动词使令度越高，所需致使力越强，说明役事不愿意实施致事的要求，其意愿性越低。上文对致使动词致使力的描述发现英汉语致使力强弱变化趋式相似，因此，英汉语在役事的意愿性上表现出相同的规律，处于使令度强度前端的纯致使类结构役事意愿性弱，处于使令度强度后端的助使类结构役事具有强意愿性。

（五）复合宾语句和兼语句致使结果对比

英汉语致使结果属性表现出大体一致的规律。就已然性而言，一般来说，纯致使义结构本身具有结果已然性特征，使令类和助使类结构中致使结果的实现与否具有不确定性。但英语中的 make，have，get 类动词本身内涵结果实现，在所有致使结构中都表示结果的已然性。汉语中与之相对应的使、让、叫、令具有多义性特征，则只能在表示纯致使义时表达结果的已然性，出现在其他致使结构中，均不具有结果已然性特征。如：

（23a）He made me a member of the Labor Party.（BNC）

（23b）★He made me a member of the Labor party, but he failed.

（24a）I had him join me for a sandwich.（BNC）

（24b）★ I had him join me for a sandwich, but he refused.

（25a）She got me to go there.（BNC）

（25b）★ She got me to go there, but I didn't go.

以上英语各例均表示结果的实现，对结果的否定则不合语法。汉语对应动词出现在使令类和助使类结构中则不表示结果的已然。如：

（26）鸿渐出门啦，等他回来，我叫他打电话给你。（钱锺书《围城》）

（27）父母对他也很民主，让他自己选择今后的路。（CCL）

以上例句中的致使结果均可以取消，因为结果的实现与否本身具有不确定性。汉语通过在结果谓词后附加时态助词"了"标示结果的实现，如"父母对他也很民主，让他自己选择了今后的路"在完成助词帮助下表达结果的已然性。而英语中则不存在类似标记，需要通过文内语境来判断。

通过语料分析，我们发现英汉语体现致使结果的句法单位存在一定差别。就纯致使义类结构而言，英语致使结果可以由动词、名词词组、介词短语①、性质词组体现，其中动词包括动词原形、不定式短语和分词三种结构形式；汉语致使结果可以由动词和性质词组体现。对于使令类动词构成的致使结构，英语致使结果由动词及其不同搭配形式（动宾、动介、动状）、名词词组、性质词组和介词短语体现，动词包括不定式短语、动词原形和分词三种形式；汉语致使结果由动词及其不同搭配形式（动宾、动介、动补、动状）、名词词组和性质词组体现。对于助使类动词构成的致使结构，英语致使结果由动词、介词词组体现；汉语致使结果由动词、性质词组体现。以上差异是由英汉动词的不同内涵及两种语言的不同语法结构类型所致。

三、致使义复合宾语句和兼语句功能语义句法对比分析

本书讨论的英语致使复合宾语句和汉语致使兼语句的线性结构可以表示为：NP1 + VP1 + NP2 + VP2。英汉语该类结构具有以下共同特点：VP1 为带有致使意义的动词，NP2 既是 VP1 的宾语，又是 VP2 逻辑上的主语，VP2 的语义指向 NP2，VP2 在英汉语中可以表动作，也可以表状态。但体现英语复合宾语句"补语"的句法单位形态多样，包括动词、介词短语、性质词组、名词词组等，因此构成形式和汉语存在一定差别。功能语言学以"语义为中心，形式体现意义"的功能思想为核心，认为形式的差异必然体现意义的不同；

---

① 鉴于悉尼语法和加的夫语法对介词短语持有不同的观点，本研究采纳何伟等（2015a，2015b）的观点，仍然区分介词词组和介词短语，英语介词短语由次动词（minor verb）和介补语（completive）构成，汉语介词短语由介谓体（predicator）和介补语（completive）构成。

同样，意义的不同也能揭示形式的差异。因此，我们将结合语义和形式对英汉致使结构进行全面对比，以揭示二者语义特点和句法特征上的异同。

以往对表达致使义的英语复合宾语句和汉语兼语句的对比通常以 V1 的词汇意义或以致事、役事间的施力互动关系作为分类对比框架，分析致使结构内部成分的语义特征及其句法实现单位，未能反映结构表达意义的全貌，概括性不足。我们从句式语义视角对两者进行对比分析，具体来说，在系统功能语法框架下，基于致使结构体现的过程及其参与者共同构成的语义配置结构，对英汉两种致使结构的语义句法进行对比分析，以期揭示它们的共性和个性特征。

Halliday（1994）在分析英语使役句的及物性过程时，有时依据述语动词，有时依据补语特征判断结构表达的过程类型，判断标准前后矛盾，没有全面揭示英语复合宾语句表达的语义特点。Fawcett（2010）将使役结构分析为一类影响过程，虽然揭示了使役结构的特点，但缺乏对补语内部成分间语义关系的分析。以上分析主要有两种倾向：一种倾向根据谓体判断及物性过程意义，另一种倾向根据补语成分间的关系判断及物性过程意义。两种方法各有利弊，同时也可以看出，复合宾语句中的谓体和"补语"为结构中的核心语义成分。何伟等（2017a，2017b）鉴于结果事件均可以在外部致使力作用下产生的特点，提出了复合过程的概念，为致使结构的语义分析提供了启发。使因事件作为致使概念的背景信息，在语言中并不一定得到凸显，而致使行为和致使结果作为致使概念语义核心则总是被凸显，体现致使行为的动词均具有致使义特征，且结果事件是在致使力作用下产生的，因此我们在及物性系统中，将致使行为表达的及物性过程作为恒量，致使结果表达的及物性过程作为变量，对致使结构进行语义描述。二者可以复合为致使动作过程、致使关系过程、致使心理过程、致使交流过程、致使行为过程、致使存在过程和致使气象过程。致使过程期待出现的参与者不是个体，而是整个结果事件，结果事件过程以嵌入小句形式充当致使过程的现象参与者，此时致使过程与结果事件过程发生零融合。

致使义范畴下英语复合宾语句与汉语兼语句通常表达役事在致使行为作

用下发生的动作或状态变化，役事和结果谓词构成一个结果事件，表达一种情形，句法结构中结果事件以嵌入小句方式填充述语动词的补语，该分析方式很好地解决了语义句法不对等的问题。如"I made her happy"中，致使结果是"her happy"，表达一个情形，而不是"her"（实体）或"happy"（状态）。但汉语兼语句存在一类隐性使令义动词，其本身并不表达致使义，该动词对句式的依赖性较弱，可以单独出现在其他句式中，进入汉语兼语句的隐性使令义动词在句式的作用下可获得致使义，但期待的参与者为个体，VP2表达VP1动作的目的，在句中做目的状语，VP1和VP2并不在同一个语义层次上，如"他抓一个俘虏带路"中"带路"是"抓"的目的。如上所述，英语复合宾语句和汉语兼语句中致使行为的引起者均可以由嵌入小句体现，在语义分析时，我们不对事件型致事构成的语义配置进行单独讨论。

（一）致使动作过程

致使动作过程指结果事件表达的动作过程是在致使性外部因素作用下产生的，二者复合表达致使动作过程。在概念意义上，表达使因事件和结果事件构成的一个致使情景，在语言形式上由两个独立的谓词性成分体现，表达动作过程的结果事件是在致事致使力作用下产生的，致使结果的语义指向决定了致使动作过程的不同语义配置结构。当致使结果的语义指向为役事时，役事和致使结果存在逻辑上的主谓关系，以嵌入小句的方式填充致使过程的参与者。当致使结果的语义指向为致使动词时，表示致使动词的目的，充当致使过程的环境成分。

致使行为作为致使概念结构的核心语义要素，其不同属性映射到句法上时，表现为不同的句法形式。根据致使行为的不同体现形式，致使过程的施事参与者可以是使因事件的个体语义成分或事件本身。具体来说，当体现致使过程的动词为纯致使义动词和助使类致使动词时，施事既可以是个体，也可以是事件；显性使令义动词和隐性使令义动词构成的致使结构小句中，要求使令的引出者为动作的实施者，致使动词是致使力和使因事件谓词的复合体现形式，不仅表达致使义，而且明确了具体的致使方式，使令的引起者即使因事件"施事"，在语言形式上表征为个体。例如，纯致使义小句"学习教育学能使我们在教育事件中减少盲目性"中，致事是由使因事件"学习教育学"整体投射而来。显性使令义小句"I persuaded him to do the right thing"的底层语义关系可以表示为：[I persuaded him] CAUSE [he does the right thing]。其中使令动词"persuade"是使因情形谓词与致使力的复合形式，要求动作的引出者为使令动词的实施者，因此，使因情形"施事"被转喻提升为使令动词的引出者。

动作过程由致使过程所引起，因此以嵌入小句的方式在致使过程中充当现象参与者角色。该动作过程表达不同的动作意义时，涉及的参与者数量也不尽相同，可以有一个参与者，也可以有多个参与者。鉴于英汉致使动词类型有别，英汉语致使动作过程小句的语义配置结构也表现出一定差异。当致使动词为纯致使义动词、显性使令义致使动词、助使类致使动词时，英汉致使动作过程小句的语义配置结构为：施事＋过程＋[[施事＋过程＋受事/（受事）]]。当致使动词为隐性使令义动词时，汉语致使动作过程小句语义配置结构表现为：施事＋过程＋受事。

施事 ＋ 过程 ＋ [[施事 ＋ 过程 ＋ 受事/（受事）]]

该语义配置结构中的施事引起致使过程，过程的结果并不是某个参与者角色，而是一个表达动作过程的事件参与者，句法上体现为一个嵌入小句，充当小句的补语成分。嵌入动作过程可以是单参与者或双参与者过程，为了论述的方便我们不再分类讨论参与者数量，而是通过例句说明不同的语义配置类型。

过程动词为纯致使义动词时，表达抽象致使行为，只起建立使因事件和结果事件之间因果关系的作用。纯致使义动词又被称为致使助动词，其语义已经漂白（semantically bleached），基本失去了词汇意义，仅表达抽象致使义，对句式结构的要求是强制性的，通常出现在递系式结构中。该语义配置结构中的施事既可以表征为个体，也可以表征为事件，结果事件在语言中总是投射为役事和致使结果，二者在语言中均有相应的词汇体现形式。另外，表达允许、任凭和帮助义的助使类动词虽然表达具体词汇义，但表达客观致使，对施事限制较少，可以由使因事件中的个体语义成分或事件本身充当。过程动词为使令义致使动词时，其致使具有主观性，该动词是致使力和使因情形谓词的复合体现形式，因此致使的引起者即动作的执行者，即使因情形的"施事"，为有生命实体。例如：

（28）This[Ag] would make [Pro] [[it[Ag] appear [Pro]]].（BNC）

（29）This mistaken belief [Ag] may cause [Pro] [[an officer [Ag] to approach [Pro] a person [Af] more aggressively]].（COCA）

（30）Activation [Ag] would cause [Pro] [[the plant[Ag] to shut [Pro] down [PEx] to avoid self-destruction]].（COCA）

（31）The employee [Ag] can require [Pro] [[the employer[Ag] to pay [Pro] any damages [PrEx]]].（BNC）

（32）骄傲 [Ag] 使 [Pro][[人 [Ag] 落后 [Pro]]]。（CCL）

（33）教育 [Ag] 要使 [Pro] [[所有的人 [Ag] 得到 [Pro] 充分、自由的发展 [Af]]]。（CCL）

（34）[[产量 [Ag] 上升 [Pro]]] 使 [Pro][[销售额 [Ag] 大大增加 [Pro]]]。（CCL）

（35）她 [Ag] 让 [Pro] [[我 [Ag] 走 [Pro] 开 [PEx]]]。（CCL）

（36）朋友们 [Ag] 劝 [Pro] [[她 [Ag] 参观 [Pro] 往日的校园 [Af]]]。（CCL）

（37）他 [Ag] 强迫 [Pro] [[自己 [Ag] 抬 [Pro] 起 [PEx] 头 [Af]]]。（CCL）

如前文所述，引起致使的是一个命题或事件，只是人类在致使范畴概念化过程中加入了自己的理解，在经济原则的驱动下，有时借助转喻机制凸显事件中的个体语义成分，如"施事"、"受事"、工具等。不同致使动词对致事的选择限制条件存在差别，总体来看，致使小句中的致事或为个体或为事件。例（28）、例（29）、例（30）、例（31）、例（35）、例（36）、例（37）中的致事均为个体，由代词、名词、名词词组体现，例（32）中的致事"骄傲"由性质词组体现。例（34）中的致事表征为事件，由表达动作过程的嵌入小句"产量上升"体现。

致使力可以是抽象致使力，由纯致使义动词体现，也可以是具体致使力，表达不同致使方式，如物理致使力、言语致使力、心理致使力等。如前文所述，致使动词表达的致使力强弱呈连续统分布，在此我们不再赘述。

例（28）至例（30）中的致使动词为纯致使义动词，仅表达抽象致使力，表明使因事件和结果事件之间的因果关系，体现致使过程，由此引起的结果事件表达动作过程，该类致使的引起者可以是个体或事件。

例（31）、例（36）、例（37）中致使动词均为具体词汇义动词，不仅体现致使力，同时表达具体的致使方式，是使因事件谓词与致使力的复合体现形式，致使的引起者通常为个体。

该致使结构类型中的致使力既可以是外向致使力，也可以是返身致使力。对于外向致使力来说，致使力和致使结果的语义指向不同，分别为致事和役事。对于返身致使力来说，致使力和致使结果的语义指向相同，均为致事，即致使者的致使力作用于自身，并使自身发生动作的变化。

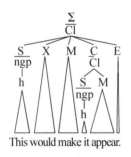 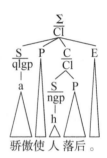

图 5-4　例（28）功能句法分析　　图 5-5　例（32）功能句法分析

施事 + 过程 + 受事

汉语致使义兼语句中的动词 V1 通常为自身具有致使义的动词，语义不易自足，对结构有依赖性。但也存在无明显致使义的动词构成的致使义兼语式，称为隐性致使动词，进入 NP1 + VP1 + NP2 + VP2 结构后获得致使义，如抓、拉、拽等均为具有致使义潜力的动词。隐性致使义动词具有语义自足性特点，对致使结构的依赖性弱，可以单独构成其他结构，结果在致使过程中充当环境成分，在小句中充当目的状语。由于环境成分不是过程参与者，因此语义配置结构中没有标注，但我们在分析例句的时候，为了明确其角色进行了标注。

（38）他 [Ag] 抓 [Pro] 了一个俘虏 [Af] 带路 [Cir]。（周红，2006b）

（39）她 [Ag] 放出 [Pro] 鸡 [Af] 来寻食吃 [Cir]。（刘永耕，2000）

（40）剧团团长 [Ag] 又换 [Pro] 了几个人 [Af] 上场 [Cir]。（同上）

（41）小花 [Ag] 服侍 [Pro] 着爷爷 [Af] 吃药 [Cir]。（同上）

例（38）小句中的述语动词为隐性使令义动词"抓"，本身具有语义自足性，对使令结构没有依赖性。"他抓了一个俘虏"是一个表达完整意义的小句，和"带路"的搭配关系较松散，对结果没有预期性，两个动词处于不同的语义层次，"带路"做"抓"这一动作的目的，在句法结构中充当状语，由嵌入小句填充，构成一个简单小句，如图 5-6 所示。再如例（39），"她放出鸡"语义可以自足，对后续的动作没有预期性或目的性，但在进入使令结构后所表达的深层语义为：她放出鸡来，（让鸡）寻食吃。由上可知，隐性使令与显性使令存在显著差别，显性类 VP1 本身要求 VP2 的出现，隐性类 VP1 对 VP2 没有依赖性也没有预期性，对 VP2 的出现没有强烈要求。

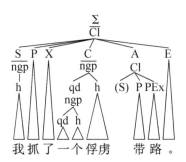

图 5-6 例（38）功能句法分析

（二）致使关系过程

致使关系过程指在外部致使力作用下所产生的结果事件表达及物性结构中的关系过程。在致使结构中，致使结果的语义指向为结果事件主体，与其构成一个体现关系过程的嵌入小句，充当致使过程的另一个参与者角色，表示致使结果主体在致使力作用下发生的状态变化。关系过程中的参与者表现为不同的语义关系，具体包括：归属关系、识别关系、位置关系、方向关系、拥有关系和关联关系。相应致使关系过程语义配置结构具体可分为六种类型。

施事 + 过程 + [[载体 + 属性]]

该致使情景中的致使动词和致使结果分别体现及物性结构中的致使过程和关系过程，复合体现为致使关系过程，关系过程中参与者体现为归属关系，描述结果事件主体负载的某种特征，被描述主体称为载体（Carrier），主体的特征称为属性（Attribute）。

该语义配置结构中的致使动词除纯致使义动词、具体动作致使动词外，部分表达静态意义的心理状态动词在该结构配置中也可表达致使义，英语动词包括 consider、think、prove、find、believe、judge、suppose、discover 等，其宾语后跟 "to be + 形容词或名词" 的不定式形式，描述致使结构中役事的状态或性质，是对役事的补充和说明，与役事存在逻辑上的主谓关系，共同表达结果事件，是致使过程所期待出现的参与者，体现为嵌入小句形式。结果事件谓词 to be 常省略，因此，英语中体现结果事件过程的谓词呈隐性。英语复合宾语句中 "补语" 的形态多样，该语义配置结构中致使动词还可以与副词搭配构成复合宾语句，结果事件谓词表现为隐性形式，如例（46）。

（42）Some[Ag] might consider[Pro] [[his assassination[Ca] "a crime victimhood" [At]]]. (COCA)

（43）The fragile state of some tribes' finances[Ag] may make[Pro][[such pressures[Ca] particularly acute[At]]]. （COCA）

（44）Winning the title[Ag] has made[Pro] [[my special day[Ca] very special[At]]] indeed. （BNC）

（45）This connection[Ag] would prove[Pro] [[Fergusson[Ca] right[At]]]. （BNC）

（46）She[Ag] had[Pro] [[the light[Ca] on[At]]] the whole time. （BNC）

以上例句中，结果过程中的谓词性动词均被省略，过程中的属性参与者可以是性质词组，也可以是表达属性的名词词组。汉语中，结果事件过程动词不能省去，否则句子意义表达不清或不合语法。

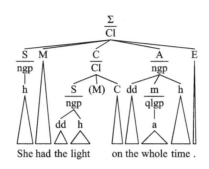

图 5-7　例（46）功能句法分析

施事 + 过程 + [[载体 + 过程 + 属性]] /[[载体 + 过程 - 属性]]

该语义配置结构为汉语特有的一种表达方式，与表达同样意义的英语语义配置结构存在结果事件过程显隐的差别，汉语结果事件过程表征为显性形式，英语为隐性形式。

构成该结构中的致使动词包括纯致使义动词、具体词汇义致使动词和表达心理状态的动词，其中汉语心理动词（认为、证明、发现、相信等）在兼语句中能够表达致使义，结果事件谓词呈显性。心理致使动词表达"施事"对"受事"的认知、评判，从而在"施事"头脑中对"受事"形成某种概念，这种认识一旦形成，无论其他人是否接受，对"施事"而言，"受事"便具有该种特征或属性。结果事件表达的关系过程中，过程既可以与属性互相独立，也可以和属性重合，过程与属性重合时通常有一个表程度的前置修饰语，如"我认为她很诚实"，这主要是由汉语的韵律特征所致。

（47）我们 [Ag] 不想让 [Pro] [[他 [Ca] 成为 [Pro] 娇生惯养的孩子 [At]]]。（CCL）

（48）我 [Ag] 认为 [Pro] [[她 [Ca] 很可惜 [Pro-At]]]。（CCL）

（49）事实 [Ag] 证明 [Pro] [[他 [Ca] 是 [Pro] 对的 [At]]]。（CCL）

（50）我 [Ag] 相信 [Pro] [[他 [Ca] 是 [Pro] 好人 [At]]]。（CCL）

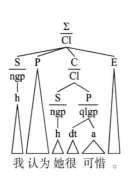 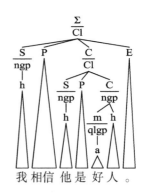

图 5-8　例（48）功能句法分析　　图 5-9　例（50）功能句法分析

施事 ＋ 过程 ＋ [[标记 ＋ 过程 /（过程）＋ 价值]]

该语义配置结构类型中，役事在致事致使行为的作用或影响下发生了性质变化，役事具有了某种价值，承担了某种职能或具备了某种身份，结果事件过程参与者间的关系为识别与被识别关系，属关系过程中的识别类。识别关系过程中两个参与者之间的关系可以根据语义抽象程度表示为另一组语义关系：标记（Token）——价值（Value）。较具体的实体称为"标记"；较抽象的实体称为"价值"，即抽象的概念识别具体的实体。体现识别关系过程中的谓词可以省略，而不影响句子意义的表达。二者在逻辑上构成主谓关系，在致使过程中以嵌入小句的形式充当过程参与者，复合构成致使关系过程。

英汉语该语义配置结构中的致使动词常体现为纯致使义动词[①]、称呼类[②]、任命类[③]致使动词。致使结果事件过程参与者表现为识别与被识别关系，但英语中结果事件谓词通常被省略，而汉语中结果事件谓词多为显性形式。因此将其语义配置结构表示为："施事 ＋ 过程 ＋ [[标记 ＋ 过程 /（过程）＋ 价值]]"，如"组织上起初派我担任销售副厂长"，汉语通常凸显结果事件谓词，仅有极个别例子和英语复合宾语句相似，如"他叫我班长"。对于称呼类动词能否构成致使结构，学界存在争论，持异议的学者认为称呼定名类中 V1 与 V2 不处于同一个意义层，前者为现实世界的行为，后者为可能世界的行为或

---

① 纯致使义动词包括：$make_1$、cause、$have_1$、get_1、使₁、令₁、叫₁、让₁ 等。

② 称呼类致使动词包括：call、name、entitle、叫、称、命名等。

③ 任命类致使动词包括：appoint、select、vote、任命、聘任、选举等。

变化，个人的称呼行为并不能造成"受事"状态的变化。但刘永耕（2000）认为："称定类动词具有社会文化的强制性：一个称号一旦被叫出来，不管被称呼者主观上是否愿意接受，它就已经在客观上成了他的称号，这种强制性积淀到句法语义结构的深层，以致取消了上述逻辑意义层面的差别，使得 V2 成为 V1 的直接结果，也属于了现实世界。"从语用学上来说，发出动作的人必须具有某种权威或权利能够以言行事，赋予对象这一称谓。例如，当英国女王在新船落水典礼上宣布"I name this ship Elizabeth"，船的名字便获得了大家的认可。

（51）I[Ag] will make[Pro] [[you[Tk] soldiers[Vl]]].（BNC）

（52）They[Ag] call[Pro] [[me[Tk] Fox[Vl]]].（BNC）

（53）The Levant Company[Ag] elected[Pro] [[him[Tk] assistant[Vl]]] in 1653.（BNC）

（54）组织上 [Ag] 起初派 [Pro] [[我 [Tk] 担任 [Pro] 销售副厂长 [Vl]]]。（CCL）

（55）市民们 [Ag] 选 [Pro] [[我 [Tk] 当 [Pro] 市长 [Vl]]]。（CCL）

（56）我 [Ag] 称 [Pro] [他 [Tk] 孔大哥 [Vl]]]。（CCL）

英语中结果事件通常省略谓词"to be"，如例（52）可以还原为"They call me to be Fox"。汉语只有称呼类使令动词构成的兼语句中可以省略结果事件谓词，如例（56）中的"称"，其他致使动词则需要搭配不同的结果谓词以标示标记和价值间关系，通常不能省略，否则意义表达不清。

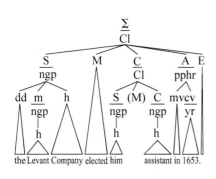

图 5–10　例（53）功能句法分析

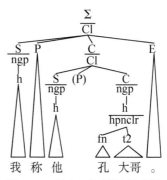

图 5–11　例（56）功能句法分析

施事 + 过程 + [[拥有者 + 过程 + 拥有物]]

该致使过程中致事发出致使力，作用于役事并产生某种结果，致使过程的结果不是某个简单参与者，而是由拥有者（Possessor）和拥有物（Possessed）两个参与者及过程动词构成的体现拥有关系过程的一个嵌入小句。其中拥有者受到致使过程的力作用，发生了从无到有的状态变化。

（57）They[Ag] make[Pro] [[things[Posr] have[Pro] personalities[Posd]]].（BNC）

（58）How did they[Ag] make[Pro] [[the stuff[Posr] hold[Pro] all that water[Posd]]]?（BNC）

（59）中国的市场 [Ag] 让 [Pro] [[我 [Posr] 有 [Pro] 这种激情 [Posd]]]。（CCL）

（60）打高尔夫球 [Ag] 使 [Pro][[我 [Posr] 拥有 [Pro] 了漂亮的住宅和宝马车 [Posd]]]。（CCL）

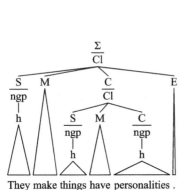
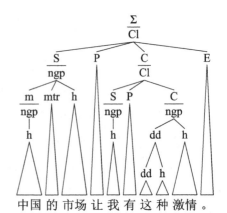
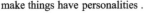

图 5-12　例（57）功能句法分析　图 5-13　例（59）功能句法分析

施事 + 过程 + [[载体 + 方向（来源/路径/目的地）]]

该语义配置结构为英语特有的表达方式，表达役事在致事的致使力作用下发生了位移，结果事件表达役事方位状态发生的变化，体现关系过程，以嵌入小句方式充当致使过程的参与者，与致使过程复合体现致使关系过程。关系过程中的参与者分别为载体和方向，方向参与者由介词短语体现，该语义配置结构的线性形式可以表示为：NP1 + VP + NP2 + PP。

（61）we[Ag] can't let[Pro] [[you[Ca] into the gang[Dir: Des]]].(马克·吐温《汤
姆·索亚历险记》)

（62）We[Ag] could get[Pro] [[him[Ca] out of there[Dir: So]]]. （同上）

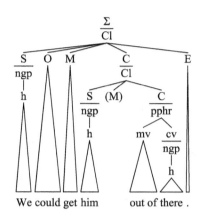

图 5-14　例（62）功能句法分析

施事 + 过程 + [[载体 + 过程 + 方向（来源 / 路径 / 目的地）]]

致使结果表示役事在致使力作用下，朝某目标延伸，致使过程期待的参
与者是一个嵌入的关系过程小句，该关系过程由载体、目的地两个参与者构
成，与致使过程复合体现为致使关系过程。该语义配置结构与上一类结构的
差别在于结果事件过程的显隐特征。在英语中，方向由介词短语或副词体现
时，过程可以省略；而汉语兼语句的结构较为单一，通常为两个动词的排列，
甚至有学者将其称为连谓说，因此，汉语中不存在结果事件谓词省略的现
象，表现为显性过程类型。

（63）I[Ag] ask[Pro] [[him[Ca] to come[Pro] to the bathroom[Dir: Des]]].
（BNC）

（64）He[Ag] let[Pro] [[Therese[Ca] go[Pro] through it[Pa] once on her own]].
（BNC）

（65）I[Ag] had let[Pro] [[him[Ca] go[Pro] to hospital[Dir: Des]]]. （BNC）

（66）中央 [Ag] 曾考虑过让 [Pro] [[他 [Ca] 到 [Pro] 广西 [Dir: Des]]]。
（CCL）

（67）你 [Ag] 让 [Pro] [[他 [Ca] 去 [Pro] 国企 [Dir: Des]]]。（CCL）

（68）组织上 [Ag] 派 [Pro] [[他 [Ca] 去 [Pro] 安阳县 [Dir: Des]]]。（CCL）

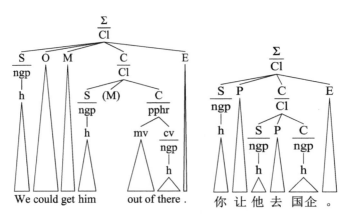

图 5-15　例（65）功能句法分析　　图 5-16　例（67）功能句法分析

施事 + 过程 + [[载体 + 过程 /（过程）+ 位置]]

该语义配置结构表示役事在致使力作用下发生了位置状态的变化。结果事件表达关系过程，关系过程的另一个参与者位置，通常由表示地点的介词短语体现，如例（69）、例（73）中的"in Japan""在椅子上"。致使过程所期待的参与者是一个事件，体现为嵌入小句形式。英语中关系过程中表示位置的参与者还可以由副词体现，构成 NP1 + VP + A（副词）的线性结构。动词和副词构成英语中的一类短语动词，加的夫语法模式将副词视为对动词的补充说明，在过程中充当过程延长成分。但在致使范畴下，短语动词构成的致使结构存在不同的语义句法特征。由于复合宾语句中的动词均为带有致使义的动词，其期待的结果是一个事件而不是个体，因此，表示方位的副词与役事共同构成一个体现关系过程的嵌入小句。例（71）、例（72）中，致使动词和方位副词构成短语动词，其中表方位的副词 outside 和 back 与役事共同构成一个嵌入小句，为致使过程所期待出现的参与者。

（69）He[Ag] asked[Pro] [[him[Ca] to stay[Pro] in Japan[loc]]].（BNC）

（70）She[Ag] let[Pro] [[him[Ca] stay[Pro] at home[loc]]] yesterday.（BNC）

（71）I[Ag] have[Pro] [[my car[Ca] outside[loc]]].（BNC）

（72）I[Ag]'ll keep[Pro] [[it[Ca] back[loc]]].（BNC）

（73）她 [Ag] 让 [Pro] [[他 [Ca] 坐 [Pro] 在椅子上 [loc]]]。（CCL）

（74）她 [Ag] 让 [Pro] [[我 [Ca] 站 [Pro] 在她的身边 [loc]]]。（CCL）

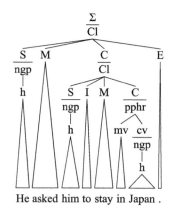

图 5-17　例（69）功能句法分析

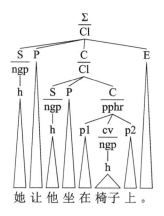

图 5-18　例（73）功能句法分析

施事 + 过程 + [[相关方 1 + 过程 + 相关方 2]]

Fawcett（2010）将两个相关联的参与者构成的过程称为匹配过程（matching process），两个参与者角色分别为"匹配者"和"被匹配者"，过程动词在二者之间建立起一种联系。之后，何伟等（2017a，2017b）重新考察了该过程，认为匹配关系的称谓不够准确，该类过程不仅表达匹配关系，还包括连接关系、结合关系等，而匹配这一称谓本身暗含主从关系，显然有以偏概全之嫌。由此，将两个参与者角色分别称为相关方 1（Cor1）和相关方 2（Cor2），两者没有主次之分，并将过程称为关联过程[①]，体现关联过程的动词有"连接""转化""嫁""结合"等。我们赞同该观点，将关联过程纳入致使力作用下产生的一类过程，和致使过程共同表达致使关联过程，属于致使关系过程中的一个小类。

（75）I[Ag] wanted to ask[Pro] [[Biddy[Cor1] to marry[Pro] me[Cor2]]].（BNC）

---

① 关联过程往往容易与归属过程和识别过程相混淆，三者的差异在于，归属过程和识别过程中的参与者均描述同一实体，而关联过程中的两个参与者是相互关联的不同实体。

（76）I[Ag] wouldn't force[Pro] [[her[Cor1] to marry[Pro] him[Cor2]]].（BNC）

（77）上午我[Ag]劝[Pro][[她[Cor1]嫁[Pro]与[PrEx]此人[Cor2]]]。（CCL）

（78）1982年他[Ag]无意中用加热的方法又使[Pro][[氰酸铵[Cor1]转化[Pro]为[PrEx]尿素[Cor2]]]。（CCL）

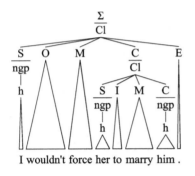

图5-19　例（76）功能句法分析　　　图5-20　例（77）功能句法分析

（三）致使心理过程

在英汉两种致使结构中，致使力产生的结果事件可以表达心理过程，与致使过程融合表达致使心理过程。如前所述，心理过程可以分为感知、情感、意愿和认知四个次类，因此致使心理过程语义配置结构包括：施事＋过程＋[[感知者＋过程＋现象]]、施事＋过程＋[[情感表现者＋过程＋现象]]、施事＋过程＋[[意愿表现者＋过程＋现象]]和施事＋过程＋[[认知者＋过程＋现象]]。

施事 ＋ 过程 ＋ [[感知者 ＋ 过程 ＋ 现象]]

该语义配置结构表示在致事的致使力作用下产生表达感知类心理过程的结果事件。感知类心理过程表示感知主体对外部事物状态的认知与感受。该心理过程由过程以及感知者和现象两个参与者构成，以嵌入小句的方式在致使过程中充当参与者角色。感知者通常为有生命实体或类生命实体，现象为主体感知体验的对象。

（79）All of the reflections[Ag] make[Pro] [[me[Perc] see[Pro] Evan[Ph]]].

（BNC）

（80）Cloud service providers[Ag] should make[Pro][[users[Perc] aware of[Pro] the standards for access[Ph]]].（COCA）

（81）马沙[Ag]屡次劝[Pro][[她[Perc]注意[Pro]秩序[Ph]]]。（CCL）

（82）知识[Ag]使[Pro][[我[Perc]看到[Pro]了大千世界的变化[Ph]]]。（CCL）

（83）这个胜利[Ag]使[Pro][[我[Perc]发现[Pro]了一条绝妙的道路[Ph]]]。（CCL）

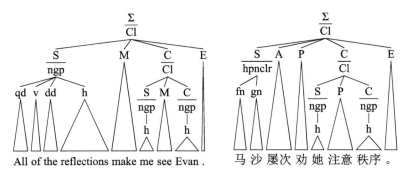

图 5-21　例（79）功能句法分析　图 5-22　例（81）功能句法分析

施事 + 过程 + [[情感表现者 + 过程 + 现象 /（现象）]]

该结构小句中的致使过程引发的结果事件体现情感类心理过程。情感类心理过程表示认知主体对客观事物的喜好、憎恶、畏惧等情感，涉及两个参与者角色：情感表现者和现象。情感表现者即经历情感心理体验的认知主体，通常为具有意识的有生命实体或类生命实体；现象即被感知的对象，可以是人、物或事件。

（84）Now she[Ag] made[Pro] [[him[Em] like[Pro] others[Ph]]].（BNC）

（85）I[Ag]'m going to make[Pro] [[him[Em] hate[Pro] you[Ph]]].（BNC）

（86）这笑声[Ag]真让[Pro][[人[Em]讨厌[Pro]（[Ph]）]]。（CCL）

（87）安徒生[Ag]让[Pro][[我[Em]喜欢[Pro]上了哥本哈根[Ph]]]。（CCL）

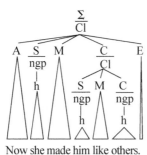
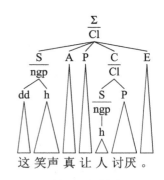

图 5-23 例（84）功能句法分析　　图 5-24 例（86）功能句法分析

施事 + 过程 + [[意愿表现者 + 过程 + 现象／（现象）]]

该语义配置结构表达在致事的致使力作用下役事产生了某种意愿心理反应，结果事件表达意愿心理过程。意愿心理过程描述有生命实体或类生命实体对某事物或事件的一种愿望、期待、心愿等，包括意愿表现者和现象两个参与者角色。意愿表现者即意愿心理表达的主体，既可以是人，也可以是被赋予生命的人格化的物；现象为意愿心理表达的期待对象，既可以是事物，也可以是情形。英语中通常体现意愿心理过程的动词或动词短语有：wish, want, hope, intend, desire, long for, eager for, yearn for 等。汉语表达意愿心理过程的动词有：憧憬、希望、渴望、梦想、向往、指望等。这类动词构成的致使心理过程语义句法分析如以下各例所示。

（88）They[Ag] make[Pro] [[me[Desr] want[Pro] to make a stronger statement[Ph]]].（BNC）

（89）This[Ag] made[Pro] [[him[Desr] desire[Pro] her[Ph] all the more]]. （BNC）

（90）离乡背井远离亲人的孤独 [Ag] 让 [Pro] [[我 [Desr] 渴望 [Pro] 稳定的生活 [Ph]]]。（CCL）

（91）那些大峡谷 [Ag] 都让 [Pro] [[人 [Desr] 神往 [Pro]]]。（CCL）

（92）其悠久的历史和璀璨的文化 [Ag] 令 [Pro] [[人 [Desr] 憧憬 [Pro]]]。 （CCL）

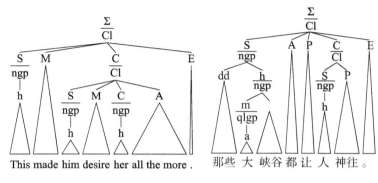

图 5-25 例（89）功能句法分析　图 5-26 例（91）功能句法分析

施事 + 过程 + [[认知者 + 过程 + 现象]]

在该语义配置结构中，结果事件表达心理过程中的认知次类别，同样以嵌入小句方式充当致使过程的参与者。认知心理过程指认知主体通过感觉、知觉、判断或想象等认知活动对客观世界的认识。通常认知过程包含两个参与者角色：认知者和现象。认知者指心理体验的认知主体，现象即认知体验的对象。该类语义配置结构的功能语义句法分析如以下各例所示。

（93）Often I[Ag] ask [Pro] [[him[Cog] to remember[Pro] a birthday[Ph]（BNC）

（94）Do not ask[Pro] [[him[Cog] admire[Pro] anything[Ph]]]．（BNC）

（95）Being with England [Ag] has made [Pro] [[me[Cog] realize[Pro] what I have missed[Ph]]]．（BNC）

（96）作者张三夕 [Ag] 要 [Pro] [[我们 [Cog] 记住 [Pro] 两位哲人的名言 [Ph]]]。（CCL）

（97）它 [Ag] 却可以帮助 [Pro] [[我们 [Cog] 理解 [Pro] 真实的客观世界 [Ph]]]。（CCL）

（98）今天美国的做法 [Ag] 或许能帮助 [Pro] [[我们 [Cog] 理解 [Pro] 这个问题 [Ph]]]。（CCL）

（99）毛泽东同志的讲话 [Ag] 使 [Pro] [[我 [Cog] 领悟 [Pro] 了新政协的意义 [Ph]]]。（CCL）

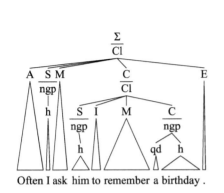

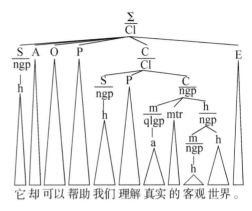

图 5-27　例（93）功能句法分析　　图 5-28　例（97）功能句法分析

（四）致使交流过程

交流过程是何伟等（2017a，2017b）在 Halliday 言语过程的基础上提出的一类及物性过程。言语过程传递或交互信息的方式通常有言语和意指两种，因此从表面上看言语过程这一术语更侧重于言语方式，交流过程则涵盖言语和意指两种信息交换方式，因此，本研究采用交流过程这一术语。交流过程可能涉及的参与者包括交流方（Communicator）、交流对象（Communicatee）和交流内容（Communicated），其中交流对象可以省去。

交流过程和心理过程界限模糊，有时难以区分。Halliday 在描述言语过程时，认为其界于心理过程和关系过程之间（Halliday，1994/2000；Halliday & Matthiessen，2004/2008，2014）。Thompson（2004/2008）认为言语过程既有物质过程的特点，也有心理过程的特点。事实上交流过程确实具有心理过程的特征，例如，通过言语或意指传递信息时，信息接收者对信息感知的过程具有心理过程特征。根据 Fawcett（2010）的研究，这类过程中的言说类过程被划分为一种心理认知过程，涉及施事、受事——认知者和现象，表示施事传递信息给受事，受事的状态变为信息感知者，体现心理过程。但该观点被认为太过关注过程的结果，而忽略了过程本身。我们认为在致使范畴下对该过程的分析更具说服力，这类过程本身蕴含致使义，表达役事在致使力作用下认知心理上发生的变化，整个结构复合体现致使心理过程，涉及三个参与者角色。但这类三参与者过程不在本章讨论范围内，我们将在第八章讨论双宾语结构时详述。此处我们讨论的并不是交流过程本身，而是在外力作用下产生的表达交流过程的事件，致使交流过程表达施事通过致使力对受事产生作用或影响，使受事通过言语或意指传递信息。

施事 + 过程 + [[交流方 + 过程 + 交流内容 +（交流对象）]]

在该语义配置结构中包含三个部分：施事参与者、致使过程和交流过程小句。交流过程是在施事参与者的致使力作用下产生的，因此，交流过程小句以嵌入方式充当致使过程的参与者。

（100）That[Ag]'ll make[Pro] [[him[Comr] ask[Pro] a few questions[Comd]]]. （BNC）

（101）I [Ag] forced [Pro] [[him[Comr] to tell[Pro] the truth[Comd]]]. （BNC）

（102）军师 [Ag] 不让 [Pro] [[我 [Comr] 告诉 [Pro] 你 [Comee] 他的行踪 [Comd]]]。（CCL）

（103）你 [Ag] 逼 [Pro] [[我 [Comr] 说 [Pro] 出 [PrEx] 了真相 [Comd]]] ！（CCL）

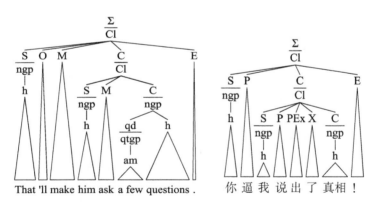

图 5-29　例（100）功能句法分析　图 5-30　例（103）功能句法分析

（五）致使行为过程

致使行为过程指在外力作用下产生体现行为过程的结果事件。行为过程是介于动作过程和心理过程之间的过程类型，指行为主体发出下意识、不自主的行为活动。Halliday 认为，行为过程是指像呼吸、咳嗽、笑、梦到、盯着等这类表示心理和生理的动作行为体现的过程。由于表达概念的模糊性，很难清晰界定行为过程的特征，行为过程兼有动作过程和心理过程的某些特征，介于动作过程和心理过程之间，该过程仅含有行为者和"范围"两个参与者角色，后者表示行为过程涉及的范围。

施事 + 过程 + [[行为者 + 过程 +（范围）]]

致使行为过程只有一个语义配置结构，表示在外部致使力作用下产生了一个体现行为过程的结果事件，且英汉结构中语义成分的排列顺序也较为相似，如以下各例所示。

（104）They[Ag] make[Pro] [[me[Behr] sneeze[Pro] continuously]].（BNC）

（105）That[Ag] would have made[Pro] [[John[Behr] laugh[Pro]]].（BNC）

（106）他 [Ag] 不让 [Pro] [[我 [Behr] 哭 [Pro]]]。（CCL）

（107）生肉 [Ag] 则会让 [Pro] [[我 [Behr] 呕吐 [Pro]]]。（CCL）

（108）她如此甜蜜的微笑 [Ag] 使 [Pro] [[我 [Behr] 颤抖 [Pro]]]。（CCL）

（109）某种东西 [Ag] 让 [Pro] [[我 [Behr] 微笑 [Pro] 起来 [PrEx]]]。（CCL）

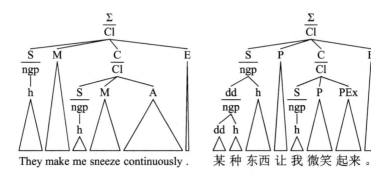

图 5-31　例（104）功能句法分析　　图 5-32　例（109）功能句法分析

（五）致使存在过程

存在过程（existential process）表示某事存在或发生。英语中以 there 为形式标记，在小句中充当主语，但没有经验功能。英语典型的存在过程体现为 be 动词，另外还体现为表示存在和发生的动词，如 exist，happen，remain，arise，occur 等；表示环境特征的动词，如 follow，ensure，stand，hang，emerge；表达抽象存在过程的小句动词还包括 erupt，flourish，prevail。由于存在过程和表示地点的关系过程相似，学界对该过程是否可以单独构成一个过程类型存在争议。Fawcett（2010）将其归为关系过程，但 Halliday（1994/2000），Halliday 和 Matthiessen（2004/2008, 2014），Thompson（2004/2008）和 Martin et al.（2010）认为存在过程有其自身的句法特征和意义建构模式，应自成一类过程。汉语中也存在该类过程，表示某处存在、出现某人或某物，有时也表达消失意义，存在过程体现为"在、有、是"这类静态动词。汉语存在过程的语义配置方式包括："过程 + 存在方"和"位置 + 过程 + 存在方"。英语和汉语存在过程均可以在外部因素作用下产生，并与外部致使力整合为致使存在复合过程，具体语义配置结构如下。

施事 + 过程 + [[there + 过程 + 存在方 +（位置）]]

该语义配置结构中的结果事件表达以 there 为标记的存在过程。存在过程表达一种静态现象，其中 there 参与者与位置为互指关系，因此，位置参与者可以省略而不影响小句语义的表达。由于役事 there 为无生命实体，所以结果事件表达一种客观状态，通常出现在非使令致使句中。从我们收集到的语料来看，致使动词通常包括 let$_1$ 允许类和 let$_2$ 听任类动词。

（110）([Ag])Let[Pro] [[there be[Pro] shirts[Ext] on a washing line[Loc]]].（BNC）

（111）([Ag])Let[Pro] [[there be[Pro] nostalgia[Ext]]].（BNC）

（112）([Ag])Let[Pro] [[there be[Pro] no mistake[Ext] about that]].（BNC）

（113）([Ag])Let[Pro] [[there be[Pro] small yellow flowers[Ext], with crimson centres]].（BNC）

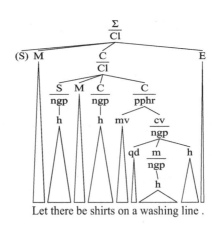

图 5-33　例（110）功能句法分析

施事 + 过程 + [[位置 + 过程 + 存在方]]

该语义配置结构为汉语表达致使存在过程特有的句式结构，描述在致使力作用下产生体现存在过程的一个结果事件。存在过程中的位置参与者为不可省成分，因为该参与者在致役关系中充当役事语义成分。

（114）我 [Ag] 都尽量让 [Pro] [[自己的脸上 [Loc] 带着 [Pro] 微笑 [Ext]]]。（CCL）

（115）这 [Ag] 使 [Pro] [[她心里 [Loc] 产生 [Pro] 了一种说不出来的烦恼 [Ext]]]。（CCL）

（116）他 [Ag] 不仅使 [Pro] [[她心里 [Loc] 存着 [Pro] 希望 [Ext]]]，而且简直已经答应她了。（CCL）

（117）盎然的绿色 [Ag] 使 [Pro] [[房间里 [Loc] 充满 [Pro] 了温馨和暖意 [Ext]]]。（CCL）

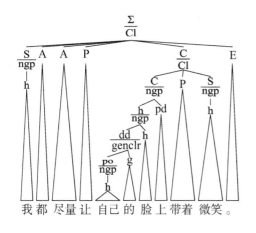

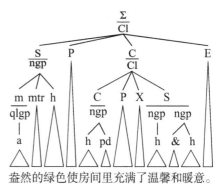

图 5-34　例（114）功能句法分析　　　　图 5-35　例（117）功能句法分析

（六）致使气象过程

气象过程^①（meteorological process）最早由 Halliday 和 Matthiessen（2014）提出，是对天气的描述，介于动作过程和存在过程之间。而 Fawcett（2010）使用意义更为宽泛的环境过程（environmental process）这一术语，不仅描述天气状况，而且描述周围环境状况，如 "It feels rather damp in here"，假如该话语语境是在某房间内，则描述的是某地的环境状况，和气象过程的本质截然不同，显然环境过程涵盖的内容要大于气象过程。为了更准确地描述天气状况，我们认为气象过程更为贴切。值得注意的是，气象过程是及物性系统中唯一没有参与者角色的过程类型。如汉语中"下雨了"小句中的"雨"由于没有具体的所指，并不是过程参与者，而是过程的延长成分，成为过程不可或缺的一部分。同样，在英语气象过程中出现的"It"没有具体的所指，因此不能称为参与者角色，该过程通常由过程和过程延长成分构成。英汉语中气象过程同样可以在外力作用下产生，构成致使气象过程，但汉语中该类过程十分有限。

---

① 此处的气象过程不是根据概念类型进行的分类，而是根据过程参与者数量标准进行的分类。及物性过程参与者数量通常分为单参与者、双参与者、三参与者，而气象过程则是一类特殊的零参与者过程。

141

施事 + 过程 + [[过程 + 过程延长成分]]

（118）You see, I[Ag] made[Pro] [[it rain[Pro] cats and dogs[PrEx] a while ago]], but that was quite an accident.（COCA）

（119）You[Ag] made [[it rain[Pro] today]]!（COCA）

（120）([Ag]) 使 [Pro] [[刮 [Pro] 风 [PrEx] 下 [Pro] 雨 [PrEx]]]。（CCL）

（121）跟老天爷作对！？想让 [Pro][[下 [Pro] 雨 [PrEx]]] 就下，想让雨走就走！

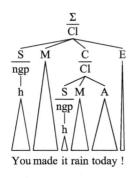

图 5-36　例（118）功能句法分析　　图 5-37　例（120）功能句法分析

四、致使义英语复合宾语句和汉语兼语句异同及其动因

前文从微观层面对致使结构各语义要素的语义特点及句法特征进行了对比分析，包括致事的有生性、意图性，致事行为表达的致使力强度，役事的有生性、自控力、意愿性和结果的已然性。我们发现，英汉语以上特征表现出较大的相似度，但致事选择的优先序列略有差别。英语致事的选择表现为：人 > 事物 > 事件；汉语致事的选择表现为：人 > 事件 > 事物。这与汉语头重尾轻，英语头轻尾重的信息表达习惯有关。另外，体现以上语义成分的句法单位也存在一定差异，这与英汉语语法属性有关，英语词法和句法分类标准相似，表现为词类和小句成分有明显的对应关系，而汉语词法和句法的分类标准不同，表现为词类和小句成分没有明显的对应关系。体现致使行为

的汉语使令动词中存在一类隐性使令义动词，本身无致使义，但进入兼语句后获得了致使义，英语复合宾语句中则不存在对应的动词类型。句式层面上，英汉两种结构体现相同的及物性过程类型，但语义配置结构存在一定差异。为了清晰地展示英汉两种结构语义句法上表现出的异同，我们基于及物性过程语义配置结构，构建了两种结构的致使意义系统网络，如图 5–38 和图 5–39 所示。

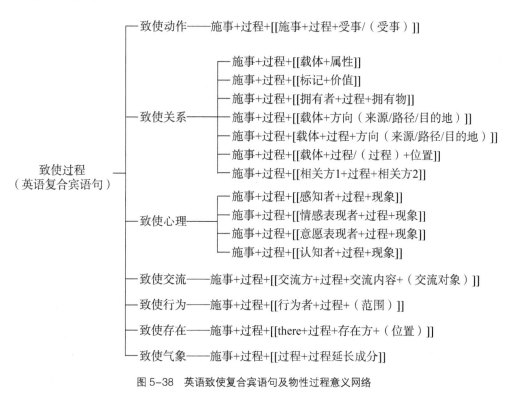

图 5–38　英语致使复合宾语句及物性过程意义网络

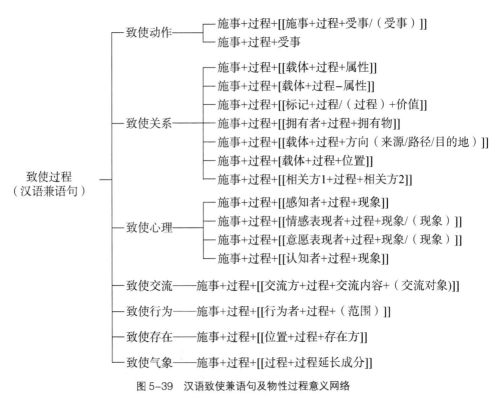

图 5-39　汉语致使兼语句及物性过程意义网络

由图 5-38 和图 5-39 可知，英汉两类结构的语义配置差异主要表现为：
（1）汉语存在一类"施事 + 过程 + 受事"特殊语义配置结构，致使过程期待的
结果并不是一个嵌入的过程小句，而是个体参与者，VP2 是 VP1 动作的目的，
在过程中充当环境成分，在小句中做状语。（2）英汉致使关系次类型的语义
配置结构不同，英语结果事件过程谓词通常表现为隐性形式。结果事件表
达归属类关系过程时，英语表现为"施事 + 过程 + [[载体 + 属性]]"，对应汉
语"施事 + 过程 + [[载体 + 过程 + 属性]] /[[载体 + 过程 – 属性]]"；结果事件
表达方向关系过程时，英语表现为"施事 + 过程 + [[载体 + 过程 /（过程）+
方向（来源 / 路径 / 目的地）]]"，对应汉语"施事 + 过程 + [[载体 + 过程 + 方
向（来源 / 路径 / 目的地）]]"；结果事件表达位置关系过程时，英语体现为"施
事 + 过程 + [[载体 + 过程 /（过程）+ 位置]]"，汉语体现为"施事 + 过程 + [[载
体 + 过程 + 位置]]"；结果事件表达识别关系过程时，英语体现为"施事 + 过

程 + [[标记 + 价值]]"，汉语体现为"施事 + 过程 + [[标记 + 过程 /（过程）+ 价值]]"。（3）汉语体现致使心理过程时，心理过程中的现象常可以省略，表现为"施事 + 过程 + [[情感表现者 + 过程 + 现象 /（现象）]]"和"施事 + 过程 + [[意愿表现者 + 过程 + 现象 /（现象）]]"。

　　致使义英语复合宾语句和汉语兼语句包含相同的语义要素：致事、致使行为、役事和致使结果，且在句法中的组合顺序相同，表现为：致事 > 致使行为 > 役事 > 致使结果，是对客观世界致使情景的直接映射，符合人类的认知习惯。英汉语在概念化复合宾语句和兼语句致使情景时表现出的相似性和英汉语民族在理解两种结构时的观察视角相同有关。根据王寅（2006），视角指人们观察被描述事物的角度，人们选取不同的认知参照点观察事物，产生对事物不同的理解，在语言中的相应表达形式也不同。视角涉及多种因素，如时间和空间、视觉扫描和心智扫描、主观观察和客观观察等。英汉语在观察和感知复合宾语句和兼语句致使情景时涉及相同的视觉扫描方式：顺序扫描。视觉扫描包括整体扫描（summary scanning）和顺序扫描（sequential scanning）。整体扫描指根据语义成分的紧密度，对事件进行重新组合排列的扫描方式；顺序扫描指按照事件发生顺序进行扫描的方式。英汉语对复合宾语句和兼语句致使情景的扫描是按照事件发生的顺序进行的，遵循了顺序扫描方式，事件先后顺序表现为使因事件 > 结果事件，致使语义要素排列顺序表现为：致事 > 致使行为 > 役事 > 致使结果。

　　汉语中存在一类"施事 + 过程 + 受事"语义配置结构。究其原因是由汉语中一类隐性使令义动词所致。英语复合宾语句对于进入其中的动词有着严格的句法限制，为封闭类动词，其中使令义动词通常和动词搭配构成连谓结构，所搭配的动词为不定式、分词等非谓语动词形式，而无致使义动词无法进入这类连谓结构。汉语则没有这样的限制，进入兼语句的两个动词搭配无需形态变化，且只要结果具有目的性就能够表达致使义，该类结构具有一定的能产性。刘永耕（2000）将汉语中这类临时性致使动词称为隐性使令义致使动词，认为该类兼语动词本身没有致使义，在使令结构框架下获得了致使义。该类动词具有一定开放性特征，只要后跟动词表示目的性，则均可以表示致使义，但必须具备使令动词的某些特征，如自主性、具体动作义。这类动词具有语义句法自足性，可以后跟名词单独构成动宾结构，对 VP2 的依赖性弱，VP2 仅表示 VP1 动作的目的，具有弱使令义特征。因此，汉语中存在"施事 + 过程 + 受事"这一特殊语义配置结构，VP2 表目的，在小句中充当目的状语，在过程中充当环境成分，致使过程所期待的参与者不是结果事件，而是个体语义成分。

从英汉致使关系过程语义配置结构的不同可以看出：英语复合宾语句表达关系过程类的结果事件谓词很大一部分表现为隐性形式，而汉语兼语句中体现结果事件过程的谓词则通常为显性形式。以上差异是由英汉两类结构中 VP1 的动词属性不同所致。英语复合宾语句线性结构中的 VP1 本身内含结果变化义，对于表示性质状态变化类的结果事件，其谓词可以不出现，被认为省略了谓词"to be"，而汉语中 VP1 则不具有该特征，必须和 VP2 搭配共同表达致使变化义。另外，汉语中存在结果谓词显隐兼可的情况，如汉语致使关系过程中识别类语义配置体现为"施事 + 过程 + [[标记 + 过程 /（过程）+ 价值]]"。汉语兼语句以连谓形式为特点，VP2 通常不能省略，汉语致使结果不能由名词词组充当，必须借助动词与兼语建立被识别与识别关系。但对于汉语称呼定名类动词构成的兼语句，结果谓词可以省略而不影响语义的表达。根据刘永耕（2010）的研究，这类结构中的结果谓词"做、为"等已经虚化为系词，其后跟名词不是宾语而是表语，如"我称他孔大哥"中的"孔大哥"为无指名词，不能分析为宾语，分析为表语更合适，名词前则隐含了一个系词。

五、小结

本章首先回顾了英语复合宾语句和汉语兼语句的特征，并指出述语动词表达致使义是复合宾语句和兼语句表达致使义的必要条件。在分析致使结构内部语义层级性特征基础上，从微观和宏观层面分别对致使结构语义成分和句式的语义特点和句法特征进行了对比分析，最后对英汉两类结构语义句法上表现出的异同进行了解释。

　　首先，本章描述了英汉语两种结构内部的语义层次关系，揭示致使概念系统向语言系统投射过程中的整合机制。在逻辑概念层上致使表达使因事件和结果事件构成的一个情景，对应语义层上使因情形和结果情形构成的一个复杂情形，致使语义层内部包括施受和致使两层关系，两个情形表达的施受关系处于底层，致使关系处于上层，底层施受关系通过整合规则提升为一维的致使关系，并根据致使动词表达的使令义和非使令义，分别对致使结构内部成分的语义层次关系进行了描述。使令义动词为使因情形谓词和致使力的复合体现形式，要求致事为有生性实体，致使的引起者即使因情形"施事"，因此，使令致使结构中致事通常体现为个体致使。非使令义动词对致事的有生性没有限制，既可以是个体致事，也可以是事件致事。

　　然后，基于相关语义参数对英汉致使语义要素进行对比分析，包括致事的有生性、意图性，致事行为表达的致使力强度，役事的有生性、自控力、意愿性和结果的已然性，发现英汉致事生命度优先选择序列不同，在事物型致事和事件型致事的选择上，英语倾向于前者，汉语倾向于后者，这与英汉思维习惯及信息组织方式不同有关。我们根据致事与役事间的和谐或对抗关系、致事对结果事件的控制力、役事内在施力倾向性语义参数，分析了致使动词表达致使力的强度，发现英汉语该类结构致使动词表达致使力的强弱呈现相同的趋势，致使力强度从高到低依次排列为：纯致使结构＞使令致使结构＞助使类致使结构。

　　最后，在系统功能语法及物性和功能句法理论框架下，对两类结构的句式语义和句法结构进行对比。发现英语复合宾语句与汉语兼语句体现的及物性过程类型及语序类型相同，论证了英汉语在致使义表达上的语义共性。但英汉语义配置结构存在一定差异，主要表现为：（1）汉语兼语句动词中存在一类隐性使令义动词，其过程期待的参与者不是嵌入过程小句，而是个体参与者，构成"施事＋过程＋受事"的配置结构，致使结果表示致使动作的目的，在小句中做目的状语，在过程中充当环境成分。（2）在表达致使关系过程的英语复合宾语句中，体现结果事件过程的谓词多表现为隐性形式。进一步分析发现，英汉两种结构在语义构成及组合方式上表现出的相似性与英汉民族在理解两类结构时的观察视角相同有关，而在过程语义配置方式上的差异与两类结构中的致使动词和结果谓词的不同属性有关。

第六章

英汉致使义动结式语义句法对比

致使义动结式为句法致使范畴中的另一重要类型，其中致使行为和致使结果语义成分在语言中均有独立的体现形式，述语动词本身没有致使义，在进入动结式后获得了致使义，动结式致使义的表达是致使动词和致使结果共同作用的结果。本章讨论的英汉语动结式均为广义的致使义动结式，即致使移动句式及其隐喻扩展形式。为了全面系统分析致使义动结式，本研究首先对致事、致使行为、役事和致使结果语义成分进行语义句法描述，然后在及物性理论框架下以致使过程为恒量，以结果事件过程为变量，从宏观上对英汉致使动结式表达的句式语义进行描述，建构致使动结式语义系统网络，并在此框架下描述英汉致使义动结式的语义特点和句法特征，以揭示英汉致使动结式表现出的异同及其动因。

一、英汉致使动结式

动结式是英汉语中的一组平行结构，具有相同的语义认知基础及较高的相似度，语义上均表示客体在动作主体作用下发生的动作或状态变化，最初都是来自人类物理活动经验，表示在外力作用下客体发生了位置的移动。

（一）英语动结式及致使义动结式

英语动结式的研究可以追溯到 Jespersen，随着研究的不断深入，学者们从不同视角对动结式展开研究，并取得了丰硕的成果。英语动结式又称为词汇化的复合动词（lexicalized compound verb）、结果结构（resultative）、结果构式（resultative construction）。

英语动结式有狭义和广义之分，狭义动结式通常指位移使动结构的隐喻扩展形式，广义动结式则包括位移使动结构及其隐喻扩展形式，句法形式表现为"NP1 + V + NP2 + AP/PP"，基本句法结构包括SVOR、SVR和SVRO。

就英语动结式的内涵，学者们进行了不同的描述，但观点大体一致。Goldberg（1995）将"X CAUSES Y to BECOME Z"视作英语动结式的原型，形式上表示为"SVOC"，并指出"结果仅描述可能发生某种状态变化的论元，且状态改变是由动词所表示的动作所引起的"［The resultative can only apply to arguments that potentially(although not necessarily) undergo a change of state as a result of the action denoted by be verb］。Boas（2003）将动结式描述为"动词所表示的动作引起某个论元状态的变化"（The resultant state of the argument of the verb, that is caused by the action denoted by the verb）。以上观点均将致使义视为动结式的核心语义，但表达致使义并非英语动结式的普遍特征，动结式也可以表达非致使义。

Goldberg 和 Jackendoff（2004）根据致使与非致使、属性与路径两组变量，将英语动结式分为以下四类：

（a）致使属性类动结式（causative property resultative），如"Willy watered the plants flat"。

（b）非致使属性类动结式（noncausative property resultative），如"The pond froze solid"。

（c）致使路径类动结式（causative path resultative），如"Bill rolled the ball down the hill"。

（d）非致使路径类动结式（noncausative path resultative），如"The ball rolled down the hill"。

学者们对以上类别中的非致使属性类动结式是否表达致使义存在争议。Goldberg（1995）认为该类动结式具有不及物属性，不表达致使义。而Broccias（2003）则认为该类结构可以进行致使分析，并指出表达致使与否不是由及物或不及物特征所决定的，而在于致事与役事间是否存在力动态或能量传递。如"The clothes dried wrinkled"中，"dry"是终结性动词，其中包含了状态的改变，形容词"wrinkled"并不是描述"干"的状态，而是指"干"这一事件造成衣服状态的变化，即衣服"干"的事实导致衣服变得褶皱这一结果。我们赞同该观点，认为该类结构同样表达致使义。因此，以上（a）、（b）、（c）三类动结式均表达致使义。

基于概念识解思想，殷红伶（2010）指出，"在动结式语法语义中，存在4种识解类型：纯自变、动作自变、纯致使和动作致使"。纯自变（如She changed into a nice lady）中的述谓动词为变化动词，没有体现动作概念。动作自变（如He bled to death）虽体现了动作概念，但动作主体和客体重合，动作为非自主动词，无法产生致使力作用，表达非致使语义。纯致使（如She made the dress dirty）只突显致使概念结构，表达致使义。而动作致使（如John watered the plant flat）则既体现动作概念结构，又体现致使概念结构，为典型的致使动结式。由上可见，动作为自主动词，且致事与役事间存在动态或能量传递为英语动结式表达致使义的前提。

基于本研究的分类模式，纯致使类不属于动结式范畴。前文已在致使范畴内将英语复合宾语句分为致使动结式和致使复合宾语句两类。两种结构中的述语动词特征不同，动结式中的述语动词为无致使义动词，其致使义是句式赋予的，过程期待的参与者可以是个体也可以是事件；而复合宾语句中的述语动词均具有致使义，包括纯致使义动词和具体词汇义致使动词。如"Tom made the room dirty"中的"made"为纯致使义动词，对结果有一定预期性，过程期待的参与者不是某一个体，而是"The room was dirty"这一事件。另外，二者的区别还在于动结式的有界性特征，即由使因事件和结果事件构成的致使复杂事件为有界事件，客体在动作影响下状态变化已经产生。而复合宾语句不具有有界性特征，使因事件处于现实世界，而结果事件处于理想状态，客体在动作的影响下发生的变化不一定实现。

本研究以广义动结式为研究对象，具体包括英语致使位移动结式及其隐喻扩展形式。

（二）汉语动补结构及致使义动结式

动补结构是根据句法特征命名的一类结构，又称"述补结构"，表达动作及动作状态的产生或变化。朱德熙（1982）在《语法讲义》中将动补结构分为黏合式述补结构和组合式述补结构。黏合式指"补语"直接附加在述语之后的形式，如"抓紧、打破、睡醒、跑过来"；组合式指述语和"补语"之间用"得"连接的形式，如"写得好、跑得快、买得便宜"。黏合式述补结构中的"结果补语"和"趋向补语"附加在述语动词后，分别构成动结式（如"累病、听懂、看明白、跑坏"）和动趋式（如"走来、跑出去、投出去"）。组合式述补结构中的"补语"包括表可能性（如"听得懂、看得见、分得清、拿得动"）、表状态（如"讲得好、跑得快、走得慢"）和表程度（如"气得要命、饿得要死、慌得很"）。动结式有狭义和广义之分。自王力（1943）提出"使成式"以来，便将动结式和动趋式均归为"使成式"，认为动趋式同样表达动作及其引起的结果，属于广义动结式。同样，范晓（1996）认为动结式和动趋式具有动作导致结果产生的共同特点。宋文辉（2003）、宛新政（2005）、施春宏（2008）等也持同样的观点，认为动趋式中的趋向动词也表示述语动词的结果，因此将其归为广义的动结式。

汉语学界普遍认为动结式是致使结构的一种主要类型，表达由使因事件和结果事件构成的一个致使情景，两个事件分别由述语谓词和"补语"谓词体现，事件间存在致使关系，表达致使。但动结式内部除表达典型致使关系外，还存在弱致使关系和无致使关系等非典型的语义关系，且目前学界对致使义动结式的研究范围仍没有达成一致看法。

学界对动结式的分类主要基于语义标准和句法标准。语义判断标准又包括第一谓词语义、结果补语语义、事件类型、混合语义等。其中施春宏（2008）根据动结式的内部语义关系将动结式归为三类：致役类动结式（causer-causee VRC）、自变类动结式（self-changing VRC）和评述类动结式（theme-comment VRC）。

致役类动结式被认为是比较典型的动结式，表示在述语动作的作用下引起客体状态的产生或变化。如"西风还没有吹黄了多少树叶"中的"吹黄"、"谈先生教会了他做诗"中的"教会","儿童可以看懂故事"中的"看懂"、"她写东西写累了"中的"写累","吃穷了一家子"中的"吃穷"、"脸都哭脏了"中的"哭脏"三组动结式。以上动结式与不同句式融合构成了不同的致使语义结构,包括"致事 + 致使行为 + 结果 + 役事""致事(役事)+ 致使行为 + 结果"和"役事 + 致使行为 + 结果"。

　　自变类动结式表示动作自身发生的自然变化,结果是动作的自然承接,没有致事的作用,也不存在役事,动作和结果之间没有致使关系,不表达致使义。如例(1)中的"睡醒"是人类生理状态的变化,表示睡觉状态的结束。例(2)中的"长大"是人类等有生命实体发展的自然趋势。此类动结式没有致使力的传递,均描述主体的自然变化,不表达致使义。

　　(1)高书记睡醒后,他抬起头来,侧着耳朵,向外听了听,心里突然又感到一阵烦躁。(于良志《白浪河上》)

　　(2)因为女孩儿长大了,可以打杂,看护弟弟妹妹,在未嫁之前,她父母省得下一个女佣人的工钱。(钱锺书《围城》)

　　评述类动结式表达"结果补语"对动作的评述或评价,结果并不是动作引发的状态变化,而是程度的描述,动作和结果之间不存在致使关系,不表达致使义。另外,马真、陆俭明(1997)指出评述类动结式实际上是由"得"字组合式述补结构紧缩而来,与典型动结式的本质存在差别,"得"字引出的是对动作行为的评价,而不是动作的结果。如例(3)、例(4)中"喝多了"和"买贵了",其中"多"和"贵"表示超出预期的结果,即对预期结果的偏离。例(5)、例(6)中的"来早了""睡久了"这组动结式"补语"是对动作的直接评述,不是动作所引起的结果,而是动作的伴随结果,述语动词构成的事件与"补语"动词构成的事件间不存在致使关系。

　　(3)我看你是喝多了。(CCL)

　　(4)我这辆车买贵了。(CCL)

　　(5)但今天我显然来早了。(CCL)

　　(6)(向三叔)睡久了,头就昏,起来坐坐还好一点。(CCL)

除以上分类外，马真、陆俭明（1997）还考察了形容词做"结果补语"的不同类型，从而将动结式细分为：预期结果的实现，如"晾干了""洗干净了"；非理想结果的实现，如"洗破了""用坏了"；自然结果的实现，如"长大了""变宽了"；预期结果的偏离，如"买贵了""睡迟了"。该分类方式和施春宏（2008）的分类方式殊途同归，但对致役类动结式进行了细化，前两类对应致役类动结式，后两类分别对应自变类动结式和评述类动结式。

可见，致役类动结式可以根据"补语"预期结果的实现与否，细分为预期结果实现和非理想结果实现两类，自然结果的实现和预期结果的偏离均不是由动作引起的，因此不表达致使义。李临定（1988）根据"补语"的语义指向判断动结式是否表达致使义，认为"补语"语义指向述语动词的动结式不表达致使义，并列出了补语动词的类型，包括"高、多、少、清楚"等。我们进一步考察发现，该类补语动词是对动作的评价和描述，部分属于上文所述评述类和自变类。但单纯根据"补语"的语义指向判断致使义动结式的方法不够全面。致役类动结式的甄别主要由动词的自主与非自主以及结果是否由动作引起来决定。动词表达自主行为是表达致使义的前提，结果的可控与非可控则是致使义表达的另一个决定性因素。如果动作为非自主动作，则没有实施致使力的能力，如"长高"中的"长"为非自主动作，不为人的意志所左右，因此无法实施致使行为；如果结果是非可控的，其产生并不被外界因素所影响，因此无法与自主动作构成致使。如"睡醒"，虽然"睡"是自主动词，但"醒"是自然状态的变化，并不是由"睡"这一行为引起的，为非可控的结果，因此不表达致使义，不属于致役类动结式。

本研究根据致使动结式表达的意义，将研究对象设定为广义动结式，即致使移动结构及其隐喻扩展形式，不仅包括典型致役类动结式，而且将致役异体动趋式也纳入其中，与英语表达致使移动的动结式对应。动趋式作为黏合式述补结构的一类，通常被排除在致使范畴之外，但在某些情况下动趋式可以表达致使位移。根据致役同指或异指，动趋式可以分为致役同体和致役异体两种类型。致役同体动趋式表达动作的自然趋向，不存在致使力的传递，内部并无致使关系，不属于致使范畴。致役异体动趋式又称为"使移事件"，役事可以通过"把"字结构得到突显。如"她把帽子摘下来"表示在致事（她）的作用下，役事（帽子）发生了位置状态的变化，表达致使义。

致使义动结式可以和其他语义成分构成不同的句式结构，如以下各例所示。

（7）灵珊笑弯了腰。（CCL）

（8）他擦干净桌子，扔掉一个空烟盒和一些碎纸。（CCL）

（9）他喝醉了酒。（张翼，2014）

（10）他吃饱了饭。（同上）

（11）辛楣新学会一种姿态。（钱锺书《围城》）

（12）我看书看累了（CCL）

（13）脸都哭脏了。（施春宏，2007）

（14）那包衣服洗累了姐姐。（熊学亮、魏薇，2014）

（15）老魏摘下老花镜，打量着眼前的陌生人。（CCL）

例（7）中的"笑弯"表示"灵珊笑"使自己的腰变弯了。例（8）中的"擦干净"表示"他擦桌子"使桌子变干净。以上两例中动结式述语动词和"补语"动词的主语异指。例（9）中"喝醉"表示他喝酒使他醉了。例（10）中"吃饱"表示他吃饭使他饱了。例（11）中"学会"表示辛楣通过学习使他会了一种姿态。以上三例中动结式述语动词和"补语"动词的主语同指。例（12）致事由事件充当，构成一类重动句。重动句是根据句法特征命名的一类句式，其句法形式表现为"V+O+V+X"，致事为活动，体现为VO，V+X表达动作及动作结果，结构中两个动词形式相同，表现为动词的重叠，因此称为重动句。从语义角度看，其核心成分为动结式，仍属于动结式范畴。重动句虽整体上可归为动结式范畴，但作为动结式的非典型成员，其构成又自成特点，即致事由使因事件整体投射而来，而致使动词由使因事件谓词和抽象致使力复合体现，形式上体现为两个形式相同动词的叠加。致使义重动句通常具有体现非预期结果的特征，如"吃饭吃饱了"中结果为可预见性结果，因此不成立。例（13）中"哭脏"表示"人哭使脸变脏"，述语动词主语为隐性形式，述语动词主语和"补语"动词主语构成整体与部分的领属关系，能够从语境推知。例（14）中的"洗累"表示"姐姐洗那包衣服使姐姐累"。述语动词的主语和"补语"动词的主语同指，但致使概念结构中的致事在小句中充当宾语，役事在小句中充当主语，主宾异位，被称为倒置动结式。例（15）为致役异体动趋式，表达致使位移。

尽管动结式表达致使义受到学者们的广泛关注，但对致使义动结式的研究范围仍存在争议。如宛新政（2005）将致事和役事同指的情况均排除在致使义动结式之外，认为其缺少对客体受动作影响后产生结果的说明。我们认为致事和役事可以为同一实体，致使关系包括他致使（externally caused）和自致使（internally caused），即前文所指的外向致使和内向致使。如前文所述，致使关系是一个具有原型性的范畴化网络，内向致使和外向致使作为网络中的例示和图式，充分解释了致使范畴中典型与非典型结构的语义内涵。"他致使"指役事在外力作用下发生了动作或状态的变化，致事和役事为异指实体。"自致使"指役事受自身作用力影响发生状态的变化，致事和役事为同指实体。如"他也学会了母亲那种忍气吞声"中，致事和役事均为"他"，但仍表达致使义，表示"他学"致使"他会了母亲那种忍气吞声"的结果，两个事件间存在"作用—效应"关系，动作主体对自身产生影响，从而发生动作状态的变化，表达致使义。

基于以上分析，我们将致使义动结式定义为某实体通过某种行为引发他物或自身发生结果状态的变化。语义上强调引发他物或自身发生状态变化的行为或为外向，或为内向，原型句法结构为"SVOR"或"SVRO"，但可以和不同句式融合构成具有不同语序或语义成分的句法结构，如致使义重动句、倒置动结式等特殊句式结构。

动结式短语与第四章讨论的动结式复合词的融合方式相同，均由动作和"结果补语"黏合而成。两者界限模糊，有时难以区分，但二者在语义句法上存在差别，动结式复合词属于词汇致使范畴，此处考察的动结式短语属于句法致使范畴。前者结构内部的动作和结果语义要素高度黏合，不能插入如"不""得"等助词，彼此制约，并语法化为词汇，如"打倒、降低、增强、缩小、革新"等，内部语义构成和句法形式上均具有词汇致使的特征；动结短语中语义成分黏合度低，能产性高，几乎所有动词都可以和表结果的自动词或形容词搭配构成动结短语，动作和结果语义成分在语言中均有独立的词汇体现形式，结构内部可以插入"不""得"等助词而不改变结构属性。因此，表达致使义的动结短语属于句法致使范畴，为方便起见，下文统一将动结式短语称为动结式，与动结式复合词相对。

二、英汉致使动结式语义成分对比

（一）英汉致使义动结式致使力对比

英汉致使结构具有相同的认知基础及概念结构，致使义动结式均表示客体在致使力作用下发生动作或状态的变化，其致使义由句式表达，属于句法致使范畴。

进入英汉致使义动结式的述语动词在句式中获得致使义，具有表达致使过程的共同特征，但由于致使方式不同，其表达的致使力强度有别。致使义动结式表达致使力的强度由内外两大因素决定。从外部来看，动结式致使力强度与参与者及环境成分等语义要素有关，根据致事和役事两个参与者的不同参数变化，致使力强度呈等级排列，与致役是否同指紧密相关；从内部来看，动结式内部动作和结果的语义关系决定了致使力的强弱。汉语动结式根据述语动词对"补语"的预测力分为动结式静态短语和动态短语，而英语动结式根据述语动词对"补语"的预测力分为弱动结式和强动结式，称谓不同，但语义内涵相同。

致使义动结式中的述语动词均为无致使义具体词汇动词，其致使义由句式赋予，因此，句式结构中致事和役事间的语义关系对致使力强度的表达起决定性作用，而动结式内部的因果关系起次要作用。

从致使义动结式整体来看，致事和役事间的语义关系决定了致使强度的表达。由于几乎任何动词都可以和结果组配表达致使义，因此，我们无法对致使动词进行穷尽式归类，致事和役事间的施力动态关系也无法根据动词属性判断。鉴于此，我们首先根据致使义动结式中致事和役事是否同指，将动结式分为"他致使"和"自致使"。"他致使"指致事和役事为不同实体的情况，"自致使"指致事和役事为同一实体的现象，即致事在致使力作用下对自身产生影响。致使义动结式是一个具有原型性的范畴化网络，"他致使"为典型致使义动结式，是对物理世界中典型致使事件的一种临摹，表达役事在外部致使力作用下发生的动作或状态变化，体现动作和结果间的自然因果关系。"他致使"动结式致使强弱的表达受役事自控力的影响，而役事的自控力由其生命度决定：当役事为有生命实体时，其状态的改变会受到自控力的影响，结果实现需要强致使力作用；当役事为无生命实体时，自身并无自控力，结果的实现是动作的顺承，无需强致使力作用。

"自致使"为非典型致使义动结式，表现为致役同体特征，表达役事在内部致使力作用下发生的动作或状态变化，就役事自控力对致使强度的影响而言，役事自控力较弱，具有弱致使义特征。"自致使"中的动作和结果间并非一定表达直接因果关系，除预期性结果外，多表达过量动作产生的非预期性消极后果，我们将结果分为积极后果和消极后果。从致事/役事的主观能动性和发生变化的意愿性来看，致事/役事的意愿性越强，结果的实现越容易，所需致使力越弱；致事/役事的意愿性越弱，结果的实现越困难，所需致使力越强（吴为善，2010）。

需要注意的是，存在一类介于"他致使"和"自致使"之间的致使义动结式，该结构中的致事和役事表现为整体部分关系。如"他碰破了手"，致事和役事虽为不同实体，但却存在整体部分语义关系，既具有"他致使"的双参与者特征，也具有"自致使"的参与者共指特点，其表达致使义强度也介于二者之间。该类动结式可以分为致事显性和致事隐性两类，内部致使力也有强弱之别。致事显性类语义结构为"致事 + 致使行为 + 结果 + 役事"，为典型动结式；致事隐性类语义结构为"役事 + 致使行为 + 结果"为非典型动结式，意义上表达了一种客观被动的关系，弱化了致事对役事的致使力，相对而言表达弱致使义。如"脸都哭脏了"中，役事"脸"得以突显，从而给人以役事自身发生自然变化的印象，表达弱致使力。

从动结式内部来看，英语动结式致使强度由述语动词和"补语"间的语义关系决定。Washio（1997）根据述语动词后名词或代词与"补语"间的关系将动结式分为：弱动结式、强动结式和假动结式。弱动结式指述语动词与"补语"间存在某种联系，述语动词对"结果补语"有一定预测性，即述语动词本身预示着某种结果的产生，因此，"结果补语"的产生相对容易，无需强致使力作用。如"Chris shot Pat dead"句中，结果是动作发出后可能产生的结果，无需强致使力作用便可实现。强动结式指述语动词与"补语"间相互独立，述语动词对结果没有预测力，"结果补语"需在述语动词强致使力作用下产生。如："The horses dragged the logs smooth"句中动词"drag"和形容词"smooth"意义完全独立，动作对结果没有任何预测力，需强致使力作用才能导致结果的产生。假动结式（spurious resultatives）指非作格动词（unergative verbs）构成的动结式，后跟名词均为动词的非选择性宾语。如："John ran his shoes threadbare"中的动词与后跟名词并非动宾关系。

在我们看来，假动结式与强、弱动结式的分类标准不在同一层次。动结式强弱由动作对结果的预测力决定，而假动结式则描述了动词与其后跟名词的非选择性关系，所描述内容截然不同。因此，我们只采纳根据致使强度对动结式的分类：强动结式和弱动结式。根据以上参数，"假动结式"表达的致使强度也可以归入强、弱动结式两种类属中。

英语动结式通常表达间接致使，但也存在少数直接致使。根据"距离象似性原则"，句法形式的紧密度是意义紧密度的临摹。述语动词和"补语"动词形式上的强紧密度在语义上也表现为强致使义，动作和结果之间的距离越近，致使力越直接，强度越高，反之，致使力强度越低。因此，形式语义紧密度更高的直接致使，其致使力强于间接致使。直接致使动结式句法结构通常表现为SVCO，如"He cut short the speech"和"John broke open the cask"，其内部语义黏合度大于相应的间接致使，如"He cut the speech short"和"John broke the cask open"，但仅限于个别述语和"补语"的搭配，数量有限。鉴于英语直接致使动结式表达致使最强，此处我们主要讨论英语常见的间接致使动结式的致使力强度。由于预测力本身是一个抽象的概念，其强弱界限并不分明，因此，根据动作对结果的预测力对英语动结式致使强度等级的分类呈渐变连续统分布，如图 6-1 所示。

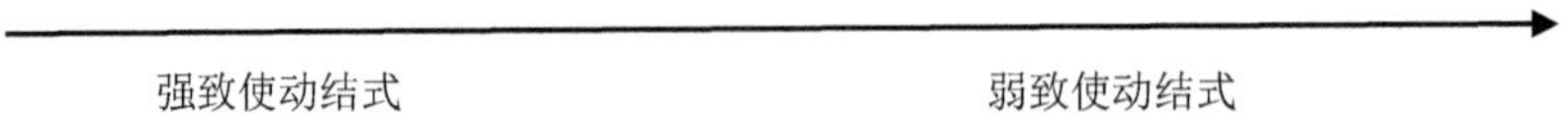

```
                    ──────────────────────────────────────────▶
        强致使动结式                              弱致使动结式
```

图 6-1 英语间接动结式致使力强度

从内部来看，汉语动结短语内部的紧密度也存在一定差别，其中有一类较为固定的搭配，如"喝醉"，这类结构中的动作和结果存在自然承接关系，动作对结果有一定的预期性，如"喝酒"的必然结果是"醉"，动作和结果具有紧密的因果关系，也被称为动结式静态短语，因果关系的产生无需强致使力作用。另外，还有一类临时搭配而成的动结短语，也表示在动作影响下某实体发生动作或状态的变化，但动作和结果并不是自然的因果关系，而是在某一特定语境下的临时组配，其因果关系必须在一定语境下才能得以识解，因此其内部关系松散，具有较高的能产性，也被称为动结式动态短语，其因果关系的产生需要强致使力作用。如"吃怕、坐坏"等，其中"吃"的结果并不一定是"怕"，"坐"这一动作也未必会导致"坏"这一结果，以上非预期性结果均需在强致使力作用下产生。

就语义紧密度而言，汉语动结短语构成一个语义网络范畴，内部语义关系由强到弱呈等级变化。语义紧密度最高的是上文中讨论的动结式复合词，由于内部语义黏合度极高，以至于复合为一个词汇形式。Givón（1971）曾经提出过一个著名的论断："曾经的句法即是现在的词法。"这说明现在的词语均是由句法语法化而来，同样动结式复合词是由动结式短语语法化而来，述语动词和"补语"动词在使用中成为惯常搭配，在长期使用过程中最终凝结为词。从历时角度看，语法化并不是一蹴而就的，而是经历了一个漫长的过程。在此过程中，动结式动态短语历经动结式静态短语的形式，最终演变为动结式复合词，且动结式静态短语仍然处于向动结式复合词的过渡阶段。

根据系统功能语法的连续统思想，就语义紧密度而言，以上三种结构类型构成一个渐变连续统，动结式静态短语是介于动结式复合词和动结式动态短语之间的结构类型，如图 6-2 所示：

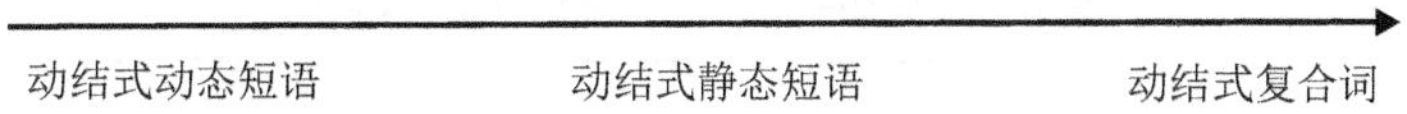

————————————————————————————→

动结式动态短语　　　　动结式静态短语　　　　动结式复合词

图 6-2　汉语动结式语义紧密度

　　就内部语义关系而言，动结式动态短语内部语义结构松散，结果的产生需要强致使力作用，而动结式静态短语内部动作和结果具有自然的因果关系，无需强致使力作用。因此，动结式动态短语表达的致使力强于动结式静态短语。

　　根据认知语言学的理解，动结式及其表达的语法意义均为原型范畴，内部包含典型成员和非典型成员，典型成员和非典型成员界限并非泾渭分明，而是存在过渡形式，根据功能语言学的连续统思想，范畴内部成员共同构成一个渐变的连续统。对于动结式致使语义范畴，致使义强度呈连续统分布，包含强致使义、次弱致使义和弱致使义，不仅由致事和役事的互指关系及役事属性决定，而且受动结式内部语义成分的黏合度高低影响。根据致事和役事互指关系，致使强度由高到低排列为：异指、整体部分、同指。汉语中的动结式静态短语、动结式动态短语由低到高表达了不同的致使强度。同样，英语中的强致使动结式和弱致使动结式也表达了不同的致使强度。由于英汉动结式具有相同的认知语义基础，从整体上来看，决定致使强度的外部因素相同，即致事和役事间的关系及致事和役事各自的属性特征。就内部而言，英汉致使均可以根据述语谓词和结果谓词的语义紧密度分为强致使（动态致使）和弱致使（静态致使）。英汉语致使动结式致使力强度等级如表 6-1 所示。

表6-1　英汉语致使动结式致使力强度等级

致事役事关系	致事显隐,役事生命度、意愿性		汉语致使动结式(语义紧密度)	例句	英语致使动结式(语义紧密度)	例句
致使力由强到弱	不同指	有生命实体役事	动态	吃食堂吃怕了他。	强动结式	They laughed the short man out of the classroom.
			静态	孩子哭醒了妈妈。	弱动结式	Chris shot Pat dead.
		无生命实体役事	动态	中国博士生吻瘫了美国机场。	强动结式	They drank the pub dry.
			静态	他碰碎了玻璃杯。	弱动结式	The wind blew the door open.
	整体部分关系	显性致事	动态	我跑断了腿。	强动结式	Paulo cried his throat dry.
			静态	他擦亮了眼睛。	强动结式	Sally danced her feet sore.
		隐性致事	动态	眼睛看疼了。	强动结式	The pan burned black.
			静态	脸哭脏了。	弱动结式	The vase broke apart.
	同指	役事弱意愿性	动态	有人看烦了。	强动结式	Mary ate herself sick.
			静态	她喝醉了。	弱动结式	He shouted himself hoarse.
		役事强意愿性	动态	我学会了电脑。	强动结式	He shook himself free.
			静态	我吃饱了饭。	弱动结式	He raised himself upright.

　　英语致使义动结式与汉语致使义动结式具有相同的认知基础和概念结构，决定致使强度的参数大致相同，均由内外因决定。从外部来看，句式表达的致使强度均由致事和役事的指别关系决定，包括异指、同指和整体部分关系。致事和役事异指时，役事在外力作用下发生动作或状态变化，役事本身具有自控力，致使结果的实现需强致使力的作用。而致事和役事同指时，役事的变化是自身动作作用的结果，本身没有可控性，是动作的自然结果，表现为弱致使力。致事和役事为整体部分关系时，表达的致使强度则介于二者之间，既有"他致使"的特征，也有"自致使"的特征。除以上外部因素，结构内部因素也对致使力产生影响。内部因素为动词和"补语"的语义紧密

度，包括汉语中的动态和静态、英语中的强致使和弱致使。

由上可知，致使结构中致事和役事的交替出现及共现语序均会对致使强度产生一定影响。无论内部还是外部，判断英汉动结式致使力强弱的参数大致相同。英汉致使强弱等级都可以从内部和外部参数来考察，外部参数为致事和役事的指别关系和役事的意愿性，内部参数为动词和"结果补语"间的语义紧密度，英汉表现在致使力上的相似度充分说明了英汉致使动结式的认知共性。

（二）致使动结式的语义层级

致使结构概念上指由使因事件和结果事件构成的一个致使情景，逻辑概念层中的事件因果关系在语言中投射为致使关系。语义层内部包含施受关系和致使关系两层语义关系，施受关系处于底层，即述语动词所支配"施事"和"受事"构成的语义关系；致使关系处于较高层次，即致使动词支配的致事和役事间的语义关系，包括致事、致使行为、役事和致使结果语义要素。动结式致使结构语义层中的施受关系和致使关系存在转化提升关系。进入致使动结式中的述语动词本身无致使义，为具体词汇义动词，但在句式作用下被赋予了致使义。该致使动词为使因情形谓词和致使力的复合体现形式，明确表达了致使方式，使因情形"施事"作为该动作的发出者通常被提升为致使关系中的致事，符合人类认知习惯。但为了凸显使因事件中的其他个体成分或为了信息表达的完整性，使因情形个体可以转喻提升为致事，也可以整体提升为致事。使因情形整体提升为致事，构成汉语中特有的一类重动句。结果情形主体和谓词则分别提升为致使关系中的役事和致使结果。

如前文所述，人们对现实世界因果关系的概念化方式包括顺序扫描和整体扫描两种类型。周红（2004）分析汉语动结式时，指出人们采用整体扫描对动结式表达的致使情景进行识解，即根据致使行为和致使结果紧密度对事件进行重新组合排列。二者紧密度高，致使行为与致使结果相融合，构成黏合式述补结构；二者紧密度低，致使行为与致使结果被隔开，则构成间隔式述补结构。而英语采用顺序扫描对动结式表达的致使情景进行识解，根据事件发生顺序对动结式内部语义成分进行组合排列，事件语义要素排列顺序可以表示为：致事 > 致使行为 > 役事 > 致使结果。使因情形谓词总是和致使力复合提升为致使行为，因此我们用实线标示，使因情形其他个体成分提升为致事存在或然性，因此用虚线标示。英汉动结式致使结构语义层与逻辑概念层的投射关系及语义层内部的整合提升过程分别如图 6-3 和图 6-4 所示。

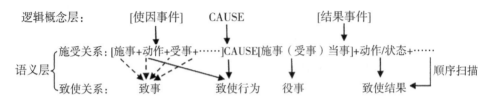

图 6-3　英语致使动结式的语义层次关系

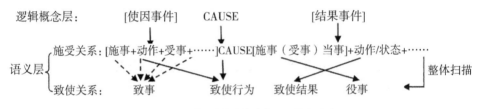

图 6-4　汉语致使动结式的语义层次关系

（三）英汉致使动结式致事对比

致使结构包括致事、致使行为、役事和致使结果四个语义成分，使因事件中的语义成分均具有提升为致事的潜力。鉴于致事具有来源多样性的特征，其研究受到学者们的广泛关注，如 Li（1990，1995）、Gu（1992）、郭姝慧（2004）、宛新政（2005）、施春宏（2007，2008）、蔡军和张庆文（2017）等均对致事来源进行了讨论。致使结构语义层次内部的提升关系可以帮助厘清致事的来源。

1. 英汉致使义动结式致事类型

英汉致使动结式致事原型为使因事件，在实际语言运用中，概念成分在向语言层面投射时，出于语言经济原则的考虑，可以转喻使因事件中的某一个体语义成分，表现为个体致事，如使因事件中的"施事"、"受事"、工具、感事、系事、地点等个体语义成分；在象似性原则作用下投射为事件致事。学界多根据来源的不同将汉语动结式致事分为显性致事、隐性致事和外在致事三种类型（施春宏，2007）。显性致事由述语动词（使因事件谓词）的"施事"提升而来，如"孩子哭醒了妈妈"。隐性致事由述语动词的"受事"提升而来，如"生冷食品吃坏了他的胃"。外在致事指致使的引起者既独立于述语动词又独立于"补语"动词，如"一个噩梦哭醒了孩子"。

致使动结式述语动词为具体词汇义动词，本身无致使义，其致使义乃句式所赋予，致使义动词不仅体现致使力，而且表达具体的致使方式，致事通常为个体。如"他打碎了玻璃杯"，使因事件为"他打玻璃杯"，结果事件为"玻璃杯碎"，述语动词"打"本无致使义，但在动结句式中获得了致使义，表达"通过打的方式使玻璃杯破碎"，和致使力复合表达致使行为，因此致使动词和使因事件谓词形式相同，使因事件谓体的省隐不影响语义表达，出于语言经济原则的考虑，致使的引起者多为个体致事。

典型致使动结式中致事为使因事件中的个体参与者。如"他笑弯了腰"中的"笑"为具体词汇义动词，在动结句式中获得了致使义，表达致使行为，因此致使行为的引起者便是使因事件的个体参与者"他"。但在象似性原则作用下，或为了凸显整个使因事件，也存在使因事件被整体投射到语言中的情况，这时使因事件谓词与致使动词重复出现构成重动句。如"他讲课讲累了"中，致事由整个使因事件"他讲课"投射而来，致使动词"讲"和使因事件谓词"讲"重复出现，从而构成重动句。个体致事或事件致事的选择是语言"经济原则"和"象似原则"两大原则共同作用的结果。出于语言经济原则的考虑，致事由个体参与者充当；出于象似性原则的考虑，致事在语言中被整体投射为事件或命题。因此，致事具有来源复杂性的特征。

施春宏（2007）通过语料考察，根据投射为致事的不同论元类型的频率，将致事分为核心论元致事和非核心论元致事，核心论元指述语动词的"施事"和"受事"，非核心论元主要包括客体论元（与事、结果）和外围论元（工具、材料、方式、目的、角色、处所、范围等）。鉴于使因事件的"施事""受事"和工具投射为致事的现象较为普遍，非核心论元充当致事的例子较少，因此本研究主要讨论核心论元和较常见的非核心论元充当致事的情况。致事可以是使因事件、动作的"施事""受事"、实施动作的工具或动作涉及的范围。

致事：使因事件"施事"

使因事件"施事"充当致事符合人类认知习惯。表达致事发出致使行为作用于役事，使役事发生动作或状态的变化。

（16）The earthquake shook people awake at midnight.（BNC）

（17）I painted the wall green.（殷红伶，2010）

（18）柳家旺打碎四块玻璃。（CCL）

（19）他推翻了桌子。（CCL）

致事：使因事件"受事"

述语动词受事充当致事是为了凸显受事而将其置于主题位置，如汉语例子"衣服洗累了妈妈"，衣服不可能导致后续结果的产生，完整的致事应还原为"妈妈洗衣服"这一使因事件，出于语言经济原则的考虑，事件中的"受事"被投射为致事，使因事件中的"施事"与结果事件主体同指，被提升为役事。

（20）酒喝醉了老王。（熊学亮、魏微，2014）

（21）饭吃饱了老王。（同上）

（22）衣服洗累了妈妈。（CCL）

（23）黄花鱼吃馋了小花猫。（赵琪，2009）

致事：使因事件工具和范围

工具作为使因事件的语义成分，可以隐喻替代整个事件，具有引起致使的潜力。工具为无生命实体，且没有意图性，具有 [– 生命性] 和 [– 意图性] 特征。汉语动结式使因事件中的其他成分也可以投射为致事，如范围。例（29）中的"军歌"便是由使因事件过程中的范围投射而来，该结构形式只在汉语中存在。

（24）The hammer broke the piggy bank open.（罗思明，2009）

（25）The jackhammer pounded us deaf.（Randall，1983）

（26）肥皂水洗干净了衣服。（宋文辉，2018）

（27）一箭射死了骑马的军官。（CCL）

（28）匕首砍断它的脖子。（CCL）

（29）军歌唱湿了每个人的双眼。（CCL）

致事：使因事件

致事的原型即使因事件，事件致事的选择是语言象似性原则作用的结果，也是表达清晰性的要求。使因事件中的谓词表达致使方式，与致使力复合表达致使行为，体现为致使动词。在汉语中，当使因事件整体投射为致事时，使因事件谓词与致使动词重复出现便构成了动词拷贝句。在英语中，体现致事的句法单位为嵌入小句，但英语句法规则不允许相同动词的叠加形式出现，体现致事的句法结构可以是动名词或不定式，如例（30）。汉语体现致事的句法单位包括名词词组（使因事件的名化）和小句。

（30）Jim's banging the door broke the door open.（罗思明，2009）

（31）你转来转去把我的头都转晕了。（同上）

（32）你跳舞跳晕了头。（CCL）

（33）烫和辣灼痛了她们的嘴。（宛新政，2005）

汉语动结式致事具有灵活性的特征，非核心论元充当致事主要出现在汉语致使动结式中。如：

与事：这孩子教烦了我。

结果：这些咸鸭蛋腌累了妈妈。

材料：米泔水浇死了花。

方式：美声唱法唱红了他

目的：老张的书稿催烦了小李。

角色：阿Q演累了严顺开。

处所：食堂吃怕了我。

范围：二十公里跑累了他。（施春宏，2008）

根据描述致使结构中致事的四个语义参数：直接性、意图性、自然度和参与度，以及 Comrie（1989）描述事件参与名词的三个参数：生命度、意识性和控制度特点，我们对英汉动结式致事进行描述。英汉动结式致事均参与到致使活动中，且结果是经过一定努力产生的，具有低自然度特征。致事直接作用于役事，具有直接性特征。意图性以致事的有生性为前提，但更受到语境的制约，具有不确定性。因此综合以上内容，我们仅从生命度描述致事。

2. 致事的有生性

致事的有生性同样包括有生性的人或组织，无生性致事包括事物或事件，可以说明致使的主观性和客观性。我们从不同题材文学作品中收集到英汉动结式各 500 例，对其致事来源进行统计，具体类型分布如表 6-2 所示。

表 6-2　英汉致事的有生性

单位：例

类型致事	事物	事件	人或由人构成的组织、机构	致使结构总数
英语致事	26（5.2%）	8（1.6%）	464（92.8%）	500
汉语致事	96（19.2%）	38（7.6%）	314（62.8%）	500

英汉致使动结式致事选择的优先序列：

英语：人 > 事物 > 事件

汉语：人 > 事物 > 事件

英汉语致事的选择序列相同。有生性致事优先，表明英汉语致使动结式均以主观致使为主，这与动结式致使动词属性有关。致使动词为使因情形谓词与致使力的复合体现形式，因此，作为动作发出者的使因情形"施事"提升为致事符合人类的认知习惯，而动作的发出者通常为有生命的实体。事物型致事和事件型致事则为有标记用法，事物型致事并非致使动作的发出者，不符合人类的认知习惯，但某些情况下可以引发致使结果的产生。事件型致事由于信息含量大，在交际中会增加听话者的信息处理负担，因此出现的概率最小。

汉语事物型致事和事件型致事所占比例均明显大于英语。一方面与汉语中使因情形"受事"可以提升为致事有关，如"衣服洗累了妈妈"，其中"衣服"既是述语动词的"受事"，同时也是致使行为的致事。英语中使因情形"受事"则无法提升为致事，如"The river froze solid"虽然也属于"受事主语句"，但"river"并非致事。另一方面，汉语动结式特有的一类重动句是由使因情形整体提升为致事所致，加之英语"头轻尾重"的表达习惯，最终使得英语事件型致事出现的概率远低于汉语。

可见，英汉语动结式致事的优先选择序列相同，但内部所占比例不同，英语几乎为有生性致事，汉语表现为有生性为主、无生性为辅的分布规律，充分反映了英语致使动结式的强主观意图性特点，以及汉语致使动结式主客观互补的特点。英语动结式典型的语序是SVOR，动作和结果紧密度低，需要强致使力作用才能实现结果，表现为强主观意图性致使。汉语的典型语序为SVRO，动作和结果表现为自然因果关系，结果的实现所需致使力弱，致事的强主观意图性不是必要条件，因此表现为主客观互补的情形。

3. 致事的句法实现单位

英语个体致事由名词、名词词组、代词体现；事件致事由小句体现，句法结构类型包括：动名词、不定式。汉语个体致事由名词、名词词组、代词体现；事件致事由名词词组或小句体现，句法结构类型表现为动宾结构，如以下各例所示。

（34）He turned lakes into mountain.（马克·吐温《汤姆·索亚历险记》）

（35）His aunt took him aside.（同上）

（36）Jim's banging the door broke the door open.（罗思明，2009）

（37）太阳照花了它们。（宛新政，2005）

（38）鸿渐拉开一只抽屉。（钱锺书《围城》）

（39）一颗炮弹炸开了干土。（CCL）

（40）家禽味吃腻了。（CCL）

（41）刷标语刷坏了几只排笔。（施春宏，2008）

另外，英汉语均存在致事省略的现象，如英语当中的祈使句"Set her back on the stabboard"和汉语中的"杯子摔碎了"这类"受事"主语句。

由上可知，英汉致事的选择及句法实现受到认知背景和语言系统规则双重限制。相比汉语，英语在形态限制上更为严格，其致事的选择较为单一，汉语致事的选择更加多样化。

（四）英汉致使动结式役事和致使结果对比

与致事不同，役事和致使结果的来源相对单一，分别由结果事件中的主体和述语投射而来。主体在事件中的语义角色与结果事件谓词属性有关，结果事件谓词可分为行为动词、状态动词、心理动词等，事件中主体可以是"施事"、"受事"、系事、经事等。鉴于结果事件中的"施事"、"受事"、系事提升为役事较为普遍，我们主要考察这几类语义角色。英汉语役事在小句中均由名词、名词词组、代词体现。

1. 役事来源

役事：结果事件"施事"

当结果事件谓词为行为动词时，动作的实施者可以提升为役事，符合人类认知习惯，较为常见。但英语中没有"动＋动"型动结式。

（42）岳飞赶走了金兵。（CCL）

（43）贾继翠先后打跑了几个打工妹。（CCL）

（44）伙伴们曾打赌要逗笑她。（CCL）

役事：结果事件"受事"

结果事件谓词为行为动词，且为非自主动词，事件主体是在外力作用下产生的动作状态变化，充当"受事"。

（45）以军还推倒了两座民居。（CCL）

（46）他打碎了玻璃杯。（CCL）

（47）艾伦推开办公室的门。（CCL）

役事：结果事件系事

结果事件谓词为状态动词，描述事件主体发生的状态变化，事件主件被称为系事，提升为致使关系中的役事。

（48）George painted the wall white.（BNC）

（49）It will knock weeds out.（BNC）

（50）军歌唱湿了每个人的双眼。（CCL）

（51）都是你母亲惯坏了你。（CCL）

2. 役事的有生性及意愿性

Dixon（2000，2005）对人类语言中体现致使范畴的不同形式进行分析时，提出了有关役事的语义参数：自控力、意愿性和影响度。自控力与生命性有关，有生命实体具有自控力，意愿性则是根据有生性实体的内在倾向与致使力是否一致来判断。影响度表示役事受到致使力的影响是全部的还是部分的，动结式本身表示结果的已然，因此役事受到了全部影响。另外，Comrie还将有生性纳入判断致使成分的语义参数中。自控力和意愿性都涉及役事的有生性特征，因此，我们首先讨论役事的有生性，并在此基础上讨论役事的自控力和意愿性特征。

英汉致使动结式中的役事可以是有生的，也可以是无生的。有生命实体具有控制力，无生命实体没有控制力。有生命实体具体表现为不同的意愿性，役事内在倾向与致使力一致，表明役事意愿性强，致使力弱；反之，意愿性则弱，需要强致使力作用以实现致使结果。另外，意愿性与产生的结果有一定联系，如果是积极的结果，役事的意愿性强；如果是消极的结果，役事的意愿性则弱。但通常役事的意愿性较难从表面推知，需要结合语境来判断。如：

（52）Tom took him to a private place.（马克·吐温《汤姆·索亚历险记》）

（53）He turned lakes into mountains.（同上）

（54）这才难倒了他。（钱锺书《围城》）

（55）鸿渐碰痛了头。（同上）

例（52）、例（54）中役事为有生命实体，本身具有自控力，例（54）中役事内在倾向与致使力不同，意愿性弱。例（53）中役事的倾向性较难判断，需根据语境推断。例（54）、例（55）为无生命实体，本身没有自控力，意愿性更无从谈起。

3. 致使结果

动结式表示通过一定努力使役事的动作或状态发生改变，其本质语义特征表现为有界性，即致使结果具有已然性特征。英汉语在结果事件描述状态或行为上表现出一定差异，英语动结式中的结果仅表状态，其中主要体现为性质词组，少量介词短语、副词和个别名词词组；而汉语动结式中的结果既可以表达状态事件，也可以表达行为事件，由动词、性质词组和介词短语体现，如以下各例所示。

（56）She dyed her hair a warm chestnut.（罗思明，2009）

（57）The joggers ran their sneakers a dingy shade of grey.（BNC）

（58）Mary broke the vase into pieces.（罗思明，2009）

（59）He opened the door wide.（同上）

（60）The explosion tore the plane apart.（同上）

（61）天天跑步，腿都跑细了。（同上）

（62）小川早听烦了这样的话。（CCL）

（63）鸿渐撞翻椅子。（钱锺书《围城》）

（64）鸿渐忙把支香烟塞在他嘴里。（同上）

三、英汉致使动结式的功能语义句法对比分析

致使义动结式的语义句法研究一直是学者们关注的焦点，但对该结构的研究多关注致使动词语义，较少有对句式语义和句法功能的讨论。朱德熙在《语法讲义》中指出，述补结构语法功能上相当于一个动词。由于述语动词对"结果补语"有一定预期性，二者语义联系紧密，共同表达一个完整的意义，从而该观点得到了学者们的普遍认可。但将动结式视为一个语言单位也存在一定问题。首先，这样处理容易与第二章节中的动结式复合词混为一谈。其次，在做语义句法分析时，无法揭示结构内部的语义关系，句法分析无法做到穷尽。因此我们认为，此处应将述语动词和"补语"分开处理，视为动结式短语。同样，以 Hoekstra（1988）为代表的小句分析理论将英语动结式中具有逻辑主谓关系的宾语和"补语"分析为小句，称为结果小句，在整个动结式小句中充当宾语。问题在于该分析法将进入结构的及物动词非及物化，不承认及物性述语动词和宾语之间的支配关系（论旨关系），笼统地将结果小句视为述语动词的宾语，忽略了动结式内部成分的语义关系。根据小句分

析理论，"He hammered the metal flat" 只表示致事发出了 "hammer" 的动作，产生 "metal became flat" 的结果，动作并不对 "metal" 产生作用，该理解显然不符合语言常识。这种将及物动词和宾语割裂开来的分析方法违背了语言规律，不具说服力。

　　基于功能思想，我们认为动结式句法结构可以分为两种情况来处理：动结式中的述语动词与后置名词存在支配和非支配两种关系，由及物动词构成的动结式中，后置名词受到致使动词的直接作用，在致使过程中充当受事参与者角色，而不及物动词与后置名词、及物动词与非应有宾语不存在支配关系，后置名词仅受到致使动词的间接影响而发生状态变化，动词后置名词和 "补语" 构成了主谓关系小句，表达在动作影响下产生的结果，充当致使过程的参与者，Fawcett 将其称为 "现象"。如 "He runs his shoe broken" 中不及物动词和后置名词不构成支配关系，无法对其实施动作，也没有力的传递，为致使范畴网络中的非典型形式，应理解为两个事件之间的 "作用—效应" 关系。动结式中的述语动词和后置名词不构成支配关系的现象也称为 "非受事宾语句"，致使过程期待出现的参与者是一个嵌入的过程小句，致使过程与结果事件过程发生零融合，其语义配置结构可分析为：He[Ag] runs[Pro] [[his shoe[Af] broken[Pro]]]。再如 "He wiped the table clean" 小句中，动作和宾语之间存在支配关系，深层语义表示 "he wiped the table" 和 "the table became clean" 两个事件之间的因果关系，在语言形式上表现为致使过程和结果事件过程整体融合而成的一个复合过程，其中结果事件过程谓词作为致使过程的补充说明，充当过程延长成分，结果事件过程参与者融入致使过程，充当受事参与者。

　　根据述语动词与后置名词之间是否存在支配关系，汉语致使动结式语义句法同样存在两种描述方式。如 "他吃倒了这个饭店" 中的 "吃" 虽为及物动词，但 "这个饭店" 并不是动作 "吃" 的对象，二者不存在支配关系，致使动词期待的参与者是一个事件，因而语义分析时，应将 "这个饭店倒" 分析为一个嵌入的过程小句，充当致使过程的参与者。该结构语义配置结构为：他[Ag] 吃 [Pro][[倒 [Pro] 了这个饭店 [Ag]]]。述语动词与后置名词构成支配关系时，结果事件过程整体融入致使过程，结果事件过程谓词在致使过程中充当过程延长成分，其过程参与者在致使复合过程中充当受事参与者。

英汉致使义动结式中的结果事件主要体现及物性结构中的动作过程、关系过程和心理过程，鉴于以上及物性过程均是在致使性外部因素作用下产生的，和致使过程复合体现为相应的致使动作过程、致使关系过程和致使心理过程。致使语义结构中的致事可以由使因情形的个体语义成分或整个使因情形提升而来，役事和致使结果分别由结果情形中的主体和谓体提升而来。致事来源的多样性特征造成动结式致使结构语义配置的多样化，表现为不同的过程和参与者配置而成的语义结构。对英汉语而言，致使义动结式体现的过程及参与者角色语义配置结构存在显著差别，体现语义成分的句法单位也不尽相同。鉴于此，本研究在系统功能语言学框架下，聚焦致使概念功能中的经验意义，以致使行为体现的致使过程为恒量，结果事件过程为变量，根据句式体现的过程及其语义配置对致使动结式进行功能语义句法分析，揭示英汉致使动结式语义句法的共性与个性特征及其动因。

在汉语中，由动结式短语构成的致使结构还包括"得"字致使句、致使性重动句、倒置动结式、"把"字动结句和"被"字动结句等特殊句式。其中部分"把"字动结句、"被"字动结句均为动结句的变体，不是表达致使义的特定句式，因此不在本研究重点讨论范围内。"得"字致使句在形式上与动结式不同，严格来说不属于动结式范畴，但我们认为该句式和动结式表达的意义相同，均表达在动作作用下产生的结果，广义上可被视为致使动结式的一类特殊句式，因此我们将在余论部分对其进行讨论。

（一）致使动作过程

致使动作过程在英汉语中表现出非对称性特征，该复合过程仅出现在汉语中，英语动结式不表达该复合过程。致使动作过程可以与不同数量及类型的参与者构成不同的语义配置结构，体现为不同的形式结构。过程语义配置结构包括："施事 + 过程 + 过程延长成分 + 受事""施事 + 过程 + [[过程 + 受事]]""施事 + 过程 + 过程延长成分""受事 + [[（ 施事)+ 过程]] + 过程"和"受

事 + 过程 + 过程延长成分"。

施事 + 过程 + 过程延长成分 + 受事

体现致使过程及过程延长成分的句法单位为"动 + 动"型动结式短语，是致使动词与结果事件谓词的复合体现形式，由两个相关的事件整合而成，两个事件分别表达及物性结构中的致使过程和动作过程。鉴于动作过程是在致使过程直接作用下产生的，因此整体融入致使过程中，体现动作过程的谓词与致使动词相融合表达致使动作过程，结果事件过程参与者获得致使过程属性，在致使复合过程中充当受事参与者。根据 Fawcett（2008）对过程延长成分的定义，过程延长成分指补充和说明过程意义的成分，帮助过程表达完整的意义。由此，该类致使结构中对致使动作起补充和说明作用的结果成分在致使过程中充当过程延长成分。在句法结构中，过程及其延长成分由谓体和谓体延长成分体现。如例（66）所示，结果事件过程谓词"跑"与致使动词"打"相融合，表达致使动作复合过程，分别充当过程及过程延长成分，结果事件过程参与者"那个馋货"融入致使过程，获得致使过程属性，在致使复合过程中充当受事参与者。

（65）他们乘坐的车 [Ag] 撞 [Pro] 倒 [PEx] 了一位老人 [Af]。（CCL）

（66）我 [Ag] 打 [Pro] 跑 [PEx] 了那个馋货 [Af]。（CCL）

（67）众人 [Ag] 救 [Pro] 活 [PEx] 了安东妮娅 [Af]。（CCL）

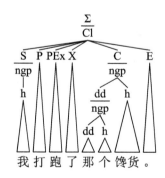

图 6-5　例（66）的功能句法分析

施事 + 过程 + [[过程 + 受事]]

该语义配置结构在传统语法中被称为"非受事宾语句"，即宾语并非动作的支配对象，但在系统功能语法中，名词受到述语动词动作的影响，即被视为过程受事。"非受事宾语句"可分为两类情况：一类为某些不及物动词进入动结式之后可以接宾语；一类为及物动词构成的动结式后接非应有宾语。由于该现象是动结式异于常规的用法，且具有语义复杂性特征，所以引起了学者们的广泛关注。学界（如朱德熙，1982；石毓智，2018）普遍认为动补结构有及物性与非及物性之别，指出尽管动补结构所带宾语与动作没有支配关系，但动补结构作为一个整体可以带宾语，具有及物性特征；反之，不能带宾语则具有不及物特征。赵琪（2009）运用构式理论对英汉动结式非受事宾语进行了解释，认为英汉动结式存在一个在动作作用下发生状态变化的"受事论元"，由动结构式提供。英汉动结式包括动作直接作用于其上的对象论元和受动作影响发生状态变化的"受事论元"，同时，她指出动结式中的非子语类宾语[①]均由致使义构式提供，表达"受事"在动作作用下发生的状态变化。事实上，动补结构带非受事宾语可以在致使义框架内来阐释。鉴于致使关系是动结式表达的核心意义，我们认为致使关系影响了动词的基本句法结构，进入动结式后，动词经历了致使化过程，使得不及物动词后跟宾语或及物动词后跟非应有宾语成为可能，宾语并非和"动 + 补"整体建立联系，而是和动词存在致役关系。如 "The joggers ran the pavement thin" 中的 "run"，作为"跑动"义本身为不及物动词，与 "pavement" 不构成支配关系，但其获得致使义后可以带宾语，二者构成影响与被影响关系，"pavement" 在动作的影响下发生了状态的变化，动作期待的参与者不是个体参与者，而是一个事件参与者 "The pavement becomes thin"。

　　如前所述，致使关系作为一个原型性范畴化网络，事件间的致使关系为范畴化网络中的图式，致事和役事间的力作用则是一种例示。该语义配置结构中致事和役事间不存在力的传递，如例（68）中的"吃"尽管为及物动词，但进入动结式后具有了致使义，可以带非应有宾语"两双筷子"，"吃"的动作行为与"两双筷子断"存在"作用—效应"关系，表达两个事件间的因果关

---

① 非子语类宾语指动词的非常规宾语，与动词不具有支配关系。如 "he drank the pub dry" 中的 "pub" 并非动词 "drank" 的支配对象。

系，致使过程要求出现的参与者是一个事件，而非"两双筷子"。

（68）他 [Ag] 一连吃 [Pro] [[断 [Pro] 了两双筷子 [Af]]]。（CCL）

（69）我 [Ag] 笑 [Pro] [[弯 [Pro] 了腰 [Af]]]。（CCL）

（70）我 [Ag] 跑 [Pro] [[丢 [Pro] 了鞋子 [Af]]]。（CCL）

（71）他 [Ag] 几乎跑 [Pro] 断 [[[Pro] 了腿 [Af]]]。（CCL）

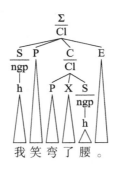

图 6-6　例（69）的功能句法分析

根据加的夫语法，补语是除主语之外的任何参与者角色，可以是事物、性质、地方或由嵌入小句表达的一个情形。例（69）中的述语动词"笑"为不及物动词，与后置名词"腰"不构成支配关系，过程期待的参与者是"腰变弯"这一事件，在句法结构中由嵌入小句体现，充当小句补语成分。

施事（受事）+ 过程 + 过程延长成分

该语义配置结构表现为致役同体致使复合过程，致使力发生内向传递，即致事将致使力传递给自身的过程，称为返身致使。返身致使可分为完全返身致使和部分返身致使，分别表达完全致使和不完全致使。完全返身致使指致使力直接作用于致事自身，表现为致役同体，结果事件过程与致使过程发生整体融合，结果事件谓词与致使动词共同表达致使复合过程，对致使动作起补充说明作用，在致使复合过程中充当过程延长成分。如例（73）中的致事"方枪枪"引出的动作造成自身状态变化。部分返身致使中致事与役事为整体部分关系，表达致使力间接作用于致事的某一部分，结果事件过程与致使过程并不发生融合，如"他跑断了腿"中的致事与役事具有领属关系，致使力间接作用于役事，表达不完全致使。该语义配置结构仅存在于汉语中，英语致役同体结构中的役事不能省略，通常以反身代词的形式出现，因此与汉语语义配置结构不同。汉语中传递返身致使力的动词限于自主性动作动词（如打、走、吃、洗、切等）、心理动词（如想、怕、恨等）和感觉类形容词（如累、疲惫、困、饿、高兴、惊喜、气愤等）。动作具有自主性为返身致使产生的前提，如果致事自身无法发出动作，则不存在返身的可能性。心理动词通常在意念上对自身产生影响，表达返身致使。感觉类形容词指对自身生理感觉和心理感觉的描述，只能产生内在驱动力，对自身产生影响。但致使动结式中使因情形谓词表达具体动作（致使方式），与抽象致使力融合体现为致使行为，因此，心理动词和感觉类形容词无法进入致使动结式，但在其他结构中可以获得致使义，如"得"字结构。

（72）驯鹿 [Ag(Af)] 跑 [Pro] 失 [PEx] 了。（CCL）

（73）方枪枪 [Ag(Af)] 走 [Pro] 丢 [PEx] 了。（CCL）

（74）他若 [Ag(Af)] 辩 [Pro] 赢 [PEx] 了，这个事实不就正好证明他错了？（CCL）

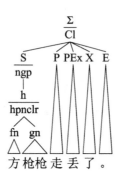

图 6-7　例（73）的功能句法分析

[[施事 + 过程 +······]] + 过程 + 过程延长成分

哲学意义上，致使的引起者为事件或命题，但在语言使用中可以表征为个体或事件，为了表达语义的完整性，语义层内部使因情形整体可提升为致事，此时使因情形谓词与致使动词重复出现，构成致使义重动句。该结构是汉语中特有的结构形式，英语中没有对应句式。

重动句是由动宾短语和动补短语叠加而成的结构，其形式可表示为

VOVC，其特点是同一动词重复出现。构成致使性重动句的限制条件为"补语"语义指向主语，如"他炒菜炒糊了"中的"糊"语义并不指向使因事件主体"他"，"糊"是对述语动作的评价，因此不表达致使义。早期学界主要就重动句归属于动宾短语还是动补短语范畴进行争论，随着认识的加深，重动句普遍被认为是一个独立句式。就其句法结构而言也存在不同的看法，"连谓说"（如黄伯荣、廖序东，2011）认为该结构式就是两个谓词的连用，"状中说"（如 Cheng，2007）认为 VO 动宾短语作为状语修饰 VC 动补短语，"动补说"（如程工，1999）认为 OVC 部分可以整体看作第一个动词 V 的"补语"。以上看法各有道理，但未能达成一致，争论的焦点主要集中在主要动词的确定上，如果将 VO 中的动词确定为主要动词，则会造成句子的偏误。我们认为，从致使范畴可以对重动句做出统一解释，Cause 的引入可以赋予 VO 一个新的语法位置，即和名词性致事功能相似的事件型致事，由此重动句表达由使因事件和结果事件构成的一个致使情景，重动句中的致事由使因情形整体提升而来，以嵌入小句形式在小句中充当主语，VC 分别做小句的谓体及谓体延长成分。唐翠菊（2001）根据结构中动宾短语和动补短语间是否存在致使关系，将其分为致使性和非致使性两类，并进一步根据重动句是否能变换为相应的"把"字句或主谓谓语句来判断致使与否，能变换为"把"字句和主谓谓语句的为部分非致使性重动句，而致使性重动句不能进行该转换。充当致事的嵌入小句中的 VO 内部语义关系或为支配关系，或为补充关系，相应地 O 在过程中充当受事或过程延长成分。

（74）后来 [[他父母 [Ag] 都打 [Pro] 仗 [PrEx]]] 打 [Pro] 死 [PrEx] 了。（CCL）

（75）[[（Ag）打 [Pro] 架 [PrEx]]] 打 [Pro] 输 [PrEx] 了。（CCL）

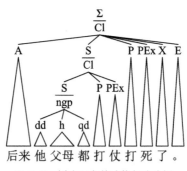

图 6-8 例（74）的功能句法分析

[[施事 /（施事）+ 过程 +……]] + 过程 + [[过程 + 受事]]

致使义重动句受结果谓词的语义指向及述语谓词与后置名词的语义关系影响，可以构成不同语义配置的重动句。述语谓词与后置名词不构成支配关系，且结果谓词语义指向该名词，构成汉语中的一类双参与者重动句，除事件致事外，过程的另一个参与者也由体现动作过程的嵌入小句体现，表达两个事件间的"作用—效应"关系，如以下各例所示。

（76）[[(Ag) 切 [Pro] 菜 [Af]] 切 [Pro][[掉 [Pro] 了一半的指甲 [Af]]]。（CCL）

（77）[[(Ag) 洗 [Pro] 澡 [PrEx]]] 洗 [Pro][[掉 [Pro] 了一层皮 [Af]]]。（CCL）

（78）[[他 [Ag] 踢 [Pro] 足球 [Ra]]] 踢 [Pro][[伤 [Pro] 了脚 [Af]]]。（熊仲儒，2017）

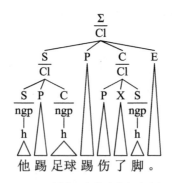

图 6-9 例（78）的功能句法分析

受事 + [[（施事）+ 过程]] + 过程

虽然致事、役事等语义概念的提出很好地解决了语义成分与句法成分不对称的问题，但在语义结构向句法结构投射过程中，人类通常加入自己对致使的理解，出于不同意图，语义序列和句法序列仍会出现不对应的情况。该语义配置中的受事参与者被置于句首，以强调受事的受动性，表达其状态发生客观变化。该结构与传统语法中的"受事主语句"不同，其述语动词和主语不存在支配关系，我们将其称为"致事隐含动结式"。在该致使关系中，致事同役事具有领属关系，因此，致事通常表现为隐性方式，隐含于役事当中。致使行为仅表示结果事件产生的方式，在结果事件过程中处于低一层次的嵌入过程，充当结果事件过程中的环境成分①，在句法结构中充当状语。以往研究大多认为致使结构由一个致使主谓词加上一个结果次谓词构成，认为结果总是处于次一层的结构，该语义配置结构证实结果事件与致使行为之间的语义层次关系并不绝对，致使行为作为引起结果事件产生的方式，可以充当结果事件过程的环境成分。但致使行为和致使结果仍然遵循致使关系中因果的时间先后关系和依存关系，如"鞋跑丢了"，是先有"跑"的动作，然后才产生"丢"的结果。

（79）腰 [Af][[（Ag）笑 [Pro]]] 弯 [Pro] 了。（CCL）

（80）鞋 [Af] 都 [[（Ag）跑 [Pro]]] 丢 [Pro] 了。（CCL）

（81）脸上的粉 [Af][[（Ag）笑 [Pro]]] 裂 [Pro] 了。（CCL）

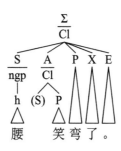

图 6-10　例（79）的功能句法分析

例（79）中的致使动词"笑"和受事参与者"腰"并不构成支配关系，但

---

①　加的夫模式在悉尼模式基础上细化了参与者角色，将方式、路径、位置、来源、目的地等纳入参与者角色中，但该语义配置结构中的"方式"并非过程所期待的参与者，"方式"的省略不会影响小句意义的完整性，因此，仍然充当过程的环境成分。

笑的动作使得"腰"受到间接影响产生了"弯"的结果，因此，"笑"作为动作产生的方式在小句中充当状语成分。

受事 + 过程 + 过程延长成分

该语义配置结构是"施事 + 过程 + 过程延长成分 + 受事"的变体，当施事参与者体现为隐性形式时，受事参与者被置于句首充当小句主题。该结构与"受事 + [[（施事）+ 过程]] + 过程"语义配置结构的差别在于致使动词是否与受事参与者存在支配关系，如"病人救活了"中的致使动词与受事参与者构成支配关系，致使过程与结果事件过程发生整体融合，而"腰笑弯了"中的致使动词与受事参与者间不构成支配关系，致使过程与结果事件过程发生零融合，因此，致使过程以嵌入小句方式充当结果事件过程的环境成分，在小句中充当方式状语。以上形式相似的两类结构的内部语义关系不同，因此，语义成分的句法功能存在差异，如以下各例所示。

（82）病人 [Af] 救 [Pro] 活 [PrEx] 了。（王小华，2006）

（83）墨水 [Af] 洗 [Pro] 掉 [PrEx] 了。（同上）

（84）碗 [Af] 摔 [Pro] 碎 [PrEx] 了。（CCL）

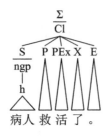

图 6–11　例（82）的功能句法分析

（二）致使关系过程

在英汉语中，表达致使关系过程的典型动结式在形式上可以表示为：NP1 + VP + NP2 + AP/PP、NP1 + VP+ NP2 + PP 和 NP1 + VP+ NP2 + NP3，其中 NP2 在小句中的显隐及位置变化可以构成不同类型的句式结构，表达役事在致使行为作用下发生一定的变化，具体包括位置的变化、状态的变化和属性的变化。

致使关系过程表达在致使力作用下产生体现关系过程的结果事件，表示役事状态发生的变化。根据致使过程和结果事件过程的融合度，致使关系复合过程可分为整体融合、部分融合和零融合。由前文可知，根据致使动作与役事是否构成支配关系，致使过程期待的参与者或为个体，或为事件。致使动作与役事构成支配关系时，役事可充当致使过程中的参与者，根据结果事件过程语义成分与致使过程语义成分的匹配度，结果事件过程可整体或部分融入致使过程；致使动作与役事构成非支配关系时，致使过程期待的参与者为整个结果事件，此时致使过程与结果事件过程发生零融合。语义层内部使因情形与结果情形的整合提升及其形式投射过程的复杂性决定了小句层面功能语义成分配置表征方式的多样性。致使关系过程的语义配置结构可根据过程参与者数量大致分为单参与者过程、双参与者过程和三参与者过程。

1. 单参与者过程

致使关系过程通常包含两个参与者，但也存在只含一个参与者的过程类型，可分为唯施事致使关系过程和唯受事致使关系过程两类。在及物性结构中，致使动词体现及物性结构中的致使过程，结果事件谓词描述动作的结果状态，体现关系过程，二者整合为一个致使关系复合过程，结果谓词作为动作的补充说明，在及物性结构中体现过程延长成分。单参与者过程语义配置结构包括："施事 + 过程 + 过程延长成分""受事 + 过程 + 过程延长成分"和"[[施事 + 过程 + 过程延长成分 / 受事]] + 过程 + 过程延长成分"。

施事（受事）+ 过程 + 过程延长成分

该语义配置构成致役同体动结式，是汉语中一类特有的结构，致使力内向传递，表达完全返身致使。该结构的事件整合过程同样可以通过语义层内部的整合提升机制加以阐释。底层施受关系在提升为高层致役关系过程中，使因情形"施事"提升为致事，使因情形谓词与抽象致使力融合提升为致使行为，结果事件主体与使因事件主体同指，因而承前省略，仅结果情形谓词提升为致使结果。完全返身致使即致事直接作用于自身，表达直接致使，致使过程与结果事件过程发生整体融合，致使动词与结果谓词共同表达致使关系复合过程，结果谓词作为致使动作的补充和说明，在复合过程中充当过程延长成分，在句法结构中充当谓体延长成分，如以下各例所示。

（85）当他 [Ag(Af)] 吃 [Pro] 饱 [PEx] 了，他会把你踢走。（CCL）

（86）这货 [Ag(Af)] 吃 [Pro] 胖 [PEx] 了。（CCL）

（87）他 [Ag(Af)] 跑 [Pro] 了一身汗 [PEx]。（CCL）

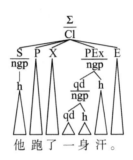

图 6-12　例（87）的功能句法分析

以上动结式中的"结果补语"语义指向"施事"，表达返身致使，为致役同体动结式，动结式后通常不带宾语。过程仅期待一个参与者的出现，构成唯施事致使关系过程。但随着语言的发展，出现了两个例外："吃饱了饭"和"喝醉了酒"。结构中的"补语"语义指向"施事"，但均带上了宾语。根据石毓智（2018）的研究，"吃饱饭"和"喝醉酒"属固定表达或词汇性质的结构，宾语仅限于如"饭"和"酒"之类的一般概念，不能说"吃饱了馒头""喝醉了啤酒"。我们进一步分析发现，动词和"补语"的高频互现，使其具有了复合动词的属性，因此可以带宾语，如第四章中的动结式复合词，动结式复合词与"动补结构"属不同层次的语法单位，因此不受以上句法规则的限制。事实上，语言使用中还能举出很多自致使带宾语的例子，且宾语为非一般概念类。

施事 1 ＋ 过程 ＋ 过程延长成分 ＋ 施事 2

这类语义配置构成的动结式短语被称为带"宾语"自致使动结式，是动宾和动补结构的合并形式，其原型为重动句。根据严辰松（2019）的研究，重动句转换为该类结构受一定条件限制，要求宾语为单音节或双音节的简短形式，因为复杂宾语会影响句子的韵律平衡，可接受程度低。他进一步就该结构形成的语法语义限制进行了总结，具体包括：结构仅表述具有感知的生命体自己的行为或动作导致的结果；结果限于有生物的某些生理或心理感觉；表述生活中自然、直接、频发、原因单一的因果关系。

致使动结式中的"结果补语"通常是对役事变化的陈述，经整体扫描与致使动词相融合，役事被置于"结果补语"后的宾语位置，当致役同体时，役事移位到主语位置，此时宾语留出一个空位，在某些情况下，为满足使因情形意义表达完整性的需求，使因情形"受事"被提升到上层致使关系中，置于役事移走后留下的空缺，该成分不是上层结构中的语义成分。因此，我们将占据主语位置的致使引起者标注为Ag1，占据宾语位置的引起者标注为Ag2，二者共同承担致使引起者的语义角色，仍然属于单参与者过程。如"你吃饱了饭"的原型为"你吃饭吃饱了"，致使行为的引起者是"你吃饭"这一事件，当"饭"被置于动结式短语后，句法成分间的句法关系发生了变化，但其语义关系相对稳定，"饭"仍然是致使行为引起者的一部分，"饭"可标注为[Ag2]，"你"标注为[Ag1]。

（88）现在你 [Ag1] 吃 [Pro] 饱 [PrEx] 了饭 [Ag2]。（CCL）

（89）他 [Ag1] 玩 [Pro] 累 [PrEx] 了车 [Ag2]。（严辰松，2019）

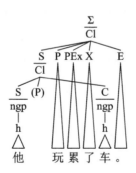

图6-13　例（89）的功能句法分析

受事 + 过程 + 过程延长成分

当动作的引出者或可从上下文语境推知，或为不定指成分，或与动作的受影响者具有领属或整体部分关系时，可被省略，动作的受影响者则被置于句首，强调其受动性，构成传统语法中的"受事主语句"。通过凸显役事主题，结构表达的人际意义发生了变化，但其本身是由施事主语句转化而来的，两者表达的经验意义相同，只是在语义层向形式层投射过程中，出于语言使用者的特定语用意图，并在遵循汉语语法规则的前提下，役事被置于句首充当主题，强调役事状态的客观变化。如例（93）"衣服洗白了"可由"他洗白了衣服"转化而来，二者表达的经验意义相同，在语义层向形式层的投射过程中，鉴于动作"洗"的引起者可从上下文语境中推知，出现与否不影响句子意义的表达，省略后，役事"衣服"被置于句首充当小句主题。致使动词"洗"与"衣服"构成支配关系，表达直接致使，结果事件过程语义成分整体融入致使过程，结果事件谓词与致使动词共同表达致使关系复合过程，作为致使动作的补充说明，充当过程延长成分。再如例（92）"The door blew open"中的动作引出者为不定指成分，根据常识可以推知动作的引出者为自然现象"wind"，其省略不影响句义的表达，因此可以构成"受事主语句"。致使动作（blew）与役事（the door）间存在支配关系，致使过程与结果事件过程发生整体融合，结果事件谓词"open"与致使动词"blew"共同表达致使关系复合过程，"open"作为致使动作的补充说明，在及物性过程中充当过程延长成分。

根据殷红伶（2010）的研究，能够进入"受事主语句"的英语动词包括两类：一类是致使结果融入致使动词的词语，如 break，shatter 等；另一类是将致使者词汇化的动词，即致使动作的发出者具有唯一性，如 blow 蕴含了动作的发出者 wind。我们通过考察语料发现，这类英语结构中的致使动词与役事存在支配关系，非支配关系无法进入该结构，汉语对致使动词的限制亦是如此。对于致使结果的已然性，英语中无需助词，但汉语该语义配置结构中通常加上表示状态的助词"了"，才能表达结果的已然性。

唯受事致使过程也可以由动结式的被动形式体现，即汉语的"被"字句动结式和英语的动结式被动语态形式，例如"玩具兵被摔碎了"和"The door was painted white"。但如前文所述，汉语"被"字结构和英语被动语态的致使义并非自身结构所致，而是由结构下层的动结式表达，因此不构成一类典型致使结构，仍然属于动结式范畴，在此我们不做单独讨论。

（90）The kettle[Af] boiled[Pro] dry[PrEx].（张翼，2014）

（91）The river[Af] froze[Pro] solid[PrEx].（殷红伶，2010）

（92）The door[Af] blew[Pro] open[PrEx].（同上）

（93）衣服 [Af] 洗 [Pro] 白 [PrEx] 了。（CCL）

（94）这牌 [Af] 已经用 [Pro] 坏 [PrEx] 了三个。（CCL）

（95）眼睛 [Af] 也打 [Pro] 坏 [PrEx] 了。（CCL）

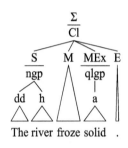 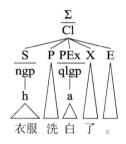

图 6-14　例（91）的功能句法分析　　图 6-15　例（93）的功能句法分析

载体 + [[（施事）+ 过程]] + 过程-属性

如上所述，该类语义配置结构属于"致事隐含动结式"，致事和役事通常表现为整体部分或领属关系，因此致事常表现为隐性形式，除表达致使动作过程外，还可以表达致使关系过程。致使动词与役事不构成支配关系，致使过程与结果事件关系过程不相融合，结果事件关系过程语义成分不受致使过程影响，其语义成分具有独立属性，而致使行为作为结果事件产生的方式，仅在结果事件关系过程中充当环境成分，在小句中做状语。如例（96）的原型句为"他哭脏了脸"，致事"他"与役事"脸"为领属关系，致事的省略不会影响句子意义的表达，役事则作为主题被置于句首充当小句主语，致使动作说明主题状态发生变化的方式，在小句中充当状语，其形式表征为"脸哭脏了"，如以下各例所示。

（96）脸 [Ca] 都 [[(Ag) 哭 [Pro]]] 脏 [Pro-At] 了。（CCL）

（97）鞋 [Ca] [[(Ag) 跑 [Pro]]] 烂 [Pro-At] 了。（CCL）

（98）嗓子 [Ca] [[(Ag) 唱 [Pro]]] 哑 [Pro-At] 了。（CCL）

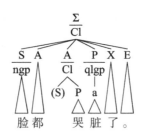

图 6-16 例（96）的功能句法分析

传统语法没有考虑语义，而是孤立地从形式上将该结构的句法功能分析为：主语 + 谓语 + 补语。"他哭脏了脸"和"脸都哭脏了"两个小句的主题不同，表达的意义也存在细微差别，前者强调"他哭"造成了什么结果，后者强调"脸脏"是由什么造成的，"哭"是造成该结果的方式。可见不同主题的结构形式所强调的意义也存在差别。如果仅基于形式进行句法分析，无法反映语义结构上的差别。因此我们以"语义为中心，形式体现意义"的句法分析原则对结构进行的句法分析，充分揭示语义与句法的互动关系。

[[施事 + 过程 + ……]] + 过程 + 过程延长成分

由上可知，为了语义表达的完整性，动结式语义层内部致事可由使因情形整体提升而来，此时使因情形谓词与致使动词重复出现，构成致使义重动句。在该语义配置构成的重动句中，结果事件表达关系过程，与致使过程复合为致使关系过程，役事承前省略，如以下各例所示。

（99）[[他 [Ag] 喝 [Pro] 酒 [Af]]] 喝 [Pro] 醉 [PrEx] 了。（CCL）

（100）[[我 [Ag] 看 [Pro] 书 [Ra]]] 看 [Pro] 累 [PrEx] 了。（CCL）

（101）[[他 [Ag] 吃 [Pro] 中餐 [Af]]] 吃 [Pro] 胖 [PrEx] 了。（熊仲儒，2017）

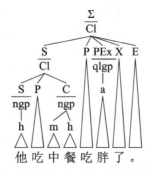

图 6-17 例（101）的功能句法分析

2. 双参与者过程

双参与者过程的体现形式均为及物性动结式，但英汉动结式所带宾语的位置存在差异，汉语动结式所带宾语只能出现在"补语"后，而英语动结式所带宾语主要位于动词和"补语"之间，偶有位于"补语"之后的情况。英语双参与者过程语义配置结构包括："施事 + 过程 + 过程延长成分 + 受事""施事 + 过程 + 受事 + 过程延长成分"和"施事 + 过程 + [[载体 + 属性]]"。汉语双参与者过程语义配置结构包括："[[施事 + 过程 + ……]] + 过程 + [[过程 – 属性 + 载体]]""施事 + 过程 + 过程延长成分 + 受事"和"施事 + 过程 + [[过程 – 属性 + 载体]]"。

[[施事 ＋ 过程 ＋ ……]] ＋ 过程 ＋ [[过程 - 属性 ＋ 载体]]

由前文可知，典型致使义重动句可带名词宾语构成一类特殊致使义重动句。其中结果谓词语义指向后置名词，且述语谓词与该名词不构成支配关系，致使过程期待的参与者为整个结果事件，由表达关系过程的嵌入小句体现。如例（103）中，"踢"这一动作支配的对象是"足球"，而不是"他的脸"，"脸肿"这一结果的发生可能是踢球过程中身体触碰所致。因此致使行为与役事不构成支配关系，致使过程期待出现的参与者是整个结果事件，两者存在静态的"作用—效应"关系。

（102）[[他 [Ag] 砍 [Pro] 树 [Af]]] 砍 [Pro][[坏 [Pro-At] 了一把斧头 [Ca]]]。（熊仲儒，2017）

（103）[[我 [Ag] 踢 [Pro] 足球 [Ra]]] 踢 [Pro][[肿 [Pro-At] 了他的脸 [Ca]]]。（同上）

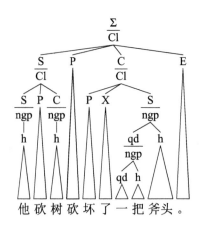

图 6-18　例（102）的功能句法分析

施事 + 过程 + 过程延长成分 + 受事

在该语义配置结构中，述语动词与后置名词构成支配关系，表达直接致使，致使事件过程与结果事件过程发生整体融合，结果事件过程语义成分完全融入致使过程，均具有致使过程语义属性，结果事件过程谓词充当致使关系复合过程的延长成分，结果事件过程参与者充当复合过程的受事参与者。

英语致使义动结式短语中的动作和结果通常为隔开式，即役事处于动作和结果之间，但 Bolinger（1971）指出，英语动结式也存在类似汉语动结式述语动词和"补语"动词相邻的形式，如"He cut short the speech"和"John broke open the cask"等。该语义配置结构表示在动作作用下役事发生状态的变化，过程及其延长成分可以由"动 + 形"短语体现，形式上表现为"NP1+VP+ ADJ +NP2"，表达的事件语义为"A causes B become C"，致使动词为产生致使力的具体行为动词，役事状态的变化是对致使动作的补充说明，充当过程延长成分。但这类结构不符合英语的表达习惯，只占极少数。

英语中还存在一类由"动 + 副"构成的致使义动结式，表示在动作作用下役事发生的位置变化，也属于该语义配置结构。加的夫语法将动词后跟副词的形式称为"短语动词"，当主要动词不能表达一个完整的过程意义时，需要与某些副词共同体现一个完整的过程，副词作为主要动词的延长成分帮助主要动词表达完整的过程意义。

根据致事和役事的同指或异指关系，致使力可分为外向致使［如例（105）、例（110）］和返身致使［如例（106）、例（108）］两类。外向致使力作用的对象与致事为不同实体，返身致使力作用的对象可以是致事整体、致事部分或与致事关联的事物，与致事具有同一性。

（104）He[Ag] put[Pro] aside[PrEx] his pencil[Af].（BNC）

（105）They[Ag] cut[Pro] off[PrEx] the tall trees[Af].（COCA）

（106）He[Ag] set[Pro] straight[PrEx] the hair[Af].（BNC）

（107）They[Ag] broke[Pro] open[PrEx] five jewelry boxes[Af].（BNC）

（108）她 [Ag] 用化妆纸擦 [Pro] 干净 [PrEx] 了手指 [Af]。（CCL）

（109）子弹 [Ag] 打 [Pro] 穿 [PrEx] 了他的脑门 [Af]。（CCL）

（110）乱箭 [Ag] 射 [Pro] 死 [PrEx] 了庞统 [Af]。（施春宏，2008）

例（104）中的"put aside"和例（105）中的"cut off"均为"动+副"构成的短语动词。前者副词表方位，在致使行为作用下造成役事方位的变化；后者副词表结果，与动词构成了短语动词，表示通过切的动作行为使树发生断裂的结果。役事在短语动词中的位置受英语语法规则限制，当役事为代词时，只能置于动词和副词之间，当役事为名词时，可以置于动词和副词之间或副词之后。

例（109）和例（110）中的致事由使因情形工具在转喻机制作用下提升而来，结果情形中的主体即使因情形中的客体提升为役事，致使动作与使因情形谓词形式上相同，但表达的意义存在致使与非致使的差别，致使结果作为致使动作的补充说明，在过程中充当过程延长成分。同样英汉语在语义成分的排列上存在差异，英语过程受事放在过程与过程延长成分之间，汉语过程受事放在延长成分之后。

另外，汉语致使动结式均可以转换为"把"字句和"被"字句，"把"字和"被"字作为引出役事和致事的标记词，起强调作用，结构所表达的人际意义发生了一定变化，但其表达的经验意义不变，致使义仍由动结式体现。如："乱箭把庞统射死了"和"庞统被乱箭射死了"中表达致使义的核心为动结式短语"射死",而不是"把"字和"被"字句式,二者仅为引出役事和致事的标记词。因此"把"字句和"被"字句并不是表达致使义的特定结构,不是本研究的重点。

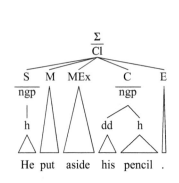 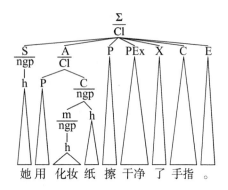

图 6-19 例（104）的功能句法分析　图 6-20 例（108）的功能句法分析

施事 + 过程 + 受事 + 过程延长成分

该语义配置结构类型仅出现在英语中,主要由"动 + 形"动补结构和"动 + 副"短语动词构成,在及物性系统中表达由致使过程和关系过程融合而成的一个致使关系复合过程。结构中的形容词和副词均是对致使动词的补充和说明,在及物性过程中充当过程延长成分。该语义配置结构中的致事和役事可以同指,也可以异指,致使力相应表现为返身致使和外向致使。英语返身致使仍要求役事以反身代词的形式出现,如例（115）"He cried himself hoarse",表示致事"he"引发的致使力直接作用于自身"himself"。尽管致事和反身代词所指相同,但反身代词与出现在小句同一位置的普通名词词组语义功能相同,均受到过程直接影响,基于功能思想,同样在复合过程中充当受事参与者角色。

Fawcett（2010）将例（110）的语义分析为"He[Ag] wiped[Pro] [[the table [Ca] clean[At]]]",认为该致使结构中过程期待的参与者由一个嵌入的关系过程小句体现,其句法结构如图 6-21 所示,该分析方法没有与结构形式相同的复合宾语句区分开来。我们在致使范畴下对英语复合宾语句和动结式进行了重新界定,致使义复合宾语句中的述语动词为本身带有致使义的动词，致使动词对致使结果具有强预期性，且结果事件是致使过程期待的参与者角色。如"I made him happy"中"I made him"意义并不完整，"he became happy"才是句义的中心，"I made"只是引发该语义的外部原因。而动结式中的述语动词本无致使义，其致使义是述语动词与结果谓词互动的结果，述语动词期待的参与者并非一定为结果事件。如"He wiped the table clean"中 wipe 期待的参与者为 the table，二者构成支配关系，结果事件过程完全融入致使过程，结果事件谓词与致使动词共同表达致使复合过程，clean 作为动作的补充说明，在及物性结构中充当过程延长成分，结果事件过程参与者"the table"在复合过程中充当受事参与者角色，其功能句法分析如图 6-22 所示。以下例句中的 wipe，put，pull 为动态动词，动态动词虽然本身没有致使义，但具有表达致使义的潜力，出现在动结式等特定致使句式中能够表达致使义。

（110）He[Ag] wiped[Pro] the table[Af] clean[PrEx].（潘艳艳、张辉，2005）

（111）He[Ag] hammered[Pro] the metal[Af] flat[PrEx].（陈兴，2014）

（112）He[Ag] Put[Pro] the book[Af] aside[PrEx].（COCA）

（113）The old lady[Ag] pulled[Pro] her spectacles[Af] down[PrEx].（马克·吐温《汤姆·索亚历险记》）

（114）The hammer[Ag] broke[Pro] the piggy bank[Af] open[PrEx].（罗思明，2009）

（115）He[Ag] cried[Pro] himself[Af] hoarse[PrEx].（赵琪，2009）

（116）I[Ag] cut[Pro] the butter[Af] into pieces[PrEx].（COCA）

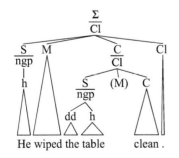

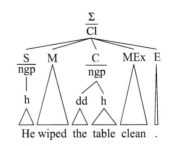

图 6-21　Fawcett 的功能句法分析　　图 6-22　例（101）的功能句法分析

致事除由常见的使因情形"施事""受事"提升外，工具语义成分提升为致事的可能性最大，如例（114）中的致事"hammer"由使因情形工具提升而来。例（112）、例（113）的致使结构由短语动词构成，短语动词是英语中特有的结构单位，汉语中没有相对应的形式。两例中由短语动词构成的致使结构表示役事方位的变化，该结构源于致使移动句式，但逐渐形成了相对独立的结构形式，即"动 + 副"结构，其中副词为方位副词。表示致事通过致使力作用于役事，使其产生方位上的变化，结果事件表达役事的状态，体现及物性结构中的关系过程，同致使过程融合为一个致使关系复合过程。

施事 + 过程 + [[载体 + 属性]]

该语义配置结构中的述语动词与后置名词间不构成支配关系，动作并不直接作用于名词，没有力的传递。该过程期待的参与者不是某一个体，而是一个表达关系过程的事件，句法上体现为嵌入的关系过程小句，致使关系复合过程内部的致使过程与结果事件过程发生零融合。在以下各例中，述语动词既有及物动词，又有不及物动词。及物动词在进入动结式后获得致使义，可以带非应有宾语，表示动作对宾语产生影响并造成其状态的变化，动词所期待的参与者不是个体，而是整个结果事件。如例（117）中的 drank 本身是及物动词，进入动结式后可带非应有宾语 pub，具有了致使义属性。

（117）The Men[Ag] drank[Pro] [[the pub[Ca] dry[At]]].（陈兴，2014）

（118）The joggers[Ag] ran[Pro] [[the pavement[Ca] thin[At]]].（赵琪，2009）

（119）He[Ag] ran[Pro] [[the shoes[Ca] weared[At]]].（同上）

（120）John[Ag] ran[Pro] [[his sneakers[Ca] threadbare[At]]].（同上）

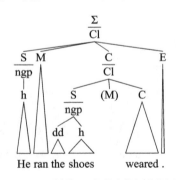

图 6-23　例（119）的功能句法分析

施事 + 过程 + [[过程－属性 + 载体]]

该语义配置结构为汉语中的一类特殊结构，与上一类英语语义配置结构具有相同的语义基础，述语动词与后置名词均不构成支配关系，致使过程期待的结果参与者不是某一个体，而是一个事件，由嵌入的关系过程小句体现。但由于英汉动结式致使动作和致使结果的不同黏合度，分别构成间隔致使和黏合致使两种类型，因而英汉语表征为不同的语义配置结构。

该类语义配置结构中致使的引起者可由使因情形"施事"或"受事"提升而来，从而构成不同类型的句式。例（124）在传统语法中被称为倒置致使动结式（张翼，2009），指述语动词的施受位置颠倒所形成的句式。能进入汉语倒置动结式的动词通常具有"动态性"，其动作可以改变事物状态，表达这类动作的动词有"吃、喝、看、写、听、摔"等。该例语义结构可以表示为：[姐姐洗那包衣服]使[姐姐累了]，是由两个事件构成的一个致使情景，底层施受关系在向高层致使关系提升过程中，使因情形"受事"（那包衣服）通过转喻提升为致事，使因情形中的谓词与致使力复合提升为致使行为"洗"，结果情形中的主体和谓体分别提升为役事和致使结果。在对汉语动结式概念化时，人们采用整体扫描，将致使行为与致使结果相融合，构成黏合动结式。由此，底层的二维施受关系整合为一维的致使关系后，句法结构表征为：那包衣服洗累了姐姐。该动结式体现及物性结构中的致使关系过程，由于致使动作"洗"与役事"姐姐"不构成支配关系，致使过程期待的参与者不是个体而是一个事件，在句法中以嵌入小句方式充当谓体的补语，过程语义配置结构为：施事 + 过程 + [[过程－属性 + 载体]]。

例（121）的小句语义结构可表示为：[郭子民吃……]使[肚子坏]，致使的引起者由使因情形"施事"（郭子民）提升而来。述语动词"吃"与后置名词"肚子"不构成支配关系，致使过程期待的参与者不是个体"肚子"，而是一个事件参与者，由一个体现关系过程的嵌入小句"肚子（变）坏"体现。

以"语义为中心，形式体现意义"的功能句法分析理论为指导，我们将该类语义配置结构分析为由"主语 + 谓体 + 补语"构成的简单句，补语由嵌入小句填充，具体分析如下。

（121）郭子民 [Ag] 吃 [Pro][[坏 [Pro-At] 了肚子 [Ca]]]。（CCL）

（122）干部人数过多，吃 [Pro][[穷 [Pro-At] 了财政 [Ca]]]。（CCL）

（123）他们 [Ag] 在一个月里竟跑 [Pro][[坏 [Pro-At] 了两双鞋 [Ca]]]。
（CCL）

（124）那包衣服 [Ag] 洗 [Pro][[累 [Pro-At] 了姐姐 [Ca]]]。（熊学亮、魏薇，2014）

（125）那瓶酒 [Ag] 喝 [Pro] [[醉 [Pro-At] 了张三 [Ca]]]。（同上）

（126）毛衣 [Ag] 织 [Pro] [[累 [Pro-At] 了小红 [Ca]]]。（同上）

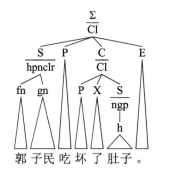
图 6-24　例（121）的功能句法分析

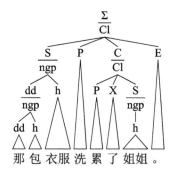
图 6-25　例（124）的功能句法分析

3. 三参与者过程

三参与者致使过程涉及施事、受事以及另一个表示来源、路径或目的地的参与者，是致使过程与结果事件过程的部分融合结果。结果事件过程包含载体和来源 / 路径 / 目的地两个参与者角色，与致使过程语义成分不完全匹配，因此部分融入致使过程，保留了原有属性，根据是否受致使动词影响，可以表达简单参与者角色或复杂参与者角色。在形式上，该语义配置体现为构式语法代表学者 Goldberg（1995）提出的致使移动构式（caused-motion construction），他认为构式是形式和意义的结合体，致使义是句式结构赋予的，而不是句子成分组合而成。致使位移句被认为是动结式的原型，动结式则是致使位移句的隐喻扩展，即空间处所的概念可以隐喻为状态的改变，如："Her neighbor intimidated her into a panic" 和 "他把张老伯急得团团转" 中的役事的状态并不是物理位置的变化，而是心理状态的改变，是物理位移的隐喻扩展形式。

致使位移句表示在致事作用下役事方位发生了位移。致使位移句中的动词本身不含致使义，但具有致使移动的潜力，和介词短语搭配表达致使移动义，如果介词短语缺失，句子意义则不完整。如 sneeze、scold、worry、打喷嚏、骂、担心等。致使位移句中的动词可以根据致使力的性质进行分类，致使力的原型为物理力，隐喻投射为行为力、言语力、心理力、使令力和泛力。体现致使力的动词相应包括：物理力致使位移动词（如 throw、carry、push、推、拉、拽等）、行为力致使位移动词（如 laugh、sneeze、cough、哭、笑、皱眉等）、言语力致使位移动词（如 talk、scold、说、骂、抱怨等）、心理力致使位移动词（如 disgust、worry、frighten、兴奋、害怕、担心等）、使令力致使位移动词（如 order、assign、command、命令、允许、派遣等）、泛力致使位移动词（如 make、cause、let、使、叫、让等）。由上可知，使令动词和泛力动词本身表达致使义的动词构成的致使位移句不属于致使动结式范畴，应归属于致使义复合宾语句和致使义兼语句，因此不在本章讨论范围之内。

英汉致使位移句的及物性过程语义配置之间的差别主要体现在受事位置的不同，英语致使位移句是对世界经验的客观描述，不带有感情色彩，构成 NP1 + VP + NP2 + PP 的线性结构；而汉语致使位移句带有一定的感情色彩，强调受事参与者的状态，部分体现为"把"字句，构成形式可以表示为 NP1 + 把 + NP2 + VP + PP。Fawcett 细化了 Halliday 的及物性过程类型及参与者角色，简单参与者在原有基础上新增加了位置、方式、来源、路径、目的地、搭配物、创造物、拥有物等参与者角色，并将过程所要求出现的时间、地点、方式等环境成分均视为过程的参与者，在小句中充当补语成分。另外，除了特定过程类型中的参与者角色外，加的夫语法还提出了可以出现在不同过程类型中的参与者角色，如施事、受事、载体、现象等。其中具有致使义的施事、受事、创造物等还可以和其他参与者角色融合构成复合参与者，很好地解决了复合过程中带有双重属性参与者角色的界定。英语致使位移句语义配置包括以下类型："施事 + 过程 + 受事—载体 + 方向（来源 / 路径 / 目的地）""施事 + 过程 + 受事—载体 + 受事—方向（来源 / 路径 / 目的地）""施事 + 过程 + 受事—方向（来源 / 路径 / 目的地）+ 受事—载体"。汉语致使位移句语义配置包括以下类型："施事 + 过程 + 受事—载体 + 过程延长成分 + 方向（来源 / 路径 / 目的地）""施事 + 受事—载体 + 过程 + 方向（来源 / 路径 / 目的地）""施事 + 受事—载体 + 过程 + 受事—方向（来源 / 路径 / 目的地）""施事 + 受事—方向（来源 / 路径 / 目的地）+ 过程 + 受事—载体"。

施事 + 过程 + 受事—载体 + 方向（来源 / 路径 / 目的地）

该类致使语义配置结构为英语典型的致使位移结构，致使过程与关系类方向过程发生部分融合，役事既是致使动作的受影响者，又是结果状态的承载者，关系过程中载体与致使过程受事复合为"受事—载体"参与者角色，方向进入致使复合过程，获得参与者地位，但致使动作尚未触及方向（来源 / 路径 / 目的地），并不受致使动作的影响，其状态也没有发生改变，表现为单参与者角色，仅表示受事—载体的来源、经过的某个路径、向目的地移动的趋向。如 "throw the book to the desk" 中的 "to the desk" 表示方向，表示在外力作用下 "the book" 朝某个方向运动，致使动作没有对方位产生影响，因此方向不是复合参与者，方向参与者具体可以表示受事移动的起始、过程和终点，在及物性过程中分别称为来源、路径和目的地，如以下各例所示。

（127）She[Ag] pushed[Pro] the trolley[Af−Ca] along the road[Dir: Pa]. （潘艳艳、张辉，2005）

（128）He[Ag] threw[Pro] the stone[Af−Ca] 20 meters[Dir: Pa]. （同上）

（129）My father[Ag] sneezed[Pro] the napkin[Af−Ca] off the table[Dir: So]. （同上）

（130）Jim[Ag] pushed[Pro] the lawnmower[Af−Ca] around the garden[Dir: Pa]. （同上）

（131）He[Ag] threw[Pro] the box[Af−Ca] across the fence[Dir: Pa]. （同上）

（132）He[Ag] brought[Pro] her [Af−Ca]to the funeral[Dir: Des]. （BNC）

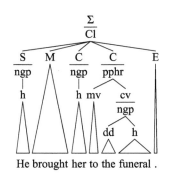

图 6-26 例（132）的功能句法分析

以上英语例句中动词和介词短语搭配构成致使位移句，表示役事在致使行为的直接影响和作用下，发生位置的变化并沿路径移动。例（128）中"20 meters"为役事"stone"所经历的路径长度，是对路径的具体描述。例（129）中"sneeze"为行为动词，本身没有致使义，和介词短语搭配构成致使位移句式；"off the table"表示役事移动的起点，在过程中充当来源参与者角色。例（132）中"to the funeral"表役事移动的终点，是复合过程所要求出现的目的地参与者。以上名词词组和介词短语表示方向的来源、路径和目的地，本身没有受到致使动作的影响而发生状态变化，因此在过程中仅表现为简单参与者，在句法分析时充当小句的补语成分。

施事 + 过程 + 受事—载体 + 过程延长成分 + 方向（来源 / 路径 / 目的地）

与英语致使位移典型结构不同，汉语需要在趋向动词帮助下表达致使位移，该语义配置结构中存在一个"受事—载体"复合参与者。如"他俩送我到村口"中，"我"的方位发生了变化，既是致使动词的受影响者，又是方位变化的主体，在过程中体现为复合参与者，而"村口"没有发生变化，"送到"只是一种趋向，所以方向没有受到致使动作的影响，体现为简单参与者。汉语中的方向参与者并不是由介词短语体现，而是由表方向的名词词组体现，表示目的地的名词词组通常由趋向动词"到"引出，趋向动词在及物性过程中充当过程延长成分，句法上体现为谓体延长成分。

汉语学界对"到"字的词性存有争议。主要有三种代表性观点：黄伯荣、廖序东（2002）将"到"字看作介词，与后跟名词构成介词短语，做动词的"补语"成分。如"走到天涯海角"中"到"与"天涯海角"构成介词短语，整体充当"走"的"补语"成分。胡裕树（1996）同样认为"到"是介词，但该介词与动词语义联系紧密，二者复合构成一个类动词结构。如"来到（了）长春"。结构中助词"了"的插入，证明"来到"和"长春"分属两个语义项，构成"动介（了）+宾"的结构。朱德熙（2006）将"到"分析为动词，与前置动词构成动补结构，后置处所词语充当动补结构的宾语。我们赞成朱德熙先生的观点，"到"是前面动词动作的延续，表示动作还未完结，起补充说明动作的作用。在加的夫语法框架下，"到"充当过程词的延长成分。类似的还有"进""来""去"等趋向动词，加在动作动词后均可以表示动作的延续，构成动作的一部分。

（133）他俩 [Ag] 送 [Pro] 我 [Af-Ca] 到 [PrEx] 村口 [Dir: Des]。（CCL）

（134）她 [Ag] 带 [Pro] 他 [Af-Ca] 通过 [PrEx] 一狭窄通道 [Dir: Pa]。（CCL）

（135）第一海务大臣 [Ag] 领 [Pro] 我 [Af-Ca] 到 [PrEx] 波特兰 [Dir: Des]（CCL）

图 6-27　例（133）的功能句法分析

施事 + 受事—载体 + 过程 + 方向（来源 / 路径 / 目的地）

该语义配置结构表征为汉语典型的"把"字致使位移句，表示在外力作用下事物发生位置的变化，役事由"把"字标记凸显。如前文所述，通常汉语"把"字句并非表达致使义的典型结构。"把"字句致使义由结构内部的下层结构表达，而"把"字只起宾语前置的作用，并没有参与致使义的构建。如"我打碎了玻璃杯"可以转换为"我把玻璃杯打碎了"，后者只是出于强调，将"把"字引出的役事前置以表达特殊的人际意义，并非表达致使义的必要结构，因此前文没有将其作为一类致使结构进行讨论。但表达致使义的致役异体动趋式的位移主体必须由"把"字引出，为不可替换句式，去掉"把"字，结构无法表达致使义，也不符合语法，因此我们将其单独作为一类进行分析。王宜广、宫领强（2016）指出："位移衬体是作为位移主体的衬托而存在的参与者因素，位移衬体作为位移主体的背景既可以凸显，也可以隐含。"位移衬体主要描述位移主体的处所和方位。处所性衬体表示位移主体移动的目标或来源，通常以凸显的方式置于动趋式之后，占据宾语的位置，表达致使位移时，位移衬体已占据宾语位置，致事占据主语位置，位移主体只能由"把"字引出，置于动趋式前，其结构表示为"致事 + 把 + 位移主体 + 动趋式 + 位移衬体（处所）"。如"我把箱子搬进室内"无法转换为"我搬进箱子室内"，因结构中宾语位置已由位移衬体"室内"占据，且"搬进室内"语义完整，位移主体只能置于动趋式之前。方位性衬体表示位移主体相对于位移衬体的方位关系，方位衬体通常以隐性方式出现，其结构形式可以表示为"致事 + 把 + 位移主体 + 动趋式"或"致事 + 动趋式 + 位移主体"。如"凯恩先生摘下眼镜"和"凯恩先生把眼镜摘下（来）"两种结构可以自由转换，"把"字并不参与致使意义的建构，因此其"把"字结构也不在本研究讨论之内。

（136）我们 [Ag] 把箱子 [Af-Ca] 搬 [Pro] 进 [PrEx] 室内 [Dir: Des]。（陈俊芳，2011）

（137）你 [Ag] 把书 [Af-Ca] 放 [Pro] 在台板下 [Dir: Des]。（何伟等，2017）

（138）他们 [Ag] 把产品 [Af-Ca] 卖 [Pro] 到 [PrEx] 省会昆明 [Dir: Des]。（同上）

（139）6 艘驳船 [Ag] 把矿砂 [Af-Ca] 运 [Pro] 到 [PrEx] 附近码头堆场 [Dir: Des]。（同上）

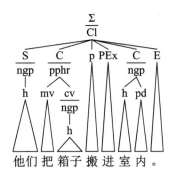 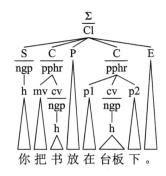

图 6-28 例（136）的功能句法分析　　图 6-29 例（137）的功能句法分析

该配置结构中的处所参与者可以由趋向动词引出，也可以由介词短语体现，在构成上存在细微差别，但由于过程和参与者的构成及组合序列相同，我们将二者统一归为该类语义配置结构。

以上小句语义配置结构中的复合参与者"受事—载体"既是动作的受影响者，又是方向的载体，载体和方向构成的关系过程是在致使行为作用下产生的，共同构成致使关系复合过程。如例（137）中致事"你"通过"放"的动作，使"书"处于"在台板下"这一方位。"把"作为受事—载体的引出者，与受事—载体共同充当过程的参与者。句法结构中受事参与者"书"和方向参与者"在桌子上"在小句中充当补语成分。此处，介词"在"和名词构成一个静态的表地点的介词短语，介词并不是动作的延伸，因此整个介词短语充当小句的补语。

施事 + 过程 + 受事—载体 + 受事 - 方向（来源 / 路径 / 目的地）

致使过程与关系类方向过程发生部分融合，结果事件过程中的两个参与者均受到了致使动作的作用或影响，因此二者体现为复合参与者角色。认知语言学将该结构称为"致使移动构式"，认为致使义的表达是动词和结构成分间互动的结果，动词本身编码致使实现的方式。我们赞同此观点，该类动词为无致使义动词，本身不含致使义，致使义的表达必须通过动词和表示方位的介词短语搭配才能获得。"受事—载体"和"受事—方向"在致事的致使行为作用下建立起了位置关系，体现及物性结构中的关系过程。

（140）They[Ag] took[Pro] the stones[Af-Ca] out of the nearest wall[Af-So]. （BNC）

（141）They[Ag] removed[Pro] the handcuffs[Af-Ca] from his wrists[Af-So]. （BNC）

（142）He[Ag] sprayed[Pro] red paint[Af-Ca] on the wall[Af-Des]. （BNC）

（143）They[Ag] loaded[Pro] the logs[Af-Ca] onto the wagon[Af-Des].（BNC）

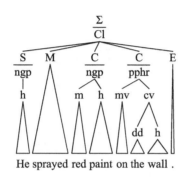

图6-30 例（142）的功能句法分析

以上结构的致使义是由动词和结构内其他成分共同构成的语义网络所决定的。例（140）中的take本身没有致使义，通过和表示方向来源的介词短语"out of the nearest wall"搭配，获得了致使义。致使动词不仅改变了受事的方位，而且改变了方向来源的状态：从墙体上取走石块使墙体残缺，因此致使动作不仅作用于载体，而且还延及来源。"受事—载体"和"受事—来源"均为复合过程的参与者，在句法分析时均充当小句的补语成分。

施事 + 过程 + 受事—方向（来源 / 路径 / 目的地）+ 受事—载体

与上一语义配置结构不同，该语义配置结构将"受事—方向"置于"受事—载体"前，以突出方向语义成分，但表达的经验意义相同。在英语致使位移结构中，某些动词构成的致使位移结构可以将"受事—方向"与"受事—载体"位置颠倒，表达特殊的人际意义，并取得某种语用效果。如"spray"可以和介词"on""with"搭配分别构成两类语义配置结构，以满足不同的表达需要。

（144）Now he[Ag] fitted a weed stem to it, loaded[Pro] it[Af-Des] with tobacco[Af-Ca]. （马克·吐温《汤姆·索亚历险记》）

（145）She[Ag] sprayed[Pro] it[Af-Des] with her perfume[Af-Ca]. （何伟等，2017b）

（146）She[Ag] cleared[Pro] it[Af-So] of leaves[Af-Ca]. （同上）

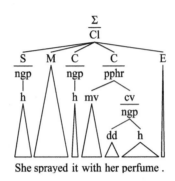

图6-31　例（145）的功能句法分析

施事 + 受事—载体 + 过程 + 受事—方向（来源 / 路径 / 目的地）

该语义配置结构中的载体和方向都受到了致使动作的影响，体现为"受事—载体"和"受事—方向"复合参与者，通过将"受事—载体"置于过程动作之前以凸显载体。该语义配置结构是汉语特有的一类结构，这符合汉语分析型语言通过语序变化表达意义的特点，相反，英语作为综合型语言大多通过形态变化表达意义。汉语中能够进入该语义配置结构的动词被称为动态致使动词，即动词本身不带有致使义，但具有表达致使义的潜力，其致使义是在致使结构框架中获得的。汉语中的该类型句子结构以"把"字句居多，起强调役事的作用。

（147）李江云 [Ag] 把口红 [Af-Ca] 涂 [Pro] 满 [PrEx] 嘴唇 [Af-Des]。（CCL）

（148）邓妈妈 [Ag] 将糖果 [Af-Ca] 装 [Pro] 满 [PrEx] 了我的小口袋儿 [Af- Des]。（CCL）

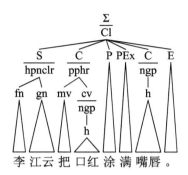

图 6-32　例（147）的功能句法分析

施事 + 受事—方向（来源 / 路径 / 目的地）+ 过程 + 受事—载体

该语义配置结构与前一类语义配置结构是表达相同意义的不同结构形式，两类语义配置结构中"受事—方向"与"受事—载体"位置呈交替互换关系，将不同受事置于过程之前，或强调方向或强调载体。受事通常由介词"把、将"引出。

（149）蒋介石 [Ag] 为阻挡日军沿长江进攻，将轮船 [Af-Des] 装 [Pro] 满 [PrEx] 石头 [Af-Ca]。（CCL）

（150）黄盖 [Ag] 在船上 [Af-Des] 装 [Pro] 满 [PrEx] 了浇上油的干柴 [Af-Ca]。（CCL）

（151）我 [Ag] 得先将汽车的冷却系统 [Af-Des] 灌 [Pro] 满 [PrEx] 水 [Af-Ca]。（CCL）

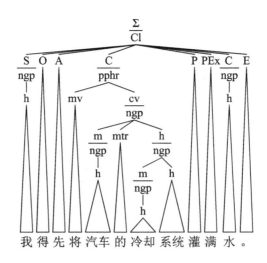

图6-33 例（151）的功能句法分析

（三）致使心理过程

在致使行为作用下产生的结果事件中存在一类表达心理意义的过程，与致使行为复合体现致使心理过程。根据前文，我们基于不同学者的分类将心理过程分为感知型、情感型、意愿型和认知型四类。从收集到的语料来看，仅汉语中存在表达致使心理过程的动结式致使结构。英语动结式短语中的结果只能由表状态的性质词组、介词短语和副词充当，而英语中体现心理过程的语法单位通常为动词，因此英语中通常不存在表达致使心理过程的动结式短语。

施事 1 + 过程 + 过程延长成分 + 施事 2

动结式中的核心谓词为行为动词，"结果补语"是表心理状态的动词，在及物性结构中二者融合表达一个致使心理复合过程，分别体现过程及过程延长成分。由于致使动词和结果谓词的语义指向均为致事，该致使结构中的致使力为完全返身致使力，致事引出致使力，作用于自身，使自身发生了心理状态上的变化，致使过程与结果事件心理过程发生整体融合。由前文可知，结构中的结果谓词语义指向主语，但同时带了受事宾语，违反了马真、陆俭明（1997）提出的"结果补语如果在语义上指向述语动词所表示的行为动作的'施事'，由此形成的述补结构一般不能带宾语"这一规律。但为了追求意义表达的完整性，在句法结构上可将使因情形中的"受事"置于动补结构后的宾语位置。主语位置上的成分与宾语位置上的成分均为致使的引起者，分别标注为 Ag1 和 Ag2。

结果事件表达的心理过程包括感知、情感、意愿和认知型。如例（152）中的施事参与者"徐良"发出致使行为"学"，导致结果事件"徐良会"，表达自身认知能力上的变化，所以体现认知型心理过程。例（153）中体现结果事件心理过程的"懂"具体表达人的认知属性，因此属于认知型心理过程。例（154）中体现结果事件心理过程的"腻"表达致事在致使动作影响下自身产生的厌恶之情，表达人类情感态度的变化，属于情感型心理过程。

（152）徐良 [Ag1] 学 [Pro] 会 [PrEx] 了打枪 [Ag2]。（CCL）

（153）我 [Ag1] 听 [Pro] 懂 [PrEx] 了他说的话 [Ag2]。（CCL）

（154）我和五个小伙伴 [Ag1] 玩 [Pro] 腻 [PrEx] 了弹子游戏 [Ag2] 后，合着玩些新的花样。（CCL）

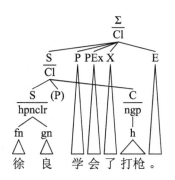

图 6-34 例（152）的功能句法分析

例（152）在概念上表达两个事件之间的因果关系，使因事件为"徐良学打枪"，结果事件为"徐良会（打枪）"，结果事件谓词表达人类认知上的变化，从不会转变到会的状态，因此体现认知心理过程。

施事 + 过程 + [[过程 + 情感表现者]]

该语义配置结构中的述语谓词与后置名词不构成支配关系，致使过程期待的参与者不是个体，而是一个嵌入小句体现的心理事件过程，致使过程与结果事件过程发生零融合。但例（155）中的结果谓词语义既可指向致事，也可指向役事，从事理逻辑上看，可以有两种理解，容易产生歧义。但此处的语境是"我教孩子使我烦"，因此"教"与"我"并不构成支配关系，致使过程同样期待一个事件参与者。"这孩子教烦了我"中"教"是动作方式与致使力的复合体现形式，该致使动作的引出者由使因情形中的"受事"（这孩子）提升而来，结果情形语义成分"我"和"烦"分别提升为役事和致使结果。

（155）这孩子 [Ag] 教 [Pro][[烦 [Pro] 了我 [Em]]]。（施春宏，2008）

（156）这种书 [Ag] 读 [Pro][[傻 [Pro] 了孩子 [Em]]]。（同上）

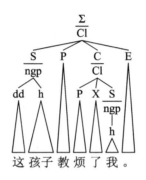

图 6-35　例（155）的功能句法分析

[[施事 + 过程 + ……]] + 过程 + 过程延长成分

由小句填充的事件型致事构成致使性重动句，除体现致使动作和致使关系过程外，还可以体现致使心理过程。"结果补语"表示役事的心理变化，根据不同心理动词，可具体分为感知型、情感型、意愿型和认知型。例（157）和例（159）中的"腻"和"烦"表达人的心理情感，因此属于情感型。例（158）中的"傻"描述人的认知能力，属于认知型。

（157）[[我 [Ag] 看 [Pro] 书 [Ra]] 看 [Pro] 腻 [PrEx] 了。（CCL）

（158）[[孩子 [Ag] 读 [Pro] 这种书 [Ra]]] 读 [Pro] 傻 [PrEx] 了。（施春宏，2008）

（159）[[我 [Ag] 教 [Pro] 这孩子 [Af]] 教 [Pro] 烦 [PrEx] 了。（同上）

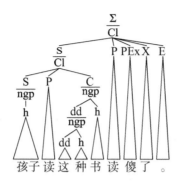

图 6-36　例（158）的功能句法分析

四、英汉致使动结式异同及其动因

前文从微观层面，基于相关语义参数，就英汉致使动结式致事、致使行为、役事和致使结果的语义特征和句法特点进行了对比，如致事的生命度，致使力强度，役事的生命度、意愿性，致使结果的已然性。以上成分的语义特征表现出较大的相似性，证明英汉致使动结式具有相同的语义基础。但体现以上语义成分的句法单位存在差异，如前所述，这与英汉语不同语法属性有关，是由英汉语词法和句法分类标准的不同对应关系所致。从宏观句式层面来看，英汉致使动结式语义句法表现出较大的差异。基于英汉致使义动结式及物性过程的语义配置结构，我们构建了英汉动结式及物性致使意义系统网络，发现英汉致使义动结式体现的及物性过程类型及过程语义配置结构均存在较大差别。相比英语，汉语致使义动结式体现的过程类型多样，语义配置结构更加灵活、复杂，如图 6-37 和图 6-38 所示。

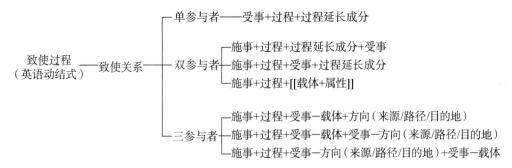

图 6-37　英语致使动结式及物性过程意义网络

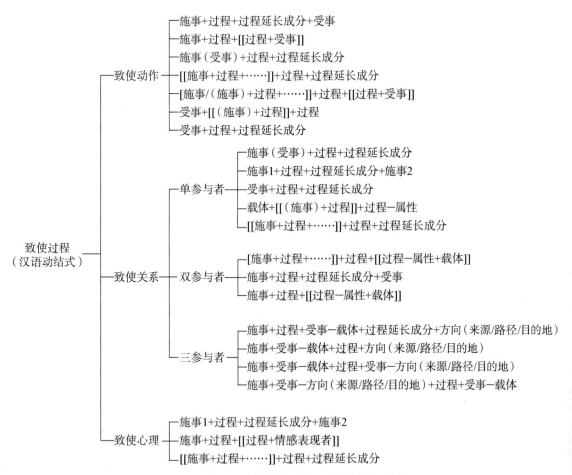

图 6-38　汉语致使动结式及物性过程意义网络

英语致使动结式仅体现致使关系过程，而汉语动结式可以体现致使动作过程、致使关系过程和致使心理过程，英汉在表达及物性过程类型上的差异与体现英汉动结式中"补语"的句法单位性质有关。英语致使动结式致使结果由性质词组、介词短语、副词、名词词组体现，以上句法单位都是对状态的描述，通常体现关系过程，由于没有表行为和心理的动词，因此不体现动作过程和心理过程。汉语致使动结式致使结果由性质词组、介词短语、行为动词体现，不仅可以描述役事的状态变化，也可以表达动作的变化，且由于汉语缺乏形态标记，汉语中两个动词连用无需形态变化，可以构成"动+动"型动补结构，因此，结果事件还可以体现除关系过程外的动作过程和心理过程。

英汉致使动结式及物性过程语义配置结构的不同之处表现为：（1）纵观英汉动结式语义配置结构，可以看出，该结构在两种语言中的基本语序存在差别，英语表现为分离式（VOR），而汉语表现为黏合式（VRO）。（2）英语中缺失"施事+过程+过程延长成分"语义配置结构，表明英语表达唯施事致使过程即施受同体过程的方式与汉语不同，表达相同语义内容的英语致使动结式体现为"施事+过程+受事（施事反身代词形式）+过程延长成分"的配置结构。对于施受同体过程，英语通常不能省略受事参与者，而要以施事的反身代词形式出现。（3）汉语特有的"[[施事+过程+……]]+过程+过程延长成分""[[施事+过程+……]]+过程+[[过程—属性+载体]]"和"[[施事/（施事）+过程+……]]+过程+[[过程+受事]]"语义配置结构表现为嵌入小句填充致事，形成汉语特有的重动句式，英语中则不存在对应的结构。（4）英语中缺失"载体+[[（施事）+过程]]+过程—属性""受事+[[（施事）+过程]]+过程"这类致事隐含动结式和"施事+过程+[[过程—属性+载体]]"倒置致使动结式。（5）英汉致使动结式三参与者过程中复合参与者"受事—载体"和"受事—方向"在过程中的位置不同，汉语可以通过"把"或"将"字将载体或方向语义成分提置于过程之前，而英语动结式中载体或方向只能置于过程之后。

（一）英汉动结式基本语序差异与阐释

英汉典型动结式的基本语序存在差别。英语致使动结式中的役事通常出现在致使动词和致使结果之间，形式上体现为分离式（VOR），但致使结果也可以游移于致使动词之后，将役事置于结果之后；而汉语致使动作与致使结果的语义和形式紧密度更高，役事通常处于致使结果之后，形式上体现为黏合式（VRO）。二者差别的原因可追根溯源，从英汉动结式的历时演变过程中窥见一斑。

1. 英语动结式基本语序的历时考察

英语动结式致使行为与致使结果的语序特征也可以通过其历时演变过程加以验证。Broccias（2008）基于语料库分析了形容词结果型动结式在古英语、中世纪英语和早期现代英语三个阶段的历史演变过程。通过检索 150 万字的 YCOE（York-Toronto-Helsinki Parsed Corpus of Old English Prose）语料库和 71490 字的 York Poetry Corpus 语料库，他发现古英语中仅有极少量的形容词结果型动结式。其中创造动词（verbs of making/creation）和结果形容词构成的动结式占绝大多数，这类动词通常表示抽象意义；洗涤动词和剪切动词与结果形容词构成的动结式占少数。另外吹类动词尽管不属于以上类别，但也能表达力动态关系，可以和结果形容词构成致使义动结式。从所举的例子来看，动结式语序主要表现为分离式。

中世纪英语时期，随着形容词和副词间曲折变化的消失、形容词的类比扩张以及短语动词的出现，形容词结果型动结式在类型上大幅增加。Visser（1963）列出了中世纪英语动结式中的动词和形容词的 23 种搭配类型。为了验证其是否具有代表性，Broccias（2008）通过检索 PPCME2（Penn-Helsinki Parsed Corpus of Middle English, second edition）语料库，主要考察"方式动词"构成的形容词结果型动结式的类型。他发现 Visser 所列动结式与语料库检索结果表达的情形类型一致。语料统计发现，除古英语中的 cutting small、washing clean 两类情形外，还存在六类情形：清除类（the removal scenario）、填充类（the filling scenario）、毁坏类（the destruction scenario）、打击类（the hitting scenario）、变形类（the change of shape scenario）、烹饪类（the food preparation scenario），以及与动词搭配的四类形容词：格局类（configuration）、填充或清空类（full vs empty）、评价类（moral evaluation）、颜色类（colour）。从语料库检索的例子中可以发现，这一时期动结式的语序主要为分离式。如：

（160）a. They cuttyd hir gown so schort

　　　　b. They cut　her gown so short

（161）a. and brast þe dores ope

　　　　b. and burst the doors open

（162）a. han wasshen for soles so whyt and clene

　　　　b. have washed their souls so white and clean

（引自 Broccias，2008: 44-47）

以上例句中，a 句为中世纪英语，b 句为现代英语的转写形式，可见语序上均为分离式。但中世纪英语也存在少量黏合动结式，在 PPCME2 语料库中搜集到的 52 例动结式中，除了被动形式外，仅有 2 例黏合动结式。

（163）a. but þe men of þe toune shitten faste here ʒates

　　　　b. but the men of the town shut fast their gates

（164）a. and fille ful þe holes of podur of bremston riʒt to þe grounde

　　　　b. and fill full the holes of (i.e. with) powder of brimstone right to the ground

（引自 Broccias，2008: 44-47）

Broccias（2008）以莎士比亚作品中的动结式为例，分析了早期现代英语动结式的语序特征，发现该时期动结式与现代英语动结式十分相似，动词非子语类宾语（unsubcategorized object）自 16 世纪后开始盛行，语序仍然以分离式为主，仅有极个别黏合式。另外，自中世纪英语时期开始，英语基本语序由"SOV"向"SVO"的演变也推动了黏合式语序的产生。但英语黏合动结式语序受到多因素的制约，数量有限。

英语分离动结式具有能产性特征，几乎任何动词和形容词搭配都可以构成结果动结式。但黏合动结式则不具有能产性，仅有少数几例形容词可以和动词搭配构成黏合动结式。我们对现代英语动结式语料进行统计，发现所收集的语料中，仅能找到几例可以用于黏合动结式的形容词，如 straight，open，free，shut，white，loose，可以构成以下形式：

（165）I decided to break open her drawer.（BNC）

（166）We are prepared to set straight the brains of hundreds.（BNC）

（167）In the end he was encouraged by the man's attitude to put straight questions.（BNC）

黏合动结式的形成与结果形容词和后置名词的语义有关。当动词和形容词间的语义紧密度高时，即动作的发出必定产生形容词表达的结果，二者高频共现，逐渐固化为固定搭配形式，如 "set free" 已经成为一种习惯用法。另外，名词表达的语义信息也对动结式语序产生影响。当名词表达信息量大、形式较复杂时，根据英语尾重原则，名词通常置于句尾，从而构成黏合动结式。如 "Michael Crawford has cut short his US concert tour performing the music of Andrew Lloyd Webber" 中动词后置名词信息量大，语言形式复杂，通常置于句尾。

通过回顾英语动结式的历时演变特征，我们发现英语动结式基本语序为分离式，但受动词和形容词的语义紧密度以及英语组句原则的影响，也存在少量的黏合式。

2. 汉语动结式基本语序的历时考察

学界普遍认为动结式来源于先秦两汉时期既已产生的连动式，但仅因果关系的连动式能够演化为动结式。不同学者（梅祖麟，1991；蒋绍愚，1999；吴福祥，1999）对动结式的来源也提出了或多或少不同的看法，但大致可以概括为三种连动式结构类型：Vt1 + Vt2 + O、Vt + Vi-t + O 和 Vt + Vi。三种结构以并行方式各自经历了向动结式演变的过程。先秦两汉时期，Vt1 + Vt2 + O 双动共宾式中的宾语和两个他动词分别构成动宾关系。西汉以后，Vt2 被自动词化，宾语只与 Vt1 构成动宾关系，Vt2 转变为 Vi（R），意义和功能上变成了"补语"。上古汉语中，在使动机制的作用下，某些自动词和形容词可以带使动宾语，表示使某事物产生具有自动词或形容词属性的某种结果，因此存有大量 Vt + Vi-t + O 结构。六朝以后，随着使动用法的衰落，Vi-t 的致使性也开始衰退。到魏晋南北朝时期，使动用法的消失使得句式结构发生了显著变化，Vi-t 逐渐虚化为表结果的"补语"R，受事宾语不再为两个动词所共有，只能与 V1 构成动宾关系，同时成为 V2 的当事，由于当事在单个动词句法结构中通常被置于动词之前，因此 O 倾向于被置于 V2 之前，构成 VOR 结构。以上两种结构中，Vt 的自动词化和 Vi-t 的使动用法消失形成了 Vt + Vi（R）+ O 结构，在此结构形式影响下，不带宾语的 Vt + Vi 连动式逐渐带上宾语并构成动结式。Vi 在意义和功能上变为"补语"后，受事宾语前移构成 VOR 结构。VOR 正是在魏晋南北朝时期大量产生的（蒋绍愚，1999），此时 VRO 和 VOR 作为表达相同功能的不同形式大量共现，并处于竞争状态，但最终演变为现代汉语的 VRO，是语言经济性原则和汉语双音化趋势共同作用的结果。施春宏（2008）认为 VRO 结构的形成是语言经济性原则作用的结果，并指出："比起既改变论元关系又改变论元位置来，在原有的双动共宾形式上只改变论元之间的关系要相对方便得多。此时，VRO 中的 O 已经成为整个动结式的役事，而不再是某个动词的'受事'或者两个动词共有的'受事'，典型动结式的整合过程彻底完成了。"他也基于语言经济原则驳斥了隔开式是由黏合式通过宾语前移形成的观点，认为 VRO 结构中的 O 先通过前移形成 VOR 形式、最后又移到 R 后的解释本身就违反了语言的经济原则，站不住脚，从而进一步强调了二者是并协共存的关系，而非派生关系。学界普遍认为双音化趋势对动补结构的形成有着举足轻重的作用。石毓智（2002）指出，两个高频共现的单音节词能够复合为一个双音节语言单位，两个语素间的词汇边界从而变得模糊。黏合式动补结构 VRO 中动词和"补语"本身高频共现，自然发生融合。隔开式动补结构 VOR 中的 O 在双音化的作用下发生后移构成 VRO 结构，动词和"补语"也充分融合为一个语音单位。另外，根据石毓智、李讷（2001）的研究，隔开式的功能与重动句（VOVC）相同，两者都属于"补语"后置结构，且重动句的兴起恰恰是隔开式衰败的时期，重动句与隔开式呈现一种此消彼长的态势，这意味着重动句的出现在功能上弥补了隔开式的消亡，因而隔开式的出现与否就显得无关紧要了。这也是隔开式在与黏合式竞争的过程中没有胜出的另一个原因。

在顺序象似性和距离象似性原则的作用下，英汉语动结式句法结构本应体现为符合人类认知习惯的 VOR 式，但汉语动结式则更多地受到其产生及演变过程的影响，并且在双音化趋势作用下最终形成了 VRO 黏合式。

（二）英汉致役同体动结式差异与阐释

英汉致使结构的致使力传递方向既可以体现为内向，也可以体现为外向，内向致使力涉及的致事和役事可以同指，也可以是整体部分关系，但英汉语致役同指在句法上的体现形式存在差别。汉语动结式致役同指时，役事槽位为空，致使动作后可直接加结果，构成"施事＋过程＋过程延长成分"语义配置结构；而英语中即使致役同指，二者也不能合二为一，役事通常以反身代词的形式出现，构成"施事＋过程＋受事（施事反身代词）＋过程延长成分"的语义配置结构，反身代词置于动词和"补语"之间，充当"假宾语"（fake object）。Goldberg（1995）指出，和英语小句中的形式主语类似，英语陈述小句中及物动词后必须带宾语，否则不合语法，尽管主宾同指，宾语也不能省略，必须由反身代词来填充，假宾语的出现是为了满足英语语法的要求，本身不传递任何信息。

汉语中也存在反身代词构成的致使动结式，通常由"把"字引出反身代词。如前文所述，除"把"字致使位移句外，"把"字只起将"受事"提置于过程前的作用，几乎所有动结式都可以变换为"把"字句，因此，并不是致使动结式的典型句式，我们在语义配置结构中没有进行讨论。如"我累病了"，可以变换为"我把自己累病了"，役事在形式上得以体现，和英语返身致使动结式语义成分类似，但语序不同。这和英汉动结式中述语和"补语"的基本语序差异有关，汉语动结式述语和"补语"高频共现，内部不能插入任何成分，因此，宾语可以置于动结式之前或之后，而"把"通常可以将宾语置于动结式之前起强调作用。

（三）汉语致使动结式特殊句式形成机制

和英语动结式相比，汉语动结式语序灵活，具有与英语不对称的特殊句式，包括重动句、倒置动结式、致事隐含动结式和有标记致使位移句。语言中语序的变化受信息结构和语法规则的共同作用，英语属形态语言，其句子结构多受句法规则的制约，而汉语句子结构受信息传递影响更大，汉语语序的灵活性正是信息结构作用的结果。

由于汉语和印欧语语言类型上的差异，英汉语在句法构成方式上表现出不同的特点。根据致使动结式内部的语义层次关系，汉语重动句是事件致事型动结式。概念结构中的使因事件向语言结构投射过程中，使因事件整体以嵌入小句形式投射为致使关系中的致事，同时致使行为由致使方式和抽象致使力复合而成，体现致使方式的动词与使因事件动词相同，表现为两个动词的重复出现，构成重动句，但英语没有对应的结构形式。虽然英语也存在事件致事型动结式，但体现形式通常为事件的名化形式、不定式或形式主语 it。即使使因事件在语言中投射为嵌入小句，英语语法也不允许一个小句中出现两个相同谓语动词的情形。如果两个动词同时出现在一个小句中，其中一个动词或以非谓语的形式（不定式、动名词和分词形式）附属于另一个主动词，或通过连词（and，but 等）构成并列和转折关系的并列句，如 "he wiped the table clean" 不能表达为 "He wiped the table wiped clean"。对于汉语动结式重动句出现的理据，前人做过一定研究，我们认为表达语义完整性和实现特定语用意图是汉语重动句产生的主要原因。

一方面，重动句或事件致事动结式是语义表达完整性的需要。重动句的使用与否不仅与使因情形和结果情形核心语义成分的规约度有关，而且与使因情形谓词和"受事"的搭配度有关。使因情形和结果情形核心语义成分规约度越高，使用重动句的可能性越小，反之可能性越大。如"我喝醉了"中"喝"和"醉"存在较高的规约度，因此动词后置名词可以不出现，而"他看傻了"中"看"和"傻"之间规约度低，动词后名词必须补足才能表达完整的意思。使因情形谓词和"受事"搭配自然度越高，使用重动句的可能性越小，反之可能性越大。如"我走累了"，由于"走"和"路"是自然搭配形式，因此使因事件无需全部投射即能表达完整的语义信息，一般不说"我走路走累了"。而"他看傻了"中的"看"本身的搭配能力较强，"看"可以与不同名词搭配构成不同意义的结构，使因事件的不完整会影响语义的表达，因此需用重动句补全使因事件内容，如"他看小说看傻了"。可见，重动句的使用是语义表达完整性的需要。

另一方面，重动句是实现特殊语用效果的重要手段。重动句语义焦点并不是述宾结构，而是后面的述补结构。在重动句和个体致事动结式表达相同经验意义的情况下，重动句通过将语义中心后移，强调述补结构表达的超常性结果，实现特定语用效果。如"他看小说看傻了"强调出乎意料的非预期性结果"他变傻了"。

英语动结式缺失倒置致使动结式"施事 + 过程 + [[过程—属性 + 载体]]"和致事隐含动结式"受事 + [[(施事)+ 过程]] + 过程""载体 + [[(施事)+ 过程]] + 过程—属性"两类语义配置结构。倒置致使动结式中致事与役事均为显性形式，但位置颠倒，其中致使动词与主语名词构成支配关系，如"那包衣服洗累了姐姐"。致事隐含动结式中致事隐含于役事，二者存在领属关系，且致使动词与主语名词不构成支配关系，如"鞋都跑烂了"。

以上两种汉语特殊语义配置结构的形成与英汉语的不同语言类型有关。人类语言可以分为主语突出型语言（Subject-Prominent Language）和主题突出型语言（Topic-Prominent Language）。英语属主语突出型语言，小句成分语序较为固定。SVO 是英语的典型句式，事件通常涉及动作的"施事"和"受事"，"施事"做主语，"受事"做宾语，缺少任一成分均视为不合语法。英语中还存在其他句式，但都是在 SV 的基础上通过不同方式演变而来的，主语和谓语是句子的必有语法成分。汉语属于主题突出型语言，语义角色和句法结构并非一一对应，如"施事"和"受事"并不对应于小句的主语和宾语，小句中的成分排列方式取决于信息传递的需要。任何句法成分都可以作为话题被置于句首，句首出现的句法成分由信息结构决定，通常已知信息出现在句首，未知信息或信息焦点出现在句末。如"那包衣服洗累了姐姐"和"鞋都跑烂了"是主题突出型语言中的典型例子。根据信息表达的需要，动作客体"那包衣服"和动作实施的工具"鞋"作为话题被置于句首，前者表达衣服的量太大而造成结果的发生，后者客观描述鞋的状态变化，二者均弱化导致结果产生的动因，最终达到强调致使事件客观性的效果。因此，汉语倒置动结式和致事隐含动结式是主题突出型语言的特有结构形式。

汉语的语义指向概念对倒置动结式的形成同样具有解释力。石毓智（2018）就"补语"语义指向与动补结构及物性的关系概括了三条规则：（1）"补语"语义指向"受事"，受事名词可以置于动补结构之后做宾语。（2）"补语"语义指向"施事"，动补结构之后则不能带任何宾语。（3）"补语"语义指向动作行为，动补结构之后不能带宾语。其中前两条规则中的"补语"指"结果补语"，属于动结式，第三条规则是对动作的评价，不属于动结式范畴。仍以倒置动结式"那包衣服洗累了姐姐"为例，其原型为"姐姐洗累了那包衣服"，显然"补语"（累）语义指向"施事"（姐姐），根据规则（2），动结式后不能带宾语，因此该句不合语法。由于汉语动结式的黏合性特征，其宾语只能出现在结构之前或之后。补足宾语信息的方式有两种：一方面，可以借助重动形式来补足宾语信息，如"姐姐洗那包衣服洗累了"；另一方面，还可以将宾语作为主题置于动结式之前，从而形成倒置动结式。英语中"补语"指向"施事"的情况则与汉语不同。根据英语语法，动结式必须带宾语，否则句子不合语法，这时为了满足语法要求，对于致役同体动结式来说，通常用反身代词做动结式的"假宾语"。如"Mary ate sick"不合语法，必须补足假宾语构成"Mary ate herself sick"，因此英语不存在倒置动结式这类结构。

英汉三参与者致使关系过程中的方向和载体两个复合参与者在英汉语义配置结构中的位置不同，导致两类结构语序上的差异。这与汉语"把""将"等标记词具有前置受事参与者的功能有关。从深层来看，这与不同语言使用者的概念化方式及语言系统的语法特点有关，我们将在第八章第三节进行详述。

五、余论

（一）致使义"得"字句

前文对英汉语共有的致使动结式进行了充分的讨论。但汉语和英语中还存在一类不对称的结构。"得"字句属于组合式述补结构范畴，同样具有动作导致结果产生的特点，表达在使因事件作用下结果事件的产生，与动结式表达致使意义相同，但其形式与动结式存在差异，严格意义上无法将其归为动结式范畴。因为动结式本身是一个形义结合体，形式和意义上均需满足特定的条件才能归为动结式范畴。但从广义上来讲，也可以称为"得"字动结式，其差别仅在于动词和"结果补语"间插入的"得"字。因此我们将其和动结式放在同一章节中讨论其致使义。

郑湖静、陈昌来（2012）从致使性视角对现代汉语"得"字句进行了分类，并通过多种方法验证了"得"字句的致使性特征。文章将现代汉语"得"字句分为：描写性的非致使义"得"字句和陈述性致使义"得"字句。他们认为，描写类中"得"字前后语义成分处于同一语义层上，表达一个事件范畴，"得"后语义成分是对前面成分的描写或评价。陈述类中"得"字前后语义成分处于不同语义层上，表达两个不同的事件范畴，前一事件表达原因，后一个事件为前一事件造成的结果，两个事件间存在时间先后和因果关系等致使关系的典型特征。目前学界已就"得"字组合式述补结构表达致使义达成了共识，但对致使义"得"字句的结构特征存在不同看法。

多数研究认为，致使义"得"字句仅指主谓结构作"结果补语"的"得"字句式，如"他打得小偷落荒而逃"中动作发出者"他"通过"打"的行为，产生"小偷落荒而逃"的结果。但我们认为"得"字后段除主谓结构外，还可以出现多种结构形式，如动词、性质词组、名词词组等，即致使力可以是外向，也可以是内向的，这符合本研究对致使概念的定义。因此，致使义"得"字动结式线性结构可以表示为：NP1 + VP1 + 得 + NP2 /(NP2)+ VP2，其中 V 指广义的谓词性词语，包括动词和形容词。NP2 和 VP2 构成主谓结构，表达结果语义，NP1 和 NP2 同指时，NP2 可以省略，如"我高兴得跳了起来"中的"结果补语"省略了主体"我"。非致使义"得"字结构中，"得"后"补语"为起修饰作用的性质词组，是对 VP1 性质或状态的描写或评价。如带"可能补语"的"他们进得来出不去"、带"程度补语"的"我身体好得很"、带"状态补语"的"他们干得很认真"等形式不在本研究之列。学界将"得"后"补语"分为程度、状态和结果三类，但三者语义界限模糊，有时难以区分，我们认为有时"补语"兼有几种语义。如"高兴得跳了起来"中的"跳了起来"既可以理解为高兴的状态，也可以理解为高兴的结果，兼有状态和结果两种语义，因此能够表达致使义。

（二）致使义"得"字句功能语义句法分析

致使义"得"字句的语义句法分析可以参照动结式，二者既有联系又有差别。两个结构都表示在动作作用下役事发生的动作或状态变化，动作即原因，动作或状态变化即结果。二者差别在于原因和结果在形式和语义上的距离不同。动结式中原因和结果联系紧密，为自然的因果关系；而"得"字补语句中结果可以是非预期性的、出人意料的结果，因此二者联系较为松散，用"得"字隔开。如将"老师骂得学生跳了起来"转换为"老师骂跳了学生"则意义不通，因为骂的结果不一定是跳，二者因果联系较弱，而"老师骂得学生哭了"则可以转换为"老师骂哭了学生"。可见"得"字不仅起间隔原因和结果的作用，而且将原因和非预期结果有效地衔接起来，充当二者的黏结剂。

致使义"得"字句内部语义关系可分为两种情况：一种情况是当"得"字前段部分谓词为表达状态的静态类动词时，使因事件与结果事件间不存在具体致使行为的作用，而是构成一种静态的"作用—效应"关系。根据 Huang（2006），"得"由动词演化而来，本身含有"变得"和"使得"义，此时"得"为蕴含抽象致使力"使"的动词，其前段是由使因情形整体提升而来的致事，后段主谓结构由役事和致使结果构成。在及物性结构中，"得"表达致使过程，"得"字前后内容分别为致使过程的参与者，均体现为嵌入小句。另一种情况是结果事件由具体动作引起时，动作方式与抽象致使力"使"融合为致使行为。此时"得"为结构助词，其后"补语"是对前面致使动作的补充说明，在加的夫模式中充当过程延长成分，在小句中充当谓体延长成分，"得"字补语句中的"补语"体现为不同的结构形式，因此谓体延长成分可以由动词、名词词组、性质词组、小句等填充。"得"则是引出谓体延长成分的助词，在小句中充当谓体延长成分的引出语。

从系统功能语法视角来看，"得"后"补语"可以表达多种及物性过程类型，与致使过程复合表达致使动作过程、致使关系过程、致使心理过程、致使行为过程、致使言语过程等，鉴于某些复合过程数量有限，我们主要讨论其表达的致使动作过程、致使关系过程和致使心理过程。由于致事具有来源复杂性的特征，致事的不同体现形式可以构成如"受事主语句"和"得"字重动句这类特殊句式。

1. 致使动作过程

"得"字引出的结果可以表达役事动作上发生的变化。从所收集到的语料来看，其语义配置结构通常表现为"施事＋过程＋过程延长成分""[[情感表现者 / 载体＋过程]]＋过程＋[[（施事）＋过程]]""施事＋过程＋[[施事＋过程]]"和"[[施事＋过程＋……]]＋过程＋[[施事＋过程]]"。由于"受事主语句"作为动结式的典型句式，主要强调役事状态发生的变化，因此动作过程较为少见。

施事 ＋ 过程 ＋ 过程延长成分

该结构语义层内部底层使因情形表达一个施力动态过程，使因情形谓词与抽象致使力融合为致使行为，VP1 与 VP2 的语义指向相同，因此结果情形主体承前省略，其谓体作为致使行为的补充、说明，充当致使复合过程延长成分，"得"为延长成分的引出语，如以下各例所示。

（168）人家 [Ag] 听 [Pro] 得都鼓掌 [PrEx]。（CCL）

（169）一台吉普车 [Ag] 都跑 [Pro] 得报废 [PrEx] 了。（CCL）

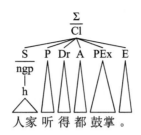

图 6-39 例（168）的功能句法分析

[[情感表现者 / 载体 + 过程]] + 过程 + [[（施事）+ 过程]]

该语义配置结构中的语义层内部使因情形描述一种状态，多由表示身体状态或心理状态的动词或形容词体现，如高兴、急、气、累、疼、激动等，对自身产生影响。致使情景内部没有致使力的传递，仅表达两个事件间的因果关系。根据致使内涵，致使关系是一个由原型和边缘构成的范畴化网络，两个事件之间的"作用—效应"关系为致使范畴化网络的图式。该结构中的致使行为仅表达抽象致使力，由"得"字体现，仅表明使因事件与结果事件间的"作用—效应"关系。

（170）[[我 [Em] 高兴 [Pro]]] 得 [Pro][[（Ag）跳 [Pro] 了起来 [PrEx]]]。（CCL）

（171）[[他 [Ca] 疼 [Pro-At] 得 [Pro][[（Ag）蹿 [Pro] 起来 [PrEx]]]。（CCL）

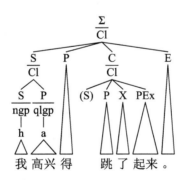

图 6-40 例（170）的功能句法分析

施事 + 过程 + [[施事 + 过程]]

该语义配置结构中的嵌入成分并非致使过程期待出现的参与者，而是对过程的补充和说明，充当过程延长成分，在小句中充当谓体延长成分，"得"则是谓体延长成分的引出语。

（172）你 [Ag] 气 [Pro] 得 [[他 [Ag] 跑 [Pro] 回去 [PrEx] 了]]。（CCL）

（173）你 [Ag] 打 [Pro] 得 [[孩子 [Ag] 到处乱跑 [Pro]]]。（CCL）

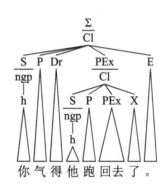

图 6-41　例（172）的功能句法分析

例（172）和例（173）语义配置结构中 NP1 和 NP2 不同指，NP2 既是 VP1 的"受事"，又是 VP2 的"施事"。结构中的"结果补语"语义指向 NP2，与 NP2 构成陈述关系，与 VP1 构成因果关系，是对 VP1 的补充说明，在加的夫模式中充当过程延长成分，在小句中充当谓体延长成分，但"得"字致使句中的"补语"为主谓短语，因此谓体延长成分由小句填充。

[[施事 + 过程 + ……]] + 过程 + [[施事 + 过程]]

由前文可知，致事的原型是一个事件，但出于经济原则的考虑，通常由使因情形语义成分转喻提升而来。当使因情形整体提升为致事时，构成重动句式。唐翠菊（2001）分析了"得"字重动句的致使性，并与非致使类进行了区分。致使性重动句"得"后"补语"表动作或状态性结果。非致使性重动句"得"后"补语"通常由形容词充当，多是对动作的评价，不是动作导致的结果。

（174）[[他 [Ag] 追 [Pro] 小偷 [Af]]] 追 [Pro] 得 [[车 [Ag] 都翻 [Pro] 了]]。（唐翠菊，2001）

（175）[[我们 [Ag] 爬 [Pro] 山 [Ra]]] 爬 [Pro] 得 [[浑身 [Ag] 都散了架 [Pro] 了]]。（CCL）

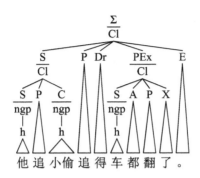

图 6-42　例（174）的功能句法分析

2. 致使关系过程

"得"字引出的结果不仅可以表达动作的发生，还可以描述状态的变化，表达及物性系统中的关系过程，与致使过程融合为致使关系复合过程。表达关系过程的"补语"通常既可以表状态，也可以表结果。对于返身致使，有时难以判断"补语"的属性，我们可以根据"补语"与动作是否存在因果关系来判断其表达致使与否。该类结构具体可构成"施事 + 过程 + 过程延长成分""[[情感表现者 / 载体 + 过程]] + 过程 + [[载体 /（载体）+ 过程—属性]]""施事 + 过程 + [[载体 + 过程—属性]]"和"[[施事 + 过程 + ……]] + 过程 + [[载体 + 过程—属性]]"语义配置。

施事 + 过程 + 过程延长成分

该结构与致使动作过程同类型语义配置相似，表达返身致使，役事承前省略。使因情形主体提升为致使关系中的致事，使因情形谓体与抽象致使力复合体现致使行为，"得"引出对致使行为起补充、说明作用的"结果补语"。表状态的"结果补语"有时难以分辨其表程度还是表结果。

（176）女人 [Ag] 跑 [Pro] 得累了 [PrEx]。（CCL）

（177）他 [Ag] 跑 [Pro] 得满头大汗 [PrEx]。（CCL）

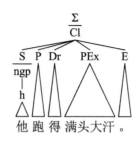

图 6-43　例（177）的功能句法分析

[[情感表现者 / 载体 + 过程]] + 过程 + [[载体 /（载体）+ 过程—属性]]

该结构使因情形谓词为表示身体状态或心理状态的动词、形容词，如例（177）和例（178）中的"激动"和"羞愤"。这类词并不产生施力作用，"得"仅起建立使因情形与结果情形间因果关系的作用，蕴含抽象致使力"使"，表达及物性结构中的致使过程。

（177）[[我 [Em] 激动 [Pro]]] 得 [Pro][[（Ag）热泪盈眶 [Pro-At]]]。（CCL）

（178）[[鸿渐 [Em] 已经羞愤 [Pro]]] 得 [Pro][[脸 [Ca] 红 [Pro-At] 了]]。（钱锺书《围城》）

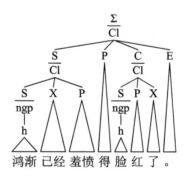

图 6-44　例（178）的功能句法分析

施事 + 过程 + [[载体 + 过程—属性]]

该类语义配置结构由致使义"得"字动结式体现，"得"后致使结果由一个嵌入的关系过程小句充当，作为致使过程的补充和说明，充当过程延长成分，在小句中体现为谓体延长成分。

以下各例中的致事可由使因情形"施事"或"受事"提升而来。例（179）中的致事由使因情形"他追我"中的"施事"提升而来。例（181）中的致事由使因情形"我看这些书"中的"受事"提升而来，使因情形"施事"和结果情形主体同指，整合提升为致使关系中的役事"我"。

（179）他 [Ag] 追 [Pro] 得 [[我 [Ca] 满头大汗 [Pro-At]]]。（郑湖静、陈昌来，2012）

（180）这一情景 [Ag] 直看 [Pro] 得 [[我们 [Ca] 眼花缭乱 [Pro-At]]]。（CCL）

（181）这些书 [Ag] 看 [Pro] 得 [[我 [Ca] 热泪满眶 [Pro-At]]]。（CCL）

（182）小毛头的心理学 [Ag] 读 [Pro] 得 [[他 [Ca] 头皮发麻 [Pro-At]]]。（CCL）

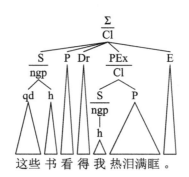

图 6-45　例（181）的功能句法分析

[[施事 + 过程 + ……]] + 过程 + [[载体 + 过程—属性]]

该语义配置结构表现为事件致事，从而构成致使义"得"字重动句。使因情形和结果情形主体可以体现为异指和整体部分关系。

（183）[[我 [Ag] 看 [Pro] 书 [Ra]]] 看 [Pro] 得 [[眼睛 [Ca] 都痛 [Pro-At] 了]]。（CCL）

（184）[[（Ag）跳 [Pro] 舞 [Ra]]] 跳 [Pro] 得 [[脚 [Ca] 都疼 [Pro-At] 了]]。（CCL）

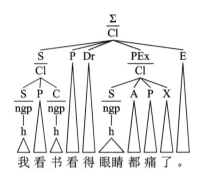

图 6-46 例（183）的功能句法分析

3. 致使心理过程

致使行为引出的结果还可以表示心理状态的变化，结构体现及物性结构中的致使心理过程，表达认知主体受到外部事物影响产生心理上的变化。构成"施事 + 过程 + 过程延长成分""施事 + 过程 + [[情感表现者 + 过程]]""[[施事 + 过程 + ……]] + 过程 + 过程延长成分"和"[[情感表现者 + 过程 + 现象]] + 过程 + 过程延长成分"语义配置结构。

施事 + 过程 + 过程延长成分

该语义配置表达致役同体"得"字动结式，致事由使因情形主体提升而来，使因情形谓词与抽象致使力融合为致使行为，"得"后结果情形中主体承前省略，谓体是对致使行为的补充、说明，为致使复合过程延长成分。

（185）大家 [Ag] 吃 [Pro] 得很开心 [PrEx]。（CCL）

（186）球迷们 [Ag] 看 [Pro] 得兴奋 [PrEx]。（CCL）

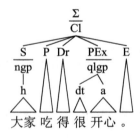

图 6-47 例（185）的功能句法分析

施事 + 过程 + [[情感表现者 + 过程]]

该语义配置结构为致役异指"得"字动结式，表达在致使行为作用下役事发生心理变化的过程。致使行为产生的结果是一个嵌入的心理过程小句，结果作为致使动作的补充说明，在及物性结构中充当过程延长成分，句法上体现为谓体延长成分，"得"字起黏合动作和结果的作用。

（187）这病 [Ag] 折磨 [Pro] 得 [[他 [Em] 很痛苦 [Pro]]]。（CCL）

（188）大鱼大肉 [Ag] 都吃 [Pro] 得 [[我 [Em] 腻歪 [Pro] 了]]。（CCL）

（189）这封信 [Ag] 看 [Pro] 得 [[我 [Em] 很心酸 [Pro]]]。（CCL）

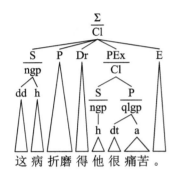

图 6-48　例（187）的功能句法分析

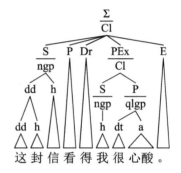

图 6-49　例（189）的功能句法分析

[[施事 + 过程 + ……]] + 过程 + 过程延长成分

该语义配置结构中的致事是由使因情形整体提升而来，结果情形为使因情形作用下产生的心理状态变化。从收集到的例句中，发现结果情形主体和使因情形主体通常为同指关系，因此结果情形主体常表现为隐性形式。

（190）[[他 [Ag] 看 [Pro] 书 [Ra]] 看 [Pro] 得上瘾 [PrEx]。（唐翠菊，2001）

（191）[[你们 [Ag] 骑 [Pro] 马 [Af]]] 骑 [Pro] 得很痛快吧 [PrEx]？（CCL）

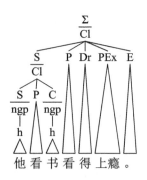

图 6-50　例（190）的功能句法分析

［［情感表现者 + 过程 + 现象］］ + 过程 + 过程延长成分

在该语义配置结构中，致事由表达情感心理过程的使因情形提升而来，构成致使义重动句。致使义重动句要求"结果补语"语义指向主语，即表达返身致使，致使动词由静态心理动词充当。如以下例句中的心理动词"想"和"爱"能够在意念上对自身产生影响，使自身发生状态变化，因此可以表达致使义。

（192）［［老太太 [Em] 想 [Pro] 儿子 [Ph]］］想 [Pro] 得疯疯癫癫的 [PrEx]。（唐翠菊，2001）

（193）［［我 [Em] 爱 [Pro] 你 [Ph]］］爱 [Pro] 得很痛苦 [PrEx]。（CCL）

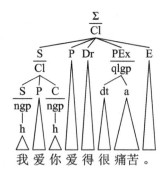

图 6-51　例（193）的功能句法分析

通过以上分析，可以看出致使义"得"字句的语义句法特征与动结式较为相似，根据其内部语义结构及形式特征，可以称为"得"字动结式，属于广义动结式范畴。

六、小结

本章以广义动结式为研究对象，对比了英汉致使移动结构及其隐喻扩展形式，从结构内部成分和句式两个层面考察了英汉动结式的语义句法特征。致使义动结式表达的使因情形和结果情形整合提升为致使关系中的致事、致使行为、役事和致使结果，致使行为表达抽象或具体动作。

首先，微观层面上，我们基于相关语义参数对英汉致使动结式致事、致使行为、役事和致使结果进行对比，涉及致事的有生性，致使行为表达的致使力强度，役事的有生性、意愿性，致使结果的已然性，发现英汉致使语义要素在语义特征上表现出较大的相似性。但由于英汉语词法和句法的不同对应关系，英汉体现语义成分的句法单位不同。致使力强度则不仅与外部致事和役事所指有关，还与内部动作和结果的语义紧密度有关。致役关系具体包括异指、同指和整体部分；汉语动结式中动作和结果的语义关系分为静态和动态，英语分为弱动结式和强动结式。基于以上参数，致使力由强到弱的排列顺序为：致役不同指 > 致役整体部分关系 > 致役同指，以上各类又可以根据役事有生性、致事显隐、役事意愿性进行再分类，最后根据结构内部语义紧密度可细分为动态致使（强致使）和静态致使（弱致使），分析发现致使力强度在英汉语中表现出相同的趋势。

句式层面上，我们基于系统功能语法及物性理论和功能句法理论对英汉动结式的语义句法特征进行对比分析，发现二者在体现的及物性过程、语义配置结构及句法功能上均存在较大差异。汉语动结式表达致使动作过程、致使关系过程和致使心理过程，英语则只表达致使关系过程，缺失致使动作过程和致使心理过程。英语语义配置结构遵循"象似性原则"体现为典型动结式，语序排列为：致事 > 致使行为 > 役事 > 致使结果，汉语语义配置结构更加复杂，语序更加灵活，表征为大量特殊句式，如倒置动结式、"致事隐含动结式"、重动句、有标记致使位移句等。

最后，我们通过对英汉动结式基本语序的历时考察，揭示了英汉动结式基本语序差异的根源，并从语言类型和信息结构角度讨论了汉语特殊句式的语法基础和语用意图。余论部分对汉语中特有的一类致使义"得"字句进行了功能语义句法分析，实现了对汉语致使义动结式的系统描述。

总体来看，本章以过程期待的参与者为导向，以致使动词与役事间的支配、非支配关系为依据，对致使义动结式语义句法进行了充分的分类描述。当致使动词与役事构成支配关系时，过程期待的参与者为个体，当致使动词与役事不构成支配关系时，过程期待的参与者体现为嵌入的过程小句。这解决了以往分析中存在的形式语义不对等的问题，充分体现了功能的思想。

第七章

英汉致使义双宾语结构语义句法对比

双名结构和与格结构统称为双宾语结构，普遍被认为能够表达致使义，但鲜有专门对其致使义的研究。两类结构中的致使行为和致使结果分别体现为述语动词和空成分，其致使义是述语动词与结构内成分相互作用的结果，因此也将其归为句法致使范畴。本章主要关注两类结构表达的致使拥有 / 被拥有、致使失去和致使感知 / 被感知语义，不仅从微观上对结构成分进行了语义句法描述，而且从宏观上基于系统功能语法及物性理论，以过程类型为框架，分析了句式结构的语义特点和句法特征，揭示了英汉语双宾语结构的差异及其动因。

一、双宾语结构

双宾结构、与格结构和双及物结构的概念以及三者的关系一直受到学者们的关注，但目前存在术语使用混乱的问题。最早由 Goldberg（1995）提出的 "Ditransitive Construction" 在汉语中有不同的理解，相应有不同的译法。有学者（如何晓炜，2009；申小阳，2018）将双宾语结构和与格结构统称为双及物结构，也有学者（如成祖堰、刘文红，2016）将双宾语结构等同于双及物结构。张国宪、周国光（1997），徐杰（2004）等认为双及物结构是指由双及物动词构成的形式，是动词论元结构的概念，而双宾结构和与格结构是句法层面的概念，可见三者并不处于同一层面，该归类方式不具说服力。我们同意将双及物结构和双宾语结构相区别的观点，将二者混用的做法缺乏对各类结构概念层面及构成方式的综合考虑，且某些双及物结构并不是由双及物动词构成，如"buy"和"烫"本身并不是双及物动词，但却可以构成"He bought me a book""开水烫了我一个泡"和"He bought a book for me"所谓的双及物结构。因此综合考虑概念层次和构成机制，我们将该类结构称为双宾语结构，包括双名结构（double noun construction）和与格结构[①]（dative construction）两类。双宾语结构表示在句法层面上可以带两个宾语的结构，在功能语法框架下，双名结构中的两个名词均被视为过程的参与者，在小句中充当补语（宾语），与格结构中的接受者和被传递物在小句中同样充当补语（宾语），因此，双宾语结构能够较好地概括双名结构和与格结构的特征。双名结构指由两个名词充当宾语的形式，典型结构表示为 VNN；与格结构指带传递物和接受者两个宾语的结构，其中接受者由介词引出，在不同语言中体现形式存在差异，其典型结构表示为 VNPN。汉语双名结构可以通过"把""被""将"等介词将传递物提置于动词前，如"把一本书送给他""书被我送了他""他将书捐给了这座城市的图书馆"。但如上文所述，"把""被""将"并不参与致使义的构建，双名结构致使义的表达是动词和名词词组共同作用的结果，因此，"把""被""将"字句不是表达致使义的典型双名结构，不在我们的研究范围内。同样，英语被动句是一种语态上的变化，也不是典型的双宾语结构。

双名结构和与格结构都能够表达致使义。但学界对两种结构表达的语义是否相同持有不同观点，分为单义说和多义说两种观点。持单义说的学者（Larson，1988；Aoun & Li，1989）认为两种结构表达的意义相同，存在相互转换关系。Aoun 和 Li（1989）认为与格结构是借助介词将双名结构中的直接宾语和间接宾语前后易位而来，Larson（1988）则认为双名结构是以与格结构为基础转换而来的。但单义说无法合理解释某些动词只能出现在其中一种句式的现象。有些动词（如 charge，ask，allow，refuse，envy，spare 等）只能用于双名结构，而有些动词（如 suggest，prove，announce，explain，

---

① 这里的与格结构严格来说指介词与格结构，间接宾语由介词引出。

donate, introduce 等）则只能用于与格结构。另外，某些能用于两种结构的动词在特定语境制约下也仅能用于一种结构。持多义说的学者（Pinker, 1989）认为"双及物动词"具有多义性特征，两种句式也表达不同的意义，将双名结构理解为 "cause A to have B"，将与格结构理解为 "cause A to move to B"。学者们（Pesetsky, 1995；Harley, 2002）普遍认为，双名结构中在间接宾语和直接宾语间存在一个空成分 HAVE，表示拥有关系，而与格结构没有该成分，因此两个结构表达不同的意义。根据 Croft et al.（2001），英语双及物动词可以分为三大类，且各类构成双名结构或与格结构的能力按等级可以表示为：give 类 <send 类 <throw 类，即 give 类构成双名结构的可能性大，与格结构可能性小；throw 类构成与格结构的可能性大，双名结构可能性小；介于二者之间的 send 类出现在两种结构的概率则大致相当。可见，与格结构与双名结构并不存在转换关系，且多义分析法充分解释了某些动词只能进入双名结构、某些动词只能进入与格结构，以及能进入两种句式的动词在特定条件制约下只能进入其中一种句式的现象。

二、双名结构

杨成凯（1996）、李宇明（1996）等认为只有给予类动词可以构成双名结构，将取得类结构中的双宾看作具有领属关系的单宾语。但李临定（1984）、陆俭明（2002）、徐杰（1999）、张国宪（2001）、石毓智（2004）等将取得类构成的结构也归为双名结构，认为给予类与取得类的区别在于双宾语间的领属关系是事件发生后还是事件发生前具有的。

何晓炜（2009）认为"双及物结构"表达的语义核心应为"传递"，"传递"的方向性决定了"双及物结构"既可以表达给予义，也可以表达取得义。与格结构的方向性较明显，但双名结构中传递的方向性较复杂，尤其是汉语双名结构。给予类动词表达被传递物的传递方向是从主语到间接宾语右向的移动，取得类动词表达的传递方向是从间接宾语到主语左向的移动（朱德熙，1979）。英汉给予类动词双名结构均表达右向传递，但英汉取得类动词双名结构表达的传递方向存在差别。汉语"取得"类动词进入双名结构后，客体传递的方向为左向，表达取得句式义；而英语"取得"类动词进入双名结构后，客体传递的方向仍然为右向，结构表达给予义。英语双名结构表达给予义或取得义并非由动词决定，而是取决于结构义。如"John bought a book"中的"bought"本身为取得义动词，但双名结构"John bought Mary a book"却表达右向传递，整个结构表达给予义。另外，英语双名结构表达给予义的内涵也包含隐喻认知义，将给予损失也理解为给予义，这是英语双名结构的句式意义赋予的，如"The restaurant charged us $40 for the wine"也被隐喻理解为"给予 $40 的收费"。

可见英语双名结构只表达给予义，客体传递方向为右向，而汉语双名结构中传递方向可以是左向或右向，既可以表达给予义，也可以表达取得义。相应在致使范畴下，英语双名结构只表达"致使拥有"，根据传递物的抽象性，分为致使拥有和致使感知义；汉语双名结构中，当传递物为具体事物时，表示接受者拥有或领有者失去该事物，表达致使拥有或致使失去义，当传递物为抽象事物时，表示接受者对事物的感受或认知，表达致使感知义。有学者将左向传递表达的意义称为"致使损失"，但左向传递并不一定造成损失，如对于"我买了他一份晚报"中的来源"他"来说，并非受到了损失，而是表达受益义，因此，我们将左向传递称为较为中性的"致使失去"。

（一）双名结构的语义层级

如上文所述，致使结构包含两个语义层次：施受关系和致使关系，施受关系中的语义成分通过整合提升为致使关系中的语义成分。使因情形可以整体或转喻提升为致使关系中的致事语义成分，致使行为或由抽象致使动词体现，或由使因情形谓词与致使力的复合形式体现。致使行为语义结构可以表示为：[致使力]+[致使方式]。致使方式包括物理致使（throw、toss、pass、steal、扔、抛、买、偷等）、抽象致使（buy、sell、lend、serve、offer、借、服务、提供等）、言语致使（tell、ask、teach、read、quote、告诉、问、教、读、引用等）。"give/给"类动词本身为具体词汇义动词，但在语法化过程中意义逐渐虚化，一部分演化为抽象动词，做抽象致使动词用时，使因情形整体提升为致事；具体词汇义致使动词则是使因情形谓词与致使力的复合体现形式，此时使因情形转喻提升为个体致事。结果情形中的语义成分则提升为致使关系中的役事和致使结果，致使结果隐含 HAVE/LOSE/PERCEIVE 空成分。英汉双名结构内部语义层次关系如图 7-1 所示。

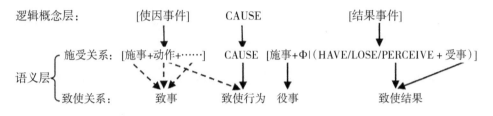

图 7-1 英汉双名结构语义层次关系

（二）英汉致使义双名结构语义成分对比

致使义双名结构语义成分包括致事、致使行为、役事和致使结果。我们参照 Comrie 和 Dixon 提出的有关结构成分的语义参数，对比英汉双名结构中各语义成分表现出的异同。典型致事和役事均为有生命实体，但通过隐喻可以扩展为无生命实体。由于双名结构中动词本身无致使义，结果的实现与否需要根据语境判断。

1. 英汉双名结构致使行为对比

鉴于双名结构动词本身无致使义，且致事通常具有意愿性，因此，致使力的强弱由役事的意愿性和传递物的属性决定。役事具有意愿性的前提为有生性，有生性实体具有意愿性特征，且存在强弱意愿性的差异；无生命实体无意愿性特征，表现为被动接受。从宏观来看，给予义结构表达的致使力弱于取得义结构表达的致使力。就给予义而言，传递物使役事受益，意愿性强，此时无需强致使力作用便可产生结果；传递物使役事受损，意愿性弱，此时需强致使力作用。就取得义而言，役事失去拥有物时，其意愿性最弱，致使力最强。

尽管英语双名结构只表达给予义，但传递物的积极性或消极性决定了役事的意愿性，从而影响致使力的强弱。而汉语双名结构既表达给予义，也表达取得义，役事的有生性和传递物的积极性均对致使力强弱产生影响。

根据结构表达给予义还是取得义、役事生命度、役事受益还是受损三个参数，英汉双名结构致使力强度等级可以表示如下：

英语致使力强度：给予义（役事：有生命＋受益）＜给予义（役事：无生命）＜给予义（役事：有生命＋受损）

汉语致使力强度：给予义（役事：有生命＋受益)＜给予义（役事：无生命)＜给予义（役事：有生命＋受损）＜取得义（役事：有生命＋受益）＜取得义（役事：无生命）＜取得义（役事：有生命＋受损）

可见，英汉给予义双名结构表达的致使力强弱等级趋同，反映出英汉给予义双名结构具有大致相同的语义认知基础，但汉语双名结构除表达给予义外，还可以表达取得义，结果实现所需的致使力强度更大。

英汉语致使义双名结构中体现致使行为的致使动词存在一定差异。尽管英语双名结构中动词包括给予义和取得义动词，但英语双名结构只表达给予义，取得义动词进入双名结构后获得了给予构式义。汉语双名结构可以表达给予义和取得义，动词包括给予义、取得义和中性义三类。Goldberg（1995）将可进入双名结构的英语动词分类如下。

给予动词：give, pass, lend, serve, sell, feed 等

瞬时弹射动词：toss, throw, fling, slap, blast 等

发送动词：send, mail, ship 等

连续致使定向性伴随移动动词：take, fetch 等

许诺性给予动词：promise, allocate, award, offer 等

传讯动词：tell, show, ask, teach, read, quote 等

传讯工具动词：telephone, email, radio, fax 等

原创动词：bake, build, knit 等

获得动词：grab, buy, find, steal, earn 等

通常将进入汉语双名结构的动词分为"给予类"和"取得类"。朱德熙（1979）最早对给予类动词进行归类，之后张伯江（1999）在此基础上将汉语

双名给予动词详细分为六类。

现场给予类：给、借、让、赔、赏、优待、支援等

瞬时抛物类：扔、抛、丢、塞、捅、射、吐、喂等

远程给予类：寄、邮、汇、传、带、捎等

传达信息类：报告、答复、告诉、交代、教、托等

允诺、指派类：答应、许、安排、分配、贴、准等

命名类：称、称呼、叫、骂等

由上文可知，命名类构成致使义兼语句。命名类动词本身具有致使义，后跟的两个名词构成宾语和宾语补足语的关系，且第二个名词本身不具有指称性，因此不能作为动词的宾语，不属于双名结构范畴。

吴竞存、侯学超（1982）根据动词与N1能否搭配构成结构，将"取得义"分为两类：非搭配类（拿、取、赚、骗、占等）；搭配类（抢、偷、赢、罚、收等）。

陆俭明（2002）考察了汉语非给予义双名结构中的动词，并分类如下。

（a）侧重"施事"有所获取。最典型的动词为"吃"（如"我吃了小王三个苹果"）。该类动词包括：搬、盛、吃、穿、接受、砍、收、要、赊、用等。

（b）与事、"受事"有所获取。最典型的动词为"表扬"（如"林校长表扬了一班五个人"）。该类动词包括：安插、安排、安置、表扬、抚养、提拔等。

（c）与事受益。最典型的动词为"修"（如"修了王家三扇门"）。该类动词包括6个：改、改正、纠正、修、修改、修理。

（d）与事有所损伤。最典型的动词为"打/打破"（如"打/打破了她两个碗"）。该类动词包括：罢、踩、拆、拆除、处罚、处分、花、砸、糟蹋等。

（e）"施事"、与事均有所获取。最典型的动词为"挑"（如"他们挑了北大十个学生"）。这类动词包括：采购、承担、出版、挑选、邀请、租等。

（f）"施事"有所获取，与事有所损伤。这类动词包括：霸占、拔、铲除、罚、拐、扣留、偷、敲诈、赚、捉等。

以上动词之所以被称为"非给予义",是因为该类动词表达隐性给予义和显/隐性取得义。

我们认为,以上分类方式没有析出一类在给予义和取得义上呈中性的动词,如"借""赊""租""贷""分"等,该类动词既可表给予义,也可表取得义,其意义表达或可以结合语境来判断,或借助介词或趋向动词来明确意义取向。综合以上,我们将除命名类外的汉语双名动词归纳为11种类型,大致包括给予类、取得类和中性义类。

由上可知,英语双名结构中动词表达给予义和取得义,汉语中动词意义表达更复杂,包括给予义、取得义和中性义。就英汉给予义动词来说,汉语给予动词类型(5类)少于英语给予动词类型(8类)。英语中包括:连续致使定向性伴随移动动词、传讯工具动词、原创动词。连续致使定向性伴随移动动词(如take,fetch等)的特点是一个动词形式表达两个连续动作,而汉语的对应表达为连动式,无法构成双名结构。传讯工具动词(如email,telephone,fax等)是名词作动词的用法,而汉语没有此类用法。原创动词(如bake,build等)可以用于双名句式中,而汉语同类词语没有该用法。由上可知,英汉语双名结构动词差异是由各自的词法所决定的。

就取得义动词而言,英语仅存在一类取得义动词,而汉语取得义动词远远多于英语,包括显性和隐性取得义。英语取得义动词构成的双名结构仍表达给予义,这和英语双名结构所蕴含的给予句式义有关。而汉语双名结构表达的意义由动词决定,包括给予义和取得义两类。

汉语还包括一类中性义动词,既可以表达左向传递,又可以表达右向传递,其构成的双名结构传递方向具有不确定性,容易产生歧义。如"我借了他一辆车"可以是借出,也可以是借入,需要借助介词、趋向动词或改变句式来明确传递方向,如"我借给他一辆车""我借走他一辆车""我从他那儿借了一辆车"明确表达了不同的传递方向。根据石毓智(2004)的研究,这是由汉语某些词语的矢量不具体性导致的,且该特征古已有之,如"借""分"等动词需要借助表达"出入"义的附加词表明给予或取得。这类动词被称为左右向动词,是汉语对物体传递动作行为的概念化特点。

2.英汉双名结构致事、役事和致使结果对比

我们从英汉各类文学作品中检索常见的双名结构，如 give、send、buy、bring、fine、给、送、递、买、借、租等动词构成的双名结构，分别收集到英汉双名结构 700 例和 550 例，并对致事和役事的语义特征进行了统计分析。典型的致事和役事都是有生命事物，但可以通过隐喻拓展为无生命事物。鉴于本研究只关注双名结构表达的致使拥有 / 失去 / 感知义，因此只考察了役事为有生命实体的双名结构。

与致事有关的语义参数包括直接性、意图性、自然度、参与度、生命度、意识性和控制度。典型致事为传递物的领属者，为有生性实体，具有意图性特征，直接参与事件过程，综合考虑英汉致使义双名结构的特点，我们主要关注其生命度语义参数。除因致事省略无法确定生命度外，我们对收集到的语料进行统计，结果如表 7-1。

表 7-1　英汉双名结构致事生命度分布

单位: 例

生命度致事	英语双名结构（700）		汉语双名结构（550）	
	有生命	无生命	有生命	无生命
致事	565（80.7%）	102（14.6%）	452（82.2%）	76（13.8%）

从表 7-1 可以看出，英汉双名结构中的致事在有生性和无生性的选择上趋同，优先选择顺序为: 有生命 > 无生命。在英语双名结构中，有生命致事所占比例为 80.7%，无生命致事所占比例为 14.6%。在汉语双名结构中，有生命致事所占比例为 82.2%，无生命致事所占比例为 13.8%。汉语有生命致事比例稍大于英语有生命致事比例，可见汉语双名结构表达的主观性强，英语双名结构则通常倾向于客观描述。汉语双名结构表达致使拥有 / 失去 / 感知义，而英语双名结构表达致使拥有 / 感知义，其中致使失去义的致事作为传递物的领有者，更倾向于有生性实体，因此在致事的有生性上，我们可以推测汉语致事有生性的概率大于英语。另外，英语无生性致事占 14.6%，汉语无生性致事占 13.8%，这与英汉语民族的思维习惯有关。汉语思维倾向于用自身所感来描述事件，习惯用第一人称做主语，主语倾向于有生性事物；

英语思维倾向于描述事件的本质，遵循事件的客观发展过程，无生性事物做主语可以表达强客观性效果，相比汉语使用更多。如："Keeping it a secret from his wife gave him a boyish pride and guilty glee."

与役事有关的语义参数包括控制度、意愿、受影响度（被使者不完全受到致使力影响还是完全受到影响）和有生性。役事的控制度与有生性相关，有生性役事具有控制力，而无生性役事无控制力；双名结构中役事完全受到致使力影响；役事的意愿性和结构表达致使受益还是致使受损有关，当表达致损义时，役事不具有意愿性，当表达致益义时，役事具有意愿性。由于我们仅关注致使拥有、致使失去和致使感知义，无论传递物与役事的领有关系或感知关系是事件发生前还是事件发生后产生的，有生性都是役事的基本属性，因此我们主要关注役事的意愿性。通过分析所收集语料，英汉双名结构役事的意愿性特征如表 7-2 所示。

表 7-2　英汉双名结构役事意愿性分布

单位：例

意愿性役事	英语双名结构（700）		汉语双名结构（550）	
	有意愿	无意愿	有意愿	无意愿
役事	490（70%）	147（21%）	315（55.5%）	150（27.2%）

在所收集的语料中，我们将役事意愿性表现为中性以及难以确认役事意愿性的例子剔除，统计结果显示，英语有意愿役事占 70%，无意愿役事占 21%；汉语有意愿役事占 55.5%，无意愿致事占 27.2%。由此可以看出，英语有意愿役事占比大于汉语。一般情况下，给予义动词的役事具有意愿性，取得义动词的役事不具有意愿性。但役事意愿性也与传递物属性有关，传递物使役事受益，役事意愿性强；传递物使役事受损，役事意愿性弱；传递物为中性义，意愿性呈中性。如上所述，英语双名结构只表达给予义，英语某些取得义动词进入双名结构后，也表达给予义，如"I bought him a book"中的"bought"是取得义动词，但在双名结构中表达给予义，使役事受益，役事具有强意愿性。而汉语双名结构既可表达给予义，也可表达取得义，由此可以推断，英语双名结构中役事表现为有意愿性的概率更大。英汉双名结构役事

通常由名词、名词词组、代词体现。

　　根据 Jackendoff（1990）的研究，致事作用于役事，造成役事产生变化的倾向，该倾向可以有结果，即结果具有已然性特征，也可以没有结果，即结果具有未然性特征。英汉双名结构的结果具有或然性特征，结果的实现与否具有不确定性，与动词、语境和句式有关，如给予类动词构成的英汉双名结构并不一定都可以表达成功拥有，某些给予类动词的成功拥有可以被取消。不同动词蕴含"成功拥有"的强度呈不同等级分布，如"give/ 给"的致使拥有义最强，在任何语境下均无法被取消，即使在与格结构中仍表达致使拥有义。而像"send/ 送"和"throw/ 扔"类动词构成的双名结构，在特定语境下成功拥有可以被取消。但"give/ 给"对出现在双名结构中的间接宾语有着严格限制，间接宾语必须为有生命实体。

（三）英汉双名结构的功能语义句法对比分析

　　双名结构表达致使拥有、致使失去和致使感知义。当传递物为具体事物时，无论致使拥有还是致使失去，间接宾语和直接宾语间均存在领属关系，为拥有与被拥有关系。区别在于致使拥有中的领属关系是事件发生后具有的，而致使失去中的领属关系是事件发生前具有的。传递物为具体事物时，表达间接宾语拥有或失去被传递物，此时结果事件体现及物性结构中的关系过程，与致使过程融合为致使关系过程。当传递物为抽象事物时，表达间接宾语获得某种感受或认知，结果事件体现心理过程，与致使过程融合为致使心理过程。由前文可知，致使过程与结果事件过程的融合度与致事过程期待出现的参与者及两个过程语义成分的匹配度有关。双名结构致使过程期待出现的参与者为个体，而结果事件过程与致使过程的语义成分并不完全匹配，因此发生部分融合，双名结构中两个宾语的语义指向均为动词，且均受到动词的作用或影响，在复合过程中既保留了原有过程属性，又负载了致使过程属性，体现为复杂参与者。当传递物为个别特殊抽象事物时，结果事件过程可完全融入致使过程，其过程语义成分获得致使过程属性，抽象事物作为过程的细化，与致使过程融合为致使复合过程，另一参与者充当致使复合过程的受事参与者。针对及物性过程中的某些语义项同时具有两个参与者的特性，Fawcett 提出了 12 种复合参与者角色，解决了判断某些复杂语义项的难题。双名结构表达致使关系过程和致使心理过程，涉及的复合参与者角色包括：受事—拥有者（Affected-Possessor）、受事—拥有物（Affected-Possessed）、受事—感知者（Affected-Perceiver）、受事—现象（Affected-Phenomenon）。由前可知，英汉事件型致事双名结构在语言中的使用频率不高，因此，本研究不单独对该类结构的语义配置进行分析。

1. 致使关系过程

当双名结构动词后两个名词存在领属关系时，表达及物性结构中的拥有关系过程，该关系过程是在致使力作用或影响下产生的，关系过程与致使过程发生部分融合，关系过程中的参与者具有了双重属性，在致使关系复合过程中充当复合参与者角色。因此，致使过程体现为三参与者过程，通常包含一个简单参与者和两个复合参与者，复合参与者包括"受事—拥有者"和"受事—拥有物"。

施事 + 过程 + 受事—拥有者 + 受事—拥有物

传统语法把该结构中的两个受事参与者称为"双宾语"，一个是动作的内容，一个是动作的对象，即两个参与者均受到了致使动作的作用，其中间接宾语在致使力作用下发生了状态的变化，获得或失去对直接宾语的领有属性，表达了致使拥有或失去义，在及物性结构中表达致使关系过程。英语双名结构动词尽管包括给予义动词（give，send，lend 等）和取得义动词（buy，find，steal 等），但在句式压制下，均表达致使拥有义。该语义配置结构在汉语中也普遍存在，体现过程动词可以为表达给予意义的动词（如送、给予、授予、借给、提供等），也可以是表达取得义的动词（如偷、夺、扣留、赚等），还可以是一类传递方向义中性的动词（如借、租、分、贷等），句式相应表达致使拥有或致使失去义。可见，英语双名结构只表达致使拥有义，而汉语双名结构不仅表达致使拥有义，而且表达致使失去义。

（1）They[Ag] give[Pro] employees[Af-Posr] challenging assignments[Af-Posd].（COCA）

（2）I[Ag]'ll lend[Pro] you[Af-Posr] a blanket[Af-Posd].（COCA）

（3）We buy[Pro] them[Af-Posr] a bottle of wine[Af-Posd].（COCA）

（4）He[Ag] stole[Pro] me[Af-Posr] a book[Af-Posd].（张建理，2006）

（5）他 [Ag] 送 [Pro] 我 [Af-Posr] 一本画册 [Af-Posd]。（CCL）

（6）局里 [Ag] 奖励 [Pro] 他 [Af-Posr] 一套房子 [Af-Posd]。（CCL）

（7）他 [Ag] 偷 [Pro] 了我老婆 [Af-Posr] 一个手包 [Af-Posd]。（CCL）

（8）巴萨尼奥 [Ag] 借 [Pro] 了你 [Af-Posr] 三千块钱 [Af-Posd]。（CCL）

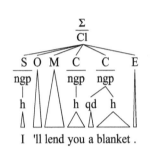 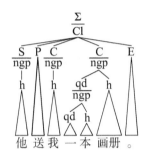

图 7-2　例（2）的功能句法分析　　图 7-3　例（5）的功能句法分析

例（1）是由 give 类动词构成的双名结构，暗含致使结果的成功实现，只表达致使拥有义。例（3）、例（4）中的动词尽管为取得义动词，但句式表达致使拥有义。汉语双名结构既可以表达致使拥有义，如例（5）、例（6）；也可以表达致使失去义，如例（7）。英汉语"偷"类动词构成的双名结构表达的意义不同，英语表达"偷……给……"致使拥有义，而汉语表达"偷走"致使失去义。例（8）中"借"的方向义是中性的，可以表达"借给"致使拥有义，也可以表达"借走"致使失去义。这类动词构成的双名结构，如果没有特定语境限制，极易产生歧义，因此可以通过附加标记词或改变句式结构的方式来消除歧义。

施事 + 过程 + 过程延长成分 + 受事—拥有者 + 受事—拥有物

如上所述，汉语方向义为中性的双宾语动词（如借、租、贷等），在没有上下文语境的情况下，极易产生歧义，但可以通过附加标记词或改变句式的方式消除歧义。标记词包括"给""来""走"等，其中"来、走"为表趋向义助词。对于"给"为何种词类，学界仍存有争议，但此处"给"与动词并置，语义逐渐虚化，具有了助词的特征，因此，"给、来、去"等助词与动词构成一类复合词，是对动词的补充说明，在及物性结构中充当过程延长成分。某些本身具有给予义的动词有时也可以附加"给"，以获得强调的意图。

（8）她 [Ag] 送 [Pro] 给 [PEx] 我 [Af-Posr] 一本"雅正"[Af-Posd]。（CCL）

（9）他 [Ag] 愿意租 [Pro] 给 [PEx] 我们 [Af-Posr] 一辆福特牌汽车 [Af-Posd]。（CCL）

（10）你的女婿 [Ag] 白白借 [Pro] 走 [PEx] 你 [Af-Posr] 五十万两银子 [Af-Posd]？（CCL）

（11）该公司 [Ag] 贷 [Pro] 给 [PEx] 财政部 [Af-Posr]6000 万元 [Af-Posd]。（CCL）

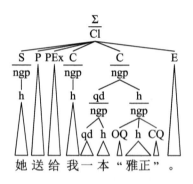

图 7-4　例（8）的功能句法分析

2. 致使心理过程

除表达物理意义上的致使拥有或致使失去义外，双名结构还可以表达抽象事物的传递，表示役事在致事的作用或影响下对抽象传递物产生感知或认知上的变化。此过程类型可以构成双参与者过程和三参与者过程两类。

双参与者过程

施事 + 过程 + 受事 + 过程延长成分

该语义配置结构中的传递物为抽象事物，并不表达接受者拥有被传递物之义，而是表达感受义，即役事感受到了致事所给予的精神上的关怀。该类

结构中的 "give" 和 "给" 被认为是轻动词，后置名词表达语义中心，是对动作过程的细化，因此在及物性结构中充当过程延长成分，心理过程的感受者受致使过程直接作用，获得致使过程属性，在致使心理复合过程中充当受事参与者。由此，结果事件心理过程完全融入致使过程。

（12）He[Ag] gave[Pro] her[Af] a kiss[PEx] on the cheek.（BNC）

（13）Her husband [Ag] gave[Pro] her[Af] a hug[PEx].（BNC）

（14）她 [Ag] 给 [Pro] 他 [Af] 一个吻 [PEx]。（CCL）

（15）你 [Ag] 给 [Pro] 了她 [Af] 一个拥抱 [PEx]。（CCL）

以上各例中的传递物不是具体事物，而是抽象事物。例（12）、例（13）并不表示拥有了 kiss 或 hug，而是表达对方感受到了某种动作产生的效应，这里 give 用作轻动词，没有实在意义，过程意义需借助 "kiss，hug" 来表达，因此在小句中充当主要动词延长成分。汉语例（14）和例（15）中的 "吻" 和 "一个拥抱" 也是一个抽象事物，并不能被拥有，而是获得了一种感受，同样在及物性过程中充当过程延长成分，在小句中充当谓体的延长成分，其功能句法分析如图 7-5 和图 7-6 所示。

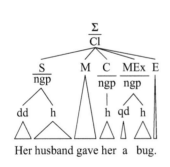 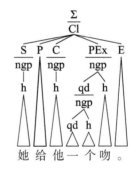

图 7-5　例（13）的功能句法分析　　图 7-6　例（14）的功能句法分析

三 参与者过程

施事 + 过程 + 受事—感知者 / 认知者 + 受事—现象

该类结构中的传递物可以包括信息、视觉上的感受、抽象的动作行为。在两个事件中，结果事件表达役事在致使力作用下对现象获得的感知或对现象产生的认知变化。致事通过致使过程对感知者 / 认知者和现象均产生了作用或影响，因此，感知者 / 认知者和现象并不是简单参与者，而是复合参与者。体现致使过程的动词蕴含某种具体行为和作用力，但致使结果的实现与否由结构和语境共同决定。

（16）He[Ag] told[Pro] me[Af-Cog] a bleak story of life[Af-Ph] out there in the fax field.（BNC）

（17）He[Ag] showed[Pro] me[Af-Perc] the scars[Af-Ph].（BNC）

（18）She[Ag] threw[Pro] him[Af-Perc] a gay smile[Af-Ph].（玛格丽特·米切尔《飘》）

（19）Mammy[Ag] threw[Pro] him[Af-Perc] an annihilating glance[Af-Ph].（同上）

（20）我 [Ag] 随便告诉 [Pro] 他们 [Af-Cog] 一个方子 [Af-Ph]。（CCL）

（21）有一次，她 [Ag] 告诉 [Pro] 他 [Af-Cog] 一个故事 [Af-Ph]。（CCL）

以上例句中的动词本身没有致使义，致使义的获得是动词与结构中其他成分相互作用的结果，表达在致使动词的作用或影响下，受事发生认知上的变化，结果事件体现心理认知过程。例（16）中的 tell 使受事获得了信息，表达对传递物形成某种认知。例（17）中的 show 使受事产生某种感知心理体验。结果事件涉及感知或认知的过程，体现及物性结构中的心理过程。

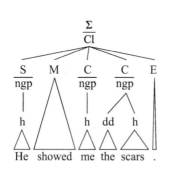

图 7-7　例（17）的功能句法分析

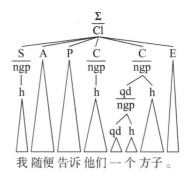

图 7-8　例（20）的功能句法分析

施事 ＋ 过程 ＋ 过程延长成分 ＋ 受事—感知者 / 认知者 ＋ 受事—现象

该语义配置结构与致使关系过程中带标记词的双名结构形式特征相同，是汉语中的一类特殊体现形式。感知本身表示感受到或获得某种认知，只能获得感知，而不能失去感知，因此，致使感知的传递方向均为右向，动词为给予义动词，出于和谐韵律或强调给予的考虑，通常在动词后附加"给"标记词。

（22）（Ag）展示 [Pro] 给 [PrEx] 人们 [Af-Perc] 新的面貌 [Af-Ph]。（CCL）

（23）她 [Ag] 抛 [Pro] 给 [PEx] 他 [Af-Perc] 一个快乐的微笑 [Af-Ph]。（CCL）

（24）他 [Ag] 传授 [Pro] 给 [PEx] 学生 [Af-Cog] 广博的知识 [Af-Ph]。（CCL）

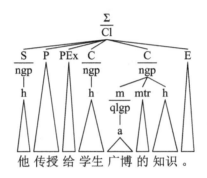

图 7-9　例（24）的功能句法分析

（四）英汉双名结构异同与阐释

通过上文对英汉致使双名结构语义要素及句式特征的对比，我们发现，英汉致使双名结构在动词语义、句式语义和句式结构形式上存在显著差异。具体来说，汉语动词存在"一词两反义[①]"（ambivalent）现象；英汉双名结构形式类型不同，其及物性意义网络如图 7-10 和图 7-11 所示；英汉双名结构表义上存在不对称性，即形义匹配模式不同。

---

① "一词两反义"指一个词汇形式同时表达左、右向传递义的现象。尽管英汉语都存在一词两反义现象，但英语中出现在双名结构中的情况少之又少。

图7-10　英语致使义双名结构及物性意义网络

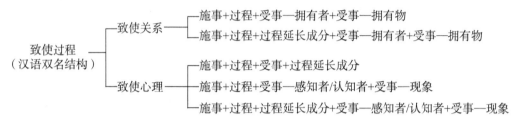

图7-11　汉语致使义双名结构及物性意义网络

　　汉语中存在"一词两反义"现象，即左右向意义由同一词汇形式表达，而英语中不存在该现象，英语不同方向义由不同的词汇形式表达，这普遍被认为是由于古汉语"授受"不分造成的。"授""受"被认为是一个交接过程的两个方面，且两个动作相互依存，一个动作的发生暗含另一个动作的接续，因此二者可寓于一体。为避免歧义，汉语通常采用在动词后附加方向义标记词的方式明确传递方向。

　　同时，汉语方向义标记词的使用造成英汉双名结构形式上的差异，具体表现为二者小句层面功能语义成分配置表征方式的不同。如图7-10和图7-11所示，除英汉共有的典型语义配置结构外，英语中缺失"施事＋过程＋过程延长成分＋受事—拥有者＋受事—拥有物"和"施事＋过程＋过程延长成分＋受事—感知者/认知者＋受事—现象"两类语义配置结构，两类结构的共同特点是动词后带标记词，在过程中充当过程延长成分。汉语动词后带标记词的双名结构可以从语义、语音、语用及其演变过程四个方面加以说明。在语义上，汉语中双名动词存在一类中性义动词，必须附加表示方向义的标记词才能明确传递方向。根据我们对双名动词的分类，汉语存在一类在给予义和取得义上呈中性的动词，如"借""赊""租""贷""分"等，在没有明确语境的情况下，该类动词既可表给予义，也可表取得义，即传递左右向。除在特定语境下，通常需借助标记词来明确传递方向。如"借"可以附加"给"或"走"表示明确的传递方向。在语音上，汉语双音化趋势使得双宾语动词韵律发生了变化，即使传递方向明确的单音节动词也会附加标记词（如"给""与""来""走"等），从而构成大量双音节甚至多音节组合的双宾动词形式。在语用上，在传递方向明确的动词后附加标记词，是为了实现说话者的语用交际意图。如在给予义动词后附加表右向传递的标记词，能够起到强调给予对方恩惠的作用，从而引起听话者的注意，实现交际意图。另外，双名动词附加标记词也与其演变过程有关。有学者认为双名结构和连动结构有着紧密的联系，甚至认为双名结构演化自连动结构。如朱德熙（1979）将"送给他一本书"和"送一本书给他"分析为连谓句，而不是双名结构和与格结构。两个独立的动词起初表达并列关系，随着该类复合动词的高频共现和使用，后一动词语义逐渐弱化，附属于前一动词，最终演化成一个语法标记词，如"给"最初为表示"供给"的词汇动词，在和双名动词复合后，其动词属性逐渐弱化，演变为语义虚化的助词或介词，仅作为具有语法功能的标记词使用，可见复合词形式是双名结构的原型，并非临时用法。

　　英语双名结构形义匹配呈现"一对一"模式，而汉语双名结构形义匹配呈现为"一对多"的模式，究其原因，与英语重形合、汉语重意合及观察视角不同有关。英语重形合，注重以形显意，为了避免产生歧义，形式和意义呈一一对应的关系。如英语双名结构只表达右向传递义，即使取得义动词进入该结构后也被赋予给予义，可见英语双名结构专司右向传递。从观察视角来看，其参照点选取较为固定，英语双名结构选择给予者作为其认知参照点，对事件进行概念化，经过长期习用，其给予结构义逐渐固化，对可以进入该结构的取得义动词进行压制，赋予其给予义。汉语重意合，讲究意定随形，注重语义逻辑关联，形式则不受限制，汉语双名结构中动词意义的变化会导致结构意义的不同。如汉语双名结构不仅可以表达左向传递义，也可以表达右向传递义，有限的句式可以表达无限的意义，由此这种"一对多"的形义匹配模式便应运而生。从观察视角来看，其参照点的选取较为灵活，汉语双名结构既可以选择给予者，也可以选择接受者作为认知参照点。

三、与格结构

与格结构和双名结构表达的语义信息结构不同。双名结构中的接受者为旧信息，传递物表达新信息，用来描述接受者的性质、状态、特征等；与格结构中的传递物为旧信息，转移目标为新信息，描述传递物的状态。可进入英汉与格结构中的介词种类繁多，我们仅关注英语中常用的"to"和"for"两类介词。英语与格结构形式可以表示为：NP1+V+NP2+to/for+NP3；汉语中的介词主要关注"给"和"为"两类，汉语与格结构形式可以表示为：NP1+V+NP2+给/为+NP3、NP1+给/为+NP3+V+NP2。与格结构中使因事件与结果事件存在时间和空间上的间隔，具有间接致使的特征。Levinson（2005）认为，英语中的"to"暗含表达转移之义，但与格结构中的"to"不仅可以表达方向语义，而且可以充当功能性词语，无具体语义。如"give"类动词所构成的与格结构中的"to"均为功能性词语，仅起引出接受者的作用。而"throw"和"send"类动词构成的与格结构，其中的"to"既可以表达方向语义内容，也可以充当功能性词语，相应地，既可以引出接受者，也可以引出空间目标。我们认为与格结构深层语义表达"致使转移"，但表层结构能够表达多个语义。当转移目标为处所时，表层结构表示传递物位置的改变，称为致使位移；当转移目标为有生性实体时，表层结构表示传递物被拥有或被感知，从致使角度看，表达致使被拥有和致使被感知义。此处我们只将致使被拥有和致使被感知视为与格结构，将致使位移归为动结式范畴，且已在第六章进行了详细的论述。

（一）致使与格结构的语义层级

致使与格结构内部语义层次关系与双名结构相似，但传递物和接受者的语序不同，表达的语义也存在一定差别，与格结构可表达致使被拥有义和致使被感知义。如前文所述，与格结构本身表达致使转移，但根据转移目标的有生性可以进一步分为致使被拥有/被感知、致使位移两种语义关系，此处我们只关注致使被拥有和致使被感知。根据传递物和接受者的关系，结果情形中"受事"与"施事"的关系可以表示为 [BELONG] 或 [PERCEIVED]，通常传递物为具体事物时，表达被拥有义；传递物为抽象事物时，表达被感知义，其结构内部语义层次关系可表示如图 7–12：

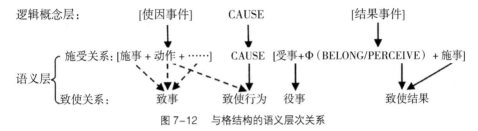

图 7–12　与格结构的语义层次关系

逻辑概念层的使因事件和结果事件在语义层中首先投射为处于下级的两个表施受关系的情形，二者通过一系列规则整合为一维的表示致役关系的复杂情形。人类在概念化过程中，在语言经济原则或象似性原则作用下，使因事件转喻投射为个体致事或整体投射为事件致事。由于与格结构要求致事为有生性实体，因此，致事通常由使因情形"施事"提升而来，使因情形谓词与致使力融合为致使行为。结果情形中主体和谓体分别提升为致使关系中的役事和致使结果，结果情形谓词则蕴含于役事和致使结果的关系中，为具有语法作用和语义内容的空成分。

（二）英汉与格结构语义成分对比

1.英汉与格结构致使行为对比

致使行为表达的致使力强度通常与致使结果实现的难易程度相关，结果越容易实现，所需致使力的强度越弱；结果越难实现，所需致使力的强度越强。

与格结构动词为无致使义动词，致使力强度由结构内部语义关系决定。决定英汉与格结构致使力的参数包括接受者意愿性和传递物属性。接受者有意接受传递物或传递物为致益事物，所需致使力弱；接受者无意接受传递物或传递物为致损事物，所需致使力强。

根据结构中传递物（役事）属性和接受者意愿性两个参数，英汉与格结构致使力强度呈相同等级排列，充分说明英汉与格结构相同的语义认知基础，可以表示如下。

致使力强度：给予义（接受者：＋意愿；传递物：致益）＜给予义（接受者：－意愿；传递物：致损）

但英汉语致使义与格结构中体现致使行为的致使动词类型存在一定差异。Rappaport 和 Levin（2008）的动词敏感理论将英语与格动词分为仅有致使拥有义动词、兼有致使移动及拥有的双重义动词：

1. 仅表达致使拥有义的与格动词

本身表示给予行为的动词：give，pass，lend，rent，hand，loan，sell 等

表未来拥有的动词：promise，allocate，offer，allow，grant，owe 等

传讯动词：tell，ask，show，read，quote，teach，write，cite 等

2. 既表达致使移动又表达致使拥有义的动词

发送动词：forward，mail，send 等

瞬时弹射动词：throw，toss，fling，flip，kick，slap，shoot 等

连续致使定向性伴随移动动词：bring，take 等

传讯工具动词：telephone，radio，e-mail，fax，telegraph，wire 等

此分类方式没有将 Pinker 提到的原创动词（bake，build，draw，make，sew 等）包括在内。原创类动词通常带受惠者，而非与事，结构中的介词为 for 而非 to，但大家普遍认为这类动词也表达致使拥有义，属于表达致使拥有义的与格动词。如 "Bill baked a cake for sue" 中的 for 引出受惠对象，表达受惠者拥有客体。

张京鱼（2012）参照前人研究，将汉语与格动词分为两大类、六小类：

1. 仅有致使拥有义的与格动词

本身表示给予行为的动词：给、送、递、卖、借、租等

许诺性给予动词：答应、许、拨、发、安排、补、分、批、贴、提供等

传讯动词：告诉，通知、报告、提醒、教、回答、委托、托等

2. 既表达致使移动又表达致使拥有义的动词

发送动词：寄、邮、汇、传等

瞬时抛物动词：抛、扔、丢、甩、赐等

连续致使定向性伴随移动动词：带、捎等

除以上分类，我们认为原创动词（烤、建、画、缝等）也可以构成汉语与格结构，借助介词"为、给"引出传递物的接受者。

由此看来，英汉与格动词大体一致，只存在细微的差别。汉语没有传讯工具动词，该类词语属名词动用现象，汉语没有相应的语法机制，汉语名词表达动作行为必须搭配固定的动词，如发（传真、电报、微信、视频），打（电话）等。

2. 英汉与格结构致事、役事和致使结果对比

我们从英汉不同题材文学作品中检索常见的与格结构，共收集到英汉与格结构 400 例和 450 例，并对致事和役事的语义特征进行了统计分析。

与致事有关的语义参数大多和致事的生命度存在相关性，如意图性、意识度、控制度等，且致事的有生性存在或然性特征，因此我们主要考察致事的生命度。

与格结构典型致事为有生命实体，但通过隐喻也可以拓展为无生命实体。致事可以由使因情形整体或个体成分隐喻提升而来，如下例所示。

（28）街上的卖花女已经摆出水仙和一些杂色的春花，给灰暗的伦敦点缀上些有希望的彩色。（老舍《二马》）

（29）The barking of the aroused watch-dogs seems give wings to their feet.（马克·吐温《汤姆·索亚历险记》）

与役事有关的语义参数包括控制度、意愿、受影响度和有生性。其中控制度、意愿和受影响度均和有生性有关，表达致使被拥有或被感知义的典型与格结构役事为无生命实体，通常无生命事物才能被拥有或被感知，但也存在少量有生性役事。无生性役事没有控制度、意愿性，且完全受到致事致使力的影响。因此，我们主要考察役事的有生性特征。

表7-2　英汉与格结构致事、役事生命度分布

单位：例

生命度参与者	英语与格结构（400）		汉语与格结构（450）	
	有生命	无生命	有生命	无生命
致事	354（88.5%）	26（6.5%）	405（90%）	15（3.3%）
役事	27（11%）	356（89%）	6（1.3%）	444（98.7%）

从表7-2可以看出，英汉与格结构中致事在有生性和无生性的选择上趋同，优先选择顺序为：有生命＞无生命。在英语与格结构中，有生命致事所占比例为88.5%，无生命致事所占比例为6.5%。在汉语与格结构中，有生命致事所占比例为90%，无生命致事所占比例为3.3%。汉语与格结构有生命致事使用频率大于英语有生命致事，如前文所述，这和英汉语主客观描述事件的不同思维习惯有关，此处不再赘述。英语体现致事的语法单位包括名词、代词、名词词组、小句，句法结构包括动名词、不定式；汉语体现致事的语法单位包括名词、代词、名词词组、小句。

英汉与格结构役事的有生性／无生性优先选择序列为：无生命＞有生命。与格结构中传递物的原型为事物，但也可隐喻为有生事物，符合该类典型与格结构的特征。在英语与格结构中，无生命役事占89%，有生命役事占11%；在汉语与格结构中，无生命役事占98.7%，有生命役事占1.3%。可见，无生命役事在汉语中占比远大于英语，相应有生命役事在英语中占比远大于汉语，由此可推测英语使用者在运用隐喻思维对传递物进行的概念化上更加活跃。英汉语体现役事的语法单位均为名词、代词和名词词组。

与格结构强调过程，致使结果是否实现存在或然性特征。英汉与格结构只表达右向传递义，拥有者或感知者是否成功拥有或感知存在不确定性。如前文所述，除"give"构成的与格结构表达成功拥有或感知，至于其他类动词构成的与格结构，其致使结果均可以取消，结果已然性存在不确定性，如throw和send类动词构成的与格结构。

（三）英汉与格结构功能语义句法对比分析

此处与格结构仅表达致使被拥有义或致使被感知义，两个宾语间的关系为被拥有和拥有关系、被感知和感知关系。当传递物为具体事物时，结果事件表达拥有关系过程；当传递物为抽象事物时，表达间接宾语对抽象事物产生的感知或认知，结果事件表达感知或认知心理过程。与格动词对后置名词产生直接作用，致使其发生状态变化，表达直接致使。但在致使过程与结果事件过程融合过程中，结果事件过程并不能完全融入致使过程中，二者发生部分融合，结果事件过程中的两个参与者均受到致使过程影响，因此体现为复合参与者。结果事件过程与致使过程融合表达致使关系过程和致使心理过程，复合过程均涉及三个参与者。英汉与格结构体现的过程类型相同，但过程语义配置结构存在一定差异，汉语的语义结构形式更为多样，主要体现在结构过程中的两个受事参与者语序上的差异。鉴于英汉与格结构致事均可由小句体现，且在语言中的使用频率不高，因此，我们对事件致事与格结构不做专门讨论。

1. 致使关系过程

与格结构中两个名词在致使力作用下可以构成被拥有和拥有关系，结果事件表达拥有关系过程，和致使过程融合为致使关系复合过程。除英汉语共有的"施事 + 过程 + 受事—拥有物 + 受事—拥有者"语义配置结构外，汉语与格结构还体现一类特殊的语义配置结构："施事 + 受事—拥有者 + 过程 + 受事—拥有物"。

施事 + 过程 + 受事—拥有物 + 受事—拥有者

该语义配置结构是英汉与格结构的原型，是对概念结构中事件发生顺序的直接映射，表示受事—拥有物在致使力作用下向受事—拥有者转移或传递的过程。介词与格标记引出的接受者同样受致使过程影响，具有受事参与者语义特征，在小句中充当补语成分，如以下各例所示。

（30）He[Ag] also gave[Pro] lands[Af-Posd] to them[Af-Posr].（BNC）

（31）I[Ag] throw[Pro] bread[Af-Posd] to the ducks[Af-Posr].（BNC）

（32）I[Ag] buy[Pro] drinks[Af-Posd] for her[Af-Posr].（BNC）

（33）他 [Ag] 要送 [Pro] 钱 [Af-Posd] 给战士们 [Af-Posr]。（CCL）

（34）上海、苏州一带书店 [Ag] 也常寄 [Pro] 书 [Af-Posd] 给他 [Af-Posr]。（CCL）

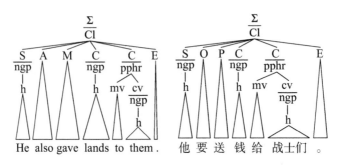

图 7-13　例（30）的功能句法分析　　图 7-14　例（33）的功能句法分析

施事 + 受事－拥有者 + 过程 + 受事—拥有物

该语义配置结构是汉语中特有的结构形式，通过"给"将"受事—拥有者"置于过程之前，以达到凸显拥有者的目的。此处"给"是引出与格的标记词，具有介词的属性。

（35）我 [Ag] 给她 [Af-Posr] 送 [Pro] 茶 [Af-Posd]。（CCL）

（36）我 [Ag] 就给他 [Af-Posr] 寄 [Pro] 了一张明信片 [Af-Posd]。（CCL）

（37）司机 [Ag] 给他 [Af-Posr] 捎 [Pro] 了半麻袋盐 [Af-Posd]。（CCL）

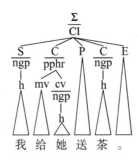

图 7-15　例（35）的功能句法分析

2. 致使心理过程

表达致使心理过程的与格结构对进入结构中的动词存在一定限制，其中

"give"类轻动词不能进入抽象传递物与格结构,这类动词所传递的抽象事物与动作实施同时产生,这和与格结构中的使因事件和结果事件存在时间间隔的特征相悖。如"give a kiss to him"中"give"为轻动词,"kiss"事先并不存在,只有和"give"共现时才产生,而与格结构要求动作的发出和结果的产生存在时间间隔,由此可知,该表达不合乎语法。但"扔、抛、fly、throw"类动词可以进入抽象传递物与格结构,这类动词除给予义外,本身具有其他词汇义,其给予义是在动作发出后产生的,如"throw a kiss to him"中的"kiss"必定是先在手上做出"kiss"的动作,可视为该抽象事物已经存在,然后将其抛出去,因此这类动词可以用于抽象事物的传递。

施事 + 过程 + 受事—现象 + 受事—感知者/认知者

该语义配置是英汉典型的与格结构类型,语义成分排列顺序与概念结构顺序相似,符合人类认知习惯。以下例句中的动词"give"为具体词汇义动词,表达给予义,抽象事物"advice"和"lessons"并非与动作同时产生,因此符合与格结构的准入条件。

（41）She[Ag] gave[Pro] advice[Af-Ph] to deaf people[Af-Cog].（BNC）

（42）He[Ag] gave[Pro] lessons[Af-Ph] to Princess Alexandra[Af-Cog].（BNC）

（43）You[Ag] will show[Pro] loyalty[Af-Ph] to me[Af-Perc].（BNC）

（44）（Ag）送 [Pro] 温暖 [Af-Ph] 给别人 [Af-Perc]。（CCL）

（45）（Ag）带 [Pro] 希望 [Af-Ph] 给元老派 [Af-Perc]。（CCL）

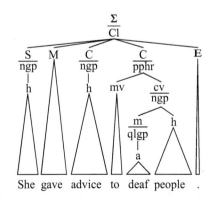 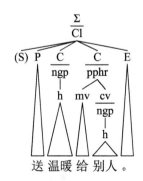

图 7-17　例（41）的功能句法分析　　图 7-18　例（44）的功能句法分析

施事 + 受事—感知者 / 认知者 + 过程 + 受事—现象

该语义配置结构为汉语与格结构的特殊形式。"受事—感知者 / 认知者"由"给、为"介词引出，并被置于过程之前，以凸显感知者 / 认知者。

（45）它们 [Ag] 给他 [Af-Perc] 展示 [Pro] 了一个无比辉煌的文学殿堂 [Af-Ph]。（CCL）

（46）军人运动员的生活 [Ag] 给她 [Af-Perc] 展示 [Pro] 了一个广阔的天地 [Af-Ph]。（CCL）

（47）生活 [Ag] 似乎为她 [Af-Perc] 展现 [Pro] 了美好的前景 [Af-Ph]。（CCL）

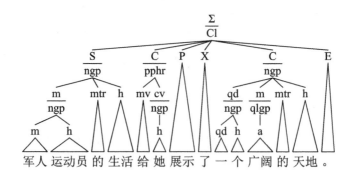

图 7-19　例（46）的功能句法分析

（四）英汉与格结构异同与信息结构

通过以上分析，我们发现英汉与格结构内部成分语义特征表现出较大的相似度，体现的及物性过程类型相同，主要差异体现在语义配置结构上。除英汉原型与格结构外，汉语还包括"施事 + 受事—拥有者 + 过程 + 受事—拥有物"和"施事 + 受事—感知者 / 认知者 + 过程 + 受事—现象"两类语义配置结构，如图 7-20 和图 7-21 所示。英汉与格结构原型为：NP1+V+NP2+P+NP3，但在实际语言使用中，英汉与格结构体现的主要类型不同。英语与格结构主要表现为：NP1+V+NP2+P+NP3；而汉语与格结构形式除原型结构外，主要表现为：NP1+ 给 / 为 +NP3+V+NP2。可见，汉语可以将介词"给、为"引出的拥有者和感知者 / 认知者置于过程前或过程后，汉语与格结构语序上的灵活性违反了语言信息结构，但同时也获得了特殊的语用效果。

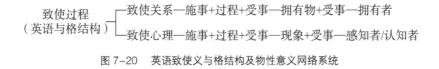

图 7-20 英语致使义与格结构及物性意义网络系统

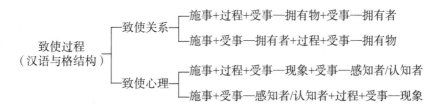

图 7-21 汉语致使义与格结构及物性意义网络系统

信息结构在语言学研究中的应用肇始于第二次世界大战前的布拉格学派，后经系统功能语言学的发展，逐渐趋于成熟。Halliday（1967）首次采用信息结构这一术语描述语言的信息组织，指出"信息结构是把语言组织成为'信息单位'（information unit）的结构"。信息单位由已知信息和未知信息构成，已知信息指交际双方互明的、或可从上下文及语境中推知的信息；未知信息指交际双方未知的、且无法从上下文或语境中推知的信息内容。已知信息可以省略，但未知信息作为信息焦点不可省。在小句中，未知信息作为信息焦点置于句末，已知信息作为信息背景置于未知信息前，"已知信息 + 未知信息"被视为无标记的信息单位结构。信息结构的体现形式主要包括语序和语调，如未知信息被置于句尾，重音所在的信息为焦点信息。

根据 Goldberg（1995）的研究，在与格的信息结构中，接受者为未知信息，体现信息焦点，是重音的着落点，通常被置于句尾；传递物为已知信息，表达背景信息，通常置于句首或句中，"传递物 + 接受者"构成与格无标记信息结构，是对概念结构中事件发生顺序的映射。英汉原型与格结构体现无标记信息结构，具有相同的语义配置，线性结构可以表示为：NP1+V+NP2+P+NP3。但出于语用意图，汉语中未知信息也可以出现在已知信息之前构成有标记信息结构，其线性结构可表示为：NP1+P+NP3+V+NP2。

英汉与格结构语序差异与英汉语言各自的特点有关。英语是语法型语言，英语与格结构语序配置严格遵循信息权重原则，将信息焦点置于句尾。汉语为语义型语言，重意合，较少受语法规则的限制，因此其语序灵活。语言在表达人们对世界的感知和体验时，会影响人们对世界的概念化方式，如通过语序重组、信息标记等方式，让人们对事件产生不同的认知方式。在汉语与格结构中，由介词"给"和"为"引出的表达新信息的拥有者和感知者／认知者被置于动词前构成有标记信息结构，有标记信息结构体现为新信息位置的变化和语调重音落点的变化，能够产生特殊的语用和认知效果，如可以引起听话者的注意或表达说话者的喜悦、厌恶等情感。如"我给她送茶"通过将受益者置于动词前，强调受益的对象，同时凸显主体的施惠行为。再如"它们给他展示了一个无比辉煌的文学殿堂"将感受者"他"提前，通过位置的变化以及焦点信息的重读，引起大家的注意，强调感受者受到的震撼。

四、小结

本章在回顾前期相关概念的基础上，重新对研究对象进行了命名，将双名结构和与格结构统称为双宾语结构。通过对英汉双宾结构语义句法的对比分析，我们发现英汉双名结构差异主要体现为动词语义和句式结构的不同。英汉与格结构的差异主要表现为汉语语序类型的灵活多变。

英汉双名结构表达的意义不同，其意义分别由句式和动词决定。英语双名动词无论表达给予义还是取得义，在进入双名结构后均表达给予义，其意义由句式决定，在致使范畴下表达致使拥有和致使感知义。汉语双名结构则既可以表达给予义，也可以表达取得义，其结构意义由动词决定，在致使范畴下表达致使拥有、失去和感知义。可见，英语句式对动词义的压制强于汉语，汉语双名结构则顺应动词词汇义，这与英汉语形式与意义匹配的不同模式有关。由于英汉语对致使概念的词汇化模式不同，汉语双名动词存在"一词两反义"现象，即一个动词同时具有左、右向传递义，在结构中通常带标记词以明确传递方向、满足汉语双音韵律特征、获得特殊语用效果，从而导致英汉双名结构小句层面功能语义成分配置表征方式的不同。

英汉与格结构表达的意义相同，根据传递物的抽象性，表达致使被拥有和致使被感知义，进入结构的动词均表达给予义，体现及物性过程类型相同，但语义配置结构不同。英汉典型与格结构是对客观世界致使情景的概念化，表达无标记信息结构，接受者作为新信息被置于句末，传递物作为旧信息出现在新信息之前。汉语与格结构语序更加灵活多变，介词及其引出的接受者可置于过程前，起强调作用，以上差异是由英汉的不同语言类型特点所致。作为分析型语言，汉语语法关系通常由语序和虚词表达，语序主要受信息结构的支配，受语法限制较小，具有较大的灵活性。而英语属综合型语言，语法关系由形态变化来表达，语序严格遵循语法规则，其句式是在原型句式 SV 基础上扩展而来的，因此语序较为固定。

第八章

从致使范畴看英汉致使结构异同

本书主体部分从内部详细描述了英汉不同类型致使结构的语义句法特征及其异同，本章试图从外部厘清各类致使结构之间的形式语义关系，论证英汉致使结构在形式语义上呈连续统分布的规律。同时，我们总揽全局，考察英汉致使范畴总体表现出的差异及其动因，发现英汉致使概念词汇化模式及结构语序不同，进而从语言类型差异及英汉不同概念化方式对其进行解释。

一、英汉致使范畴形式语义连续统

前文我们对不同致使结构类型内部的语义关系进行了讨论，并以致使力强度为参数对英语复合宾语句和汉语兼语句、英汉动结式的语义连续统进行了探讨。从外部来看，不同致使结构在形式语义紧密度上同样呈连续统分布。

Halliday 在《语法理论范畴》一文中明确了词汇和语法的关系，提出了"词汇是最精密的语法"这一假设，指出"语法家之梦是不断扩张领土，把所有语言形式转变为语法，以证明词汇可定义为'最精密的语法'"（Halliday，1961）。之后 Halliday 一直坚持这一观点，将语言的中心层称为词汇语法层（lexicogrammar layer），包括词汇和语法两部分，二者并无明显的差别，作为构建意义的源泉，二者是描述同一现象的两个相反视角，构成一个连续统（continuum）的两端。

对致使结构的词汇和句法分类并非二元分类模式，而是由词汇致使和句法致使构成的一个连续统。致使作为一个语义网络范畴，存在典型与非典型形式，典型成员到边缘成员间存在过渡形式，由此，致使结构在语义上形成一个连续统。

国内外学者根据不同标准对致使结构的形式语义连续统进行了讨论。Comrie（1981）根据原因和结果的语义紧密度，将致使结构分为直接致使和间接致使。在直接致使情景中，原因和结果语义紧密度高；在间接致使情景中，原因和结果语义紧密度低。但对于直接致使和间接致使的界定尚不清晰，学界仍没有一致的看法。Dixon（2000）根据致使结构中致使动词和致使结果之间的形式距离，提出了致使结构的形式紧密度等级：二者距离远，致使结构的形式紧密度低；二者距离近，则致使结构的形式紧密度高。他认为形式紧密度和语义紧密度之间存在映射关系，体现原因和结果的语言形式间距离越远，越趋向表达间接致使，反之则越趋向表达直接致使，并将不同类型的致使结构形式紧密度排列如下：词汇型＞形态型＞复杂谓语型＞分析型致使，认为形式紧密度等级与直接致使和间接致使相对应。

但这种将表达不同形式紧密度的结构类型与直接致使和间接致使相对应的方法受到了 Shibatani 和 Pardeshi 的质疑，Shibatani 和 Pardeshi（2002）主张用"能产性"（productivity）作为判断致使结构形式紧密度的标准：能产性越高，说明形式越松散，紧密度越低；反之，形式紧密度越高。能产性具有渐变等级特征，一端与直接致使相对，另一端与间接致使相对。他们通过跨语言考察发现日语不规则形态型使役结构在形式上介于词汇型和形态型之间，但在语义上却和纯粹词汇型一样属于直接致使，并没有形成介于直接致使和间接致使之间的过渡形式。该质疑是建立在词汇型对应直接致使、形态型对应间接致使的前提下得出的。我们认为，该前提站不住脚，是对 Dixon 直接致使和间接致使连续统的曲解，因此其质疑也无从说起。致使范畴在语义上形成一个以直接致使和间接致使为两端的连续统，直接致使到间接致使存在过渡形式，没有明确的界限。其中某些形式表达的直接致使程度多一些，间接致使程度少一些；反之，某些形式直接致使程度少一些，间接致使程度多一些。即使词汇型致使自身也构成一个不同程度语义紧密度的渐变群，其内部也存在直接致使程度的不同等级，日语中的不规则形态使役结构只不过是更接近词汇致使，但难以断言该结构属于直接致使，仍可视为介于直接致使和间接致使的过渡形式，与形式紧密度相对应。另外，形态型对应间接致使的理解显然不准确，因为分析型致使比形态型致使更接近间接致使。彭国珍（2013）也对 Shibatani 和 Pardeshi 的观点提出了质疑，认为其在语言形式的理解上存在曲解。

国内学者也对现代汉语致使结构的形式紧密度进行了探讨。其中，黄锦章（2004）根据形式距离和能产性两个合取指标判断致使结构的形式紧密度，指出"形式距离"和"能产性"并无直接冲突，二者存在形式距离相等而能产性不同和能产性相同而形式距离不同两种情况，通常不存在形式距离和能产性成反比的情况，二者可以作为互补的指标结合起来使用。他将致使结构形式紧密度等级排列如下：

达成动词 > 致动词 >V–R 复合词 >V–R 短语 >V– 得 –R（B 类）> 兼语式［含 V– 得 –R（A 类）］

Shibatani 和 Pardeshi 提出的"能产性"标准本身具有渐变等级特征，但对于某些结构，其能产性有时难以明确区分，如汉语中的"得"字动结式和兼语式都具有高度能产性，难以判断二者能产性孰强孰弱。同样，某些形式距离相同的致使结构，其形式紧密度也难以进一步细分。综上，我们认为单纯根据形式距离或能产性判断形式紧密度的方法操作性不强。根据黄锦章（2004）的研究，形式距离和能产性在判断致使结构的形式紧密度等级上相互补充，能够有效判断形式紧密度。形式距离指致使行为和致使结果语言体现形式间的物理距离。能产性指致使行为和致使结果搭配的灵活程度，能产性越高，致使行为和致使结果紧密度越低；能产性越低，致使行为和致使结果的凝固度越高，紧密度也越高。形式距离和能产性在判断致使结构形式紧密度上呈互补状态，在形式距离相同的情况下，可以根据能产性来判断紧密度。鉴于能产性的渐变性特征，我们将形式距离作为第一评判标准，能产性作为辅助标准，判断致使结构的形式紧密度等级。

由于语义紧密度概念的模糊性，学界对直接致使和间接致使的界定仍没有统一标准。Haiman（1983）通过致使结构的跨语言分析证明了致使结构形式语义符合象似性原则，即形式紧密度和语义紧密度存在映射关系。因此，我们可以从致使结构形式紧密度来探寻致使结构语义紧密度的渐变趋势，从而确定致使结构的形式语义连续统分布。

（一）英语致使结构形式语义连续统

词汇致使中的致使行为与致使结果融合体现为一个单一词汇形式，形式紧密度最高。从内部来看，词汇致使在形态上可分为单纯词和派生词两类。形容词通常在"en，ize，ify"等动词性词缀的帮助下表达致使义，派生为多语素动词，如"enlarge，modernize，beautify"等，其中动词性词缀具有致使义，词根或词干则表达结果义，其内部致使行为和致使结果的形式距离大于单纯词。双宾语句和复合宾语句中的致使行为与致使结果的形式距离相同，但复合宾语句中的述语动词和结果的组合方式多样，结果可以由名词词组、动词、性质词组、介词短语等单位体现。而双宾语句中的述语动词和结果的组合方式单一，结果仅可以由名词词组和介词短语体现，能产性相对较低，因此双宾语结构的形式紧密度高于复合宾语句。致使义复合宾语句中的述语动词必须为致使义动词，而致使义动结式中的述语动词为无致使义动词，其搭配能力更强，有学者认为，任何动词都可以和表结果的词语搭配构成致使义动结式，具有较高的能产性，因此复合宾语句形式紧密度大于动结式。致使义复合宾语句根据致使动词可分为纯致使义和具体词汇义两类，由于纯致使动词数量有限，且对复合宾语句结构有强制性要求，因而其能产性相对较低。而具体词汇义动词包括使令、助使两大类，动词数量较大，且对复合宾语句结构没有强制性要求，结构较为松散，能产性相对较高，形式语义紧密度低。Collins（1995）曾对20万字的澳大利亚英语语料中双宾语结构进行统计，结果发现双名结构占比更高，能产性大于与格结构，相应语义紧密度弱于与格结构。

通过以上分析，我们发现英语致使范畴构成形式上由综合到分析、语义上由直接到间接的一个渐变连续统，表现为单纯词汇致使到致使义动结式的一个形式语义连续统，可归纳如下：

单纯词汇致使 > 派生词汇致使 > 与格结构 > 双名结构 > 纯致使义复合宾语句 > 具体词汇义复合宾语句 > 致使义动结式

（二）汉语致使结构形式语义连续统

从宏观上来看，汉语词汇致使中的致使行为与致使结果融为一体，形式距离最短，紧密度最高。词汇致使根据因果是否合一分为因果合一型和因果分离型。因果合一型包括单语素致使动词、转类型复合词；因果分离型包括化缀型派生词和动结复合词。因果分离型在形式距离上大于因果合一型。"化"缀型派生词中的"化"是一个动词后缀，和名词、形容词结合构成致使动词，且在此规则作用下产生了一定数量的新词，但汉语本身缺少形态变化，在英语影响下仅产生了少量形态变化形式，因此其能产性有限。动结式复合词包含表示动作和结果的两个不同的词根语素，具有较强的构词能力，能产性较高，因此"化"缀型派生词形式紧密度大于动结复合词。

动结式中的致使行为和致使结果分别体现为不同的词汇形式，但以并置相连方式出现，其形式距离大于词汇致使，形式紧密度小于词汇致使。"得"字动结式根据致使行为和致使结果的间隔距离分为两类：一类为致使行为和结果间仅由"得"字间隔，称为 A 类"得"字动结式，其形式紧密度弱于动结式。如"我高兴得跳了起来"和"衣服洗得干干净净"，前者为致役同指、役事省略的情形；后者为述语动词影响力较弱、役事被置于述语动词前做主语的情形。另一类为致使行为与结果被"得"和役事隔开，称为 B 类"得"字动结式，形式距离大于兼语句和双宾语结构。双宾语结构包括双名结构和与格结构，其中与格结构根据致使行为与致使结果形式距离的不同，分为 A 类和 B 类。A 类与格结构中的致使行为与致使结果形式距离近，如"我给他送了一本书"；B 类与格结构的致使行为与致使结果形式距离相对较远，如"我送一本书给他"。A 类与格结构与动结式中的致使行为和致使结果在句法层面的形式距离相似，但与格结构动词仅限于给予类动词，介词则包括"给、为"，动结式中的动词和结果并没有限制，任何构成因果关系的动词和结果均可以构成动结式，显然动结式能产性大于 A 类与格结构，相应形式语义紧密度低。

兼语句和双名结构及 B 类与格结构中，致使行为和致使结果具有相同的形式距离，但兼语句的构成方式更加灵活，致使动词可以和形容词或动词搭配构成兼语式，且致使结果表达的语义类型多样，结果事件体现的及物性过程类型包括动作过程、关系过程、心理过程、交流过程、行为过程、存在过程和气象过程。而双宾语句构成形式较为固定，致使结果只能由名词或介词短语充当，致使结果多表示拥有、失去、感知义，结果事件体现及物性结构中的关系过程和心理过程。因此，相较双宾语句，兼语句的能产性更强，语义紧密度更低。兼语句可分为纯致使义动词兼语句和具体词汇义动词兼语句，与英语致使义复合宾语句相似，由于纯致使义动词相比具体词汇义致使动词数量较少，且对句式有强制性要求，所以其能产性相对较低，构成的兼语句形式语义紧密度高于具体词汇义兼语句。双宾语句式内部的双名结构和 B 类与格结构的能产性不同。国内学者通过调查发现，现代汉语普通话中的双名结构的使用频率高于与格结构（B 类与格结构），即双名结构的形式语义紧密度低于与格结构。刘丹青（2001）指出双名结构之所以常用于汉语的双宾结构，是话题前置和重成分后置两个倾向性共同作用的结果。根据象似性原则，形式紧密度和语义紧密度存在映射关系，致使范畴的不同体现形式共同构成一个渐变的形式语义连续统：

因果合一型词汇致使 >"化"缀型派生词汇致使 > 动结复合词类词汇致使 >A 类与格结构 > 动结式 >A 类"得"字动结式 >B 类与格结构 > 双名结构 > 纯致使义兼语句 > 具体词汇义兼语句 >B 类"得"字动结式

通过以上分析，我们发现在相同参数下，英汉致使范畴内部不同结构形式构成由直接致使到间接致使的语义连续统和由综合致使到分析致使的形式连续统，英汉致使结构的形式语义连续统分布论证了英汉致使结构的相同语义认知基础。

二、英汉致使概念的不同词汇化模式及动因

英汉致使概念的词汇化模式差异不仅体现在致使结构类型的不同分布特征上，也体现在致使结构内部致使动词的不同语义内涵上。

（一）英汉致使结构形态分布差异

从宏观上来看，英汉语对致使概念的不同词汇化模式表现为形态分布特征的差异，英语以词汇型致使为主，汉语以句法型致使为主。对于同一个致使概念，英语趋向于以词汇形式整体表达，而汉语则倾向于用相关联的两部分表达，如"disappoint"对应汉语"使……失望"，"cure"对应汉语"治好"。这与英汉语言的不同形态类型密切相关。

英语属印欧语系，是一个以综合型为主、逐渐向分析型过渡的语言。综合型语言主要通过词汇形态变化来表达语法意义。如古英语中的名词、形容词、代词、冠词有性、数、格的变化，动词表达不同时、体、态等语法意义时，均在词汇形态上有相应的变化。随着屈折形式的简化或消失，英语逐渐表现出了分析型语言的特征，但仍以综合型为主。综合型语言类型特征决定了英语致使概念词汇化模式以词汇方式为主、句法方式为辅。英语词汇致使类型多样，致使动词作为结构核心，除本身表达致使的结果自足及物动词外，还包括通过同形变价、名词和形容词转类、形态变化实现的致使动词。如一价不及物动词后跟名词作及物动词用（如 walk，march 等），名词和形容词用作及物动词表达致使义（如 disorder，skin，slow 等），通过附加词缀派生而来的致使动词（如 be，de，en，ify，ize 等）。作为辅助手段，英语句法致使结构类型较为单一，仅限于复合宾语句、动结式和双宾语结构的典型句式。

汉语属汉藏语系，是以分析型为主的语言。分析型语言主要通过语法手段来表达不同意义，如借助虚词、助词、语序变化等。由于汉语词汇缺乏形态变化，在表达语法意义时不做词形的变化，而是通过句法手段实现。尽管现代汉语为分析型语言，但现代汉语中存在一定数量的词汇致使结构，具有

一定综合型的特征，这些结构主要为古汉语延用至今的使动用法，且数量有限。古汉语为综合型语言，它向分析型语言的过渡经历了三个阶段：秦汉之前存在通过形态变化表达的致使结构，词汇致使和形态致使并存，如"饮马"和"空间房子"中的"饮"和"空"均通过声调变化表达致使；秦汉至魏晋六朝时期为句法致使的繁盛时期，出现了兼语式、动结式致使结构和"得"字动结式，随着句法致使结构的增加，词汇致使数量减少，二者呈此消彼长的态势；隋唐至今，句法致使范围的进一步扩大最终确立了汉语句法致使的核心地位，使之成为汉语致使的主要表达方式。因此，汉语致使概念词汇化方式表现为句法方式为主、词汇方式为辅的特征。

作为致使概念的主要体现形式，汉语句法致使不仅类型多样，且具有描述充分性的特征。汉语句法致使结构表达及物性过程类型更加丰富，如致使动结式除致使关系过程外，还可以描述致使动作过程和致使心理过程。从及物性过程语义配置结构类型上看，英语致使结构的语义配置结构主要表现为典型配置，而汉语致使结构的语义配置及句式结构更加丰富多样，对致使的描述更加细致充分。这与汉语分析型语言通过语序变化或附加标记词的方式表达语法意义有关，如"受事主语句"、倒置动结式、"得"字动结式、结果前置与格结构等都是通过变化语序或添加标记词的方式表达致使的。

（二）英汉致使动词的词化差异

致使动词作为致使结构的重要组成成分，其不同词汇化模式映射到句法上，表现为不同的句法形式。从微观上来看，英汉致使概念在词汇化为词汇型致使动词及双名动词的模式上存在差别。

由前可知，词汇致使动词是致使结构中致使行为与致使结果的复合体现形式，根据致使行为的显隐，可以分为内孕式和外孕式两类。英语致使动词语义上表现为内孕式特征，即致使行为隐含于致使结果中；汉语致使动词除内孕式外，主要以外孕式为主。内孕式表现为单一语素致使动词，多由古汉语使动用法延用而来，数量有限，且在现代汉语中逐渐被多音词和合成词所取代；外孕式体现为一类特有的双音节动结式复合词（V1+V2 或 V+A）。由此，英汉词汇致使动词的词汇化模式分别可以概括为"（方式）+ 结果"和"方式 + 结果"，可见汉语对方式的编码更为详细。就词汇致使结构而言，从致使化的方法来看，主要包括词缀法、转换法和复合法。英语的"（方式）+ 结果"词汇化模式主要以词缀法和转换法为主，即通过词汇形态变化表达概念意义，如"enlarge""walk""beautify"等；而汉语的"方式 + 结果"词汇化模式主要表现为复合法，即通过复合词内部的语义关系表达概念意义，如"扩大""推翻""打倒"等。Talmy（2000）认为汉语属于强"附加语构架语" [1]（a strong satellite-framed language），英语属于"动词构架语" [2]（verb-framed language）。对于同一个语义概念，英语倾向用整体形式表达，汉语倾向用相关联的两部分表达，如英语词汇致使动词"kill"对应动结复合词"杀死"，"break"对应动结复合词"打破"，用词汇形式表达和通过语义语法关系表达正是综合型语言和分析型语言的区别特征。可见微观上的英汉词汇致使动词词汇化特征与宏观上的致使概念的词汇化特征相似，且均是由英语综合型、汉语分析型形态类型所致。

英汉双名动词的词汇化模式也存在一定差别。根据何晓炜（2009）的研究，双名结构表达传递义，包括左向传递和右向传递。在致使框架下，双名结构表达致使拥有 / 失去或致使感知义，传递的词汇化形式是传递动词。英汉表达传递概念的动词存在不同词汇化模式，英语不同传递方向通常词汇化为不同的动词，而汉语存在一类将两个相反的传递方向义词汇化为同一动词的情况，也称为"一词两反义"现象。如"借、租、赁、贷"本身传递方向模糊，既可表达左向传递，也可表达右向传递，具体传递方向需根据上下文语境来判断，或借助标记词明确方向义。王寅（2005，2011）认为该现象与汉语辩证性思维有关，并用事件域认知模式对其进行了解释，指出人们通过事件域单位认识和体验世界，事件域主要由动作和事体两个要素构成，要素间存在相互依存、对立统一的关系，一个动作存在始末、因果、施受等对立关系，如果这种对立关系由一个词来表示，便产生了一词两反义现象。相反

---

[1] 附加语框架语指由助词、虚词等附加语表达事件构架的语言。
[2] 动词框架语指由主要动词表达事件构架的语言。

传递方向义之所以能共存一词是由汉民族文化对立统一的辩证哲学观所致。左、右向义是一个动作的两个方面，根据观察视点的不同，表达不同的传递方向。对于一方来说表达"取得"，对于另一方来说表达"给予"，这种对立关系即一个动作的施受关系，完全可以将两种语义整合为一个动词表达，如"贷"这一动作涉及"施事"和"受事"两方面，既可指"贷入"，也可指"贷出"。从另一个角度看，用有限的词语表达尽可能多的意义，也是语言经济性的驱使。

三、英汉致使结构语序差异及不同概念化方式

致使概念是英汉语共有的语义范畴，是人们对现实世界因果关系的认知结果。但英汉民族对致使情景的不同概念化方式造成英汉语体现致使概念的形式存在差异，具体表现在动结式和与格结构语序上的不同。

前文回顾了体现单参与者和双参与者过程的英汉动结式基本语序的演变过程，英语动结式语义结构主要体现为："致事＋致使行为＋役事＋致使结果"；汉语体现为："致事＋致使行为＋致使结果＋役事"。在顺序象似性和距离象似性原则的作用下，英汉语动结式句法结构本应体现为符合人类认知习惯的 VOR 式。但英汉民族对致使情景的不同概念化方式往往会产生不同的语法结构。Langacker（1991）讨论了在语言描写中起作用的基本认知能力，其中转换范畴涉及建构人类复杂经验的识解方式，包括顺序扫描和总体扫描两种心理扫描能力。Talmy（1980）也从视角系统出发论述了观察者通过选择不同视角点来观察场景，选择的视角点不同则描述致使情景的方式不同，在语言中的表征也不同。如第五章第四节所述，视觉扫描包括顺序扫描和整体扫描。综合以上对两种扫描方式的定义，整体扫描指根据语义成分的紧密度对事件进行重新组合排列的扫描方式；顺序扫描指按照时间发生顺序进行扫描的方式。英汉语认知主体在观察和感知动结式表达的致使情景时，采用不同的扫描方式对其进行识解。

英语民族对动结式致使情景的扫描方式主要采用顺序扫描，顺序扫描根

据事件的发生顺序对致使情景中的语义成分进行组合排列。致使情景内部语义关系表现为使因事件总是先于结果事件发生，即以致事为参照点，认知主体按照致事、致使行为、役事和致使结果逐个按顺序扫描，将语义成分按时间先后顺序进行排列。英语动结式语义成分组合语序完全遵循了使因事件和结果事件的先后顺序，符合人类认知习惯，形式上体现为 VOR 分离式。如"He wiped the table clean"表达的致使情景中，使因事件"he wiped the table"的发生引起"the table became clean"这一结果事件。英语动结式致使概念向语言形式投射过程中的顺序组合机制如图 8-1 所示。

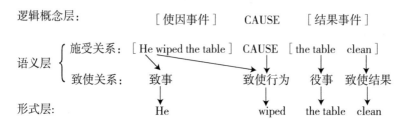

图 8-1　英语致使动结式语义层向形式层的投射过程

根据周红（2004）的研究，人们通常采用整体扫描对汉语动结式表达的致使情景进行识解，根据致使行为和致使结果两个语义要素的紧密度对事件进行重新组合排列，二者紧密度高对应近距离组元，紧密度低对应远距离组元。致使行为与致使结果的紧密度与致使结果的性质有关，致使结果分为规约性结果和偶发性结果，规约性结果是致使动作的预期结果，属于同一个"命题认知模式"，二者语义紧密度高，对应近距离组元，形式上体现为黏合式。偶发性结果是致使动作的非预期结果，不属于同一个"命题认知模式"，二者语义紧密度低，对应远距离组元，形式上体现为分离式。汉语中分离式多使用"得"字动补式和重动句式，因此，致使义动结式通常体现为 VRO 结构形式。汉语致使动结式语义层内部的整合提升过程及其形式投射过程如图 8-2 所示。

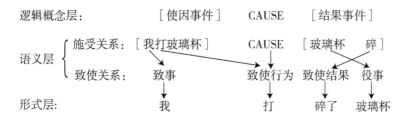

图 8-2　汉语致使动结式语义层向形式层的投射过程

由图 8-2 可知，致使动结式语义层内部施受关系向致使关系的整合提升过程涉及整体扫描，根据语义成分间的紧密度对事件进行了重新组合，将语义紧密度较高的致使行为"打"和致使结果"碎"复合，构成黏合动结式。

致使转移本身作为一个语义概念存在不同的体现形式，前文我们对表达致使转移义的形式类型进行了分类讨论，包括英语复合宾语句（汉语兼语句）、英汉动结式和英汉与格结构。其中英语复合宾语句和汉语兼语句中的致使要素排列顺序相同，另两类结构则存在语序差异。一类为动结式，转移目标为处所，表示传递物位置的变化，在致使框架下表示致使位移或致使移动；一类为与格结构，转移目标为有生性实体，表示传递物被拥有或被感知，在致使框架下表示致使被拥有或致使被感知。

表达致使位移的动结式体现及物性结构中的三参与者过程。致使语义要素包括致事、致使行为、役事和致使结果，致使结果表示役事移动的来源、路径、目的地。表达役事在致使力作用下发生位置变化的情景，在不同的语言系统中体现方式不同。英语致使位移结构语义成分排列顺序（语序类型）包括"致事 > 致使行为 > 役事 > 致使结果"和"致事 > 致使行为 > 致使结果 > 役事"两类。汉语致使位移结构各成分要素可以按照事件发生顺序排列为"致事 > 致使行为 > 役事 > 致使结果（如'他俩送我到村口'）"，也可以借助"把"或"将"等标记词将及物性结构中的受事—方向、受事—载体置于过程动词之前，构成动介式和动趋式两类致使动结式。致使结构语义要素排列顺序为"致事 > 役事 > 致使行为 > 致使结果（如'我们把书放在台板下'）"和"致事 > 致使结果 > 致使行为 > 役事（如'他们将轮船装满石头'）"。

英汉表达致使转移义的与格结构在语序类型上也存在一定差别。英语致使义与格结构语义要素排列顺序为："致事 > 致使行为 > 役事 > 致使结果"。汉语与格结构则通常借助"给"或"为"，将致使结果置于致使行为之前，汉语与格结构语义要素排列顺序为："致事 > 致使结果 > 致使行为 > 役事"。

英汉动结式和与格结构均可以表达致使转移情景，其差别在于转移目标的有生性不同。二者本质上都是对现实世界致使转移事件的映射，人们对现实世界致使转移事件的基本认知相同，具有相同的语义结构。但英汉语表达致使转移事件的句式结构存在差别，这是英汉民族对致使转移事件不同概念化方式和不同语言系统共同作用的结果。概念化涉及从致使事件结构到致使概念结构再到语言表征的过程。从事件结构到概念结构，英汉语言使用者根据自身的认知能力，采用顺序扫描或整体扫描方式提取并抽象出英汉致使事件的概念结构，致使概念结构在形式表征过程中，语言使用者根据各自语言系统的语法规则对概念结构进行表征。

英汉语致使转移概念均包含致事、致使行为、役事和致使结果语义要素，但由于英汉语认知主体采用的不同观察视角和英汉语所处的不同语言系统，往往体现为不同的句法形式。英语民族采用顺序扫描观察视角对致使转移情景进行认知识解，即按照事件发生的先后顺序对致使转移情景中的要素逐一扫描，同时受到英语语言规则的制约，体现为特定的句法形式。表达致使位移的动结式在顺序扫描和英语动介搭配形式的相互作用下体现为两种形式：一种将役事作为直接作用的对象，置于致使行为之后（如"He sprayed red paint on the wall"），体现为"致事 + 致使行为 + 役事 + 致使结果"语义结构；另一种受英语中一类特殊动介搭配形式的限制（如 spray…with，load…with，clear…of 等），役事作为一种材料或内容，被置于转移目标之后（如"She sprayed it with her perfume"），役事与致使结果异位，产生了一定数量的"致事 + 致使行为 + 致使结果 + 役事"语义结构。由此，英语致使位移动结式语序是致使转移事件概念化和英语语言系统共同作用的结果，如图 8-3 所示。

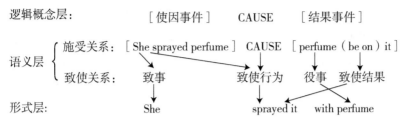

图 8-3　英语致使位移动结式概念化过程

汉语民族以综合性思维为主，汉语致使转移情景主要使用整体扫描，根据情景中组成要素间的亲疏远近关系进行重组。通常情况下，汉语致使位移动结式中的致使行为与致使结果关系紧密，二者构成一个复合形式。汉语系统中存在标记词"把、将"，能够引出役事或致使结果，并将其置于致使行为前。在标记词和整体扫描的共同作用下，汉语致使位移动结式体现为"致事＋役事＋致使行为＋致使结果"和"致事＋致使结果＋致使行为＋役事"两类语义结构。另外，汉语致使位移动结式的语序特征也是语用意图驱动的结果，役事或致使结果置于致使行为前能够起到强调之义，这也是汉语动结式普遍被认为带有感情色彩的原因。

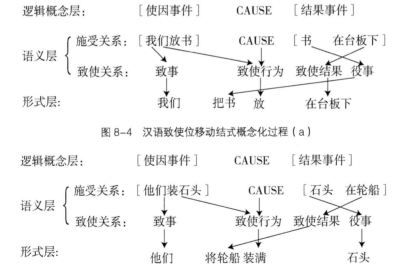

图 8-4　汉语致使位移动结式概念化过程（a）

图 8-5　汉语致使位移动结式概念化过程（b）

如图 8-4 和图 8-5 所示，汉语致使位移动结式通过整体扫描，将语义紧密度较高的致使行为和致使结果进行组合，涉及近距离组元。在语义层向形式层投射过程中，根据汉语语言系统语法规则，标记词"把"和"将"可以分别引出役事"书"和致使结果"轮船"，并将其置于致使行为前，构成汉语致使位移动结式。

英语与格结构以致事为参照点，按照致事、致使行为、役事和致使结果在现实世界中出现的次序逐个顺序扫描，体现为"致事 + 致使行为 + 役事 + 致使结果"语义结构，如图 8-6 所示。而汉语对与格结构的观察视角主要以整体扫描为主，结构中的致事和致使结果语义紧密度较高，二者进行组合构成"致事 + 致使结果 + 致使行为 + 役事"的语义结构，且汉语存在一类标记词"给、为"，可以引出致使结果并置于致使行为前，在整体扫描和语言系统规则的共同作用下，构成"致事 + 致使结果 + 致使行为 + 役事"语义结构，如图 8-7 所示。

图 8-6 英语致使转移与格结构概念化过程

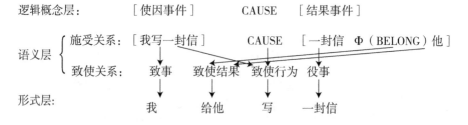

图 8-7 汉语致使转移与格结构概念化过程

以上图示描述了英汉与格结构从逻辑概念层到语义层再到形式表征的投射过程。在语义层内部，表达施受关系的两个情形整合提升为一维致使关系复合情形的过程中，英汉语认知主体分别采用顺序扫描和整体扫描概念化方式，提取并抽象出英汉与格致使事件的概念结构："致事 + 致使行为 + 役事 + 致使结果"和"致事 + 致使结果 + 致使行为 + 役事"。致使概念结构在形式投射过程中，在各自语言系统的选择限制下，英语与格结构语序遵循事件发生的先后顺序，而汉语与格结构借助标记词"给"可将致使结果置于致使行为前，以示强调。

四、小结

本章首先根据形式距离和能产性两个合取指标分析了英汉致使范畴不同体现形式间的形式语义关系，发现英汉语不同致使结构在形式语义紧密度上存在渐变趋势，各自构成一个由综合到分析、由直接到间接的形式语义连续统："单纯词汇致使 > 派生词汇致使 > 与格结构 > 双名结构 > 纯致使义复合宾语句 > 具体词汇义复合宾语句 > 致使义动结式"和"因果合一型词汇致使 > '化'缀型派生词汇致使 > 动结复合词类词汇致使 >A 类与格结构 > 动结式 >A 类'得'字动结式 >B 类与格结构 > 双名结构 > 纯致使义兼语句 > 具体词汇义兼语句 >B 类'得'字动结式"，论证了英汉致使结构在形式语义紧密度上具有的相同语义认知基础。

然后本章从宏观上讨论了英汉致使概念词汇化模式和结构语序表现出的差异及其动因。英语倾向以词汇形式整体表达致使概念，而汉语倾向用相关联的两部分表达致使概念，其词汇化模式的不同与英语综合型、汉语分析型语言的形态类型有关。英汉致使动结式的基本语序差异及英汉表达致使转移义的动结式和与格结构在语序上的不同是由英汉语对致使范畴的不同概念化方式和不同语言系统规则所致。

第九章

结论

　　本研究在系统功能语言学框架下，以英汉致使结构为研究对象，重新界定了致使的概念并完善了致使的跨语言分类框架，对英汉致使结构语义句法进行了全面、系统的对比分析。通过微观层面致使结构内部成分语义句法的对比和宏观层面句式语义句法的对比，由内而外，从语法化、信息结构、概念化方式和语言类型特征几方面对英汉致使结构表现出的异同进行了解释。本章将总结研究的主要发现和贡献，指出研究的局限性，并对致使结构的跨语言研究进行展望。

一、本研究的主要发现

　　通过微观与宏观相结合的方法对英汉致使结构进行对比研究，本研究发现，英汉致使结构内部成分在语义特征上表现出一定的相似性，但由于英汉语在词法和句法上的不同分类标准，体现语义成分的句法单位存在一定差别；英汉致使结构在宏观层面上的句式语义句法表现出较大的差异，体现在及物性过程及其语义配置结构、句式结构、句法功能的不同。本研究的发现主要体现在以下几个方面。

　　（1）通过考察英汉词汇致使内部成分的语义句法特征，发现在致事选择类型、致使行为体现形式和致使结果已然性实现方式上均存在一定差别。英汉致事在优先选择序列上均表现为：人＞事物＞事件，符合人类的认知习惯，但英汉语事件型与事物型致事所占比例差异较大，这与汉语"头重尾轻"和英语"尾重"原则有关。致使结果均具有已然性特征，但已然性实现的方式有别，英语致使结果的实现蕴含于词汇致使动词中；而汉语除自身蕴含结果已然性外，某些单音节词需通过附加动态助词"着、了、起"等标示结果的已然性，以满足汉语的双音韵律特征。英汉致使行为无论在语义还是形式上均表现出一定的差异。在语义上，英语词汇致使只表达使动义，汉语词汇致使则可以表达使动义和使成义。在构成形式上，英语致使词语仅包括单纯词和派生词两类，汉语致使词语包括单纯词、复合词和派生词。英语词汇致使单纯词构成上包括结果自足及物动词和通过同形变价、词类转化而来的使动用法；汉语词汇致使单纯词构成上包括结果自足及物动词、源于古汉语动宾复合词中的不及物动词、形容词的单音节使动用法和现代汉语形容词、不及物动词的使动用法。英语词汇致使合成词构成上只存在形态变化类，而汉语中则包括形态变化（"化"缀和个别音调变化）、转类型复合词和动结式复合词。由于英汉对致使概念的不同词汇化模式，英汉词汇致使动词表现为英语以单纯词为主、汉语以双音节合成词为主的特点。

英汉词汇致使在及物性结构中均表达致使动作、致使关系和致使心理三种复合过程，但语义配置结构不尽相同，句式结构亦不同，除典型语义配置结构外，汉语还存在唯施事和唯受事两类语义配置结构。分析发现，英汉词汇致使在结构形式上的差异由汉语中特有的动宾复合词和动结式复合词所致。通过考察汉语两类复合词的演变机制，揭示了汉语双音化趋势在复合词形成过程中的驱动作用。

（2）英语复合宾语句可以根据致使事件谓词自身是否表达致使义分为致使义复合宾语句和致使义动结式，与汉语中的致使兼语式和致使动结式对应，致使事件谓词具有致使义是英语复合宾语句和汉语兼语句表达致使义的必要条件。英汉两种致使结构可以根据谓词语义分为使令义和非使令义两类，二者内部具有不同的语义层次关系。使令致使结构中的使令动词为使因事件谓词与致使力的复合形式，致事由使因事件"施事"投射而来；非使令致使结构中的动词或为具体致使行为，或为抽象致使行为，致事也相应体现为个体或事件。

　　根据相关语义参数，对英汉致事、致使行为、役事和致使结果进行对比分析，发现英汉致事生命度优先选择序列不同，英语表现为：人 > 事物 > 事件，汉语表现为：人 > 事件 > 事物，这与英汉思维习惯及信息组织方式不同有关。由于英汉词法与句法的不同对应关系，体现语义成分的句法单位存在一定差异，汉语中的一类隐性使令动词具有表达致使义的潜力，进入兼语句后获得了致使义，而英语复合宾语句对进入其中的使令动词有着严格的语法限制，因此不存在与汉语对应的动词。

　　基于系统功能语法及物性理论和功能句法理论，本研究对英汉该类致使结构的句式语义和句式结构进行对比分析，发现二者表达及物性过程类别相同，包括致使动作、致使关系、致使心理、致使交流、致使行为、致使存在和致使气象过程，过程期待的参与者通常为体现结果事件过程的嵌入小句。但过程的语义配置结构存在一定差别，由汉语隐性使令义动词构成的一类兼语句表达"施事 + 过程 + 受事"语义配置，过程期待的参与者不是嵌入小句体现的事件，而是个体，在过程中充当环境成分，在小句中做状语。另外，英汉表达致使关系过程的语义配置不同，英语复合宾语句中结果事件过程谓词多为隐性，这与英语复合宾语句的构成属性有关。当致使结果由介词短语和副词体现时，关系过程谓词通常表现为隐性。

　　（3）通过考察英汉致使动结式内部成分的语义句法特征，本研究发现英汉致事的生命度优先选择序列均为：人 > 事物 > 事件，但内部所占比例不同。英语绝大多数为有生性致事，汉语则表现为有生性与无生性互补分布的规律，这与英汉致使动结式语义层内部施受关系向致使关系整合提升的不同机制有关。根据内外部参数对致使力强度的考察，发现英汉动结式致使力强度等级排列顺序相同。外部参数为致事和役事的指别关系和役事的意愿性，致事与役事的指别关系包括异指、整体部分和同指，在判断致使力强度中起决定作用。内部参数为动词和"结果补语"间的语义紧密度，包括强致使（动态致使）和弱致使（静态致使）。在内外参数的共同作用下，英汉致使力强度呈等级排列，且趋势相同，致使力由强到弱排列为：致役异指 > 整体部分 > 致役同指。

基于系统功能语法及物性理论和功能句法理论，对比了英汉动结式的语义句法特征，发现二者在句式语义和句式结构上均存在较大差别。英语通常体现及物性过程中的致使关系过程，汉语则可以体现致使动作、致使关系和致使心理过程，这是由体现致使结果的语法单位不同所致。英语致使结果由性质词组、少量介词短语、副词和个别名词词组体现，均表达役事的状态；而汉语动结式中的致使结果既可以表达状态事件，也可以表达行为事件，由动词、性质词组和介词短语体现。二者在句式结构上主要体现为英汉基本语序的不同，以及汉语语序的灵活性特征，表现为大量特殊句式，如倒置动结式、重动句和有标记致使位移句等。通过考察英汉动结式基本语序的历时演变过程，揭示了英汉动结式基本语序差异的根源，并从语言类型和信息结构角度讨论了汉语特殊句式的语法基础和语用意图。

（4）英汉双宾语结构包括双名结构和与格结构。从致使义角度看，双名结构表达致使拥有、致使失去和致使感知义，与格结构表达致使被拥有和致使被感知义，二者并不存在转换关系，是两个独立的结构形式。英汉双名结构的差异主要体现在动词语义、句式语义和句式结构上。由于英汉对致使概念的不同词汇化模式，英语不同方向由不同词汇形式表达；而汉语双名动词存在"一词两反义"现象，即同一动词可以表达方向截然相反的传递义。英语双名结构只表达右向传递义，对于进入结构的动词进行压制，其形式匹配呈现一对一模式，而汉语表现为一对多模式。英汉语义配置结构及句法结构上的不同是由汉语中"一词两反义"动词或中性方向义动词所致，双向义动词通常需附加方向义标记词"给""走""出"等以明确传递方向，通常在及物性过程中充当过程延长成分。另外，汉语双音化趋式及表达特定语用效果也推动了带方向义标记词的使用。

通过对英汉致使与格结构内部成分及句式语义句法对比，本研究发现英汉致使与格结构内部成分的语义特征相似，表现为致事、役事的有生性选择序列相同，致使动词语义类型相似，致使结果已然性均具有不确定性。与格结构体现的及物性过程类型相同，但过程语义配置结构存在较大差别，主要体现为句式语序的不同。英语句式是对致使与格概念的直接映射，而汉语句式语序更加灵活多变。汉语介词"给、为"及其引出的拥有者和感知者/认知者可被置于过程前，起强调作用。此外，汉语语序的灵活性和语言的信息结构有关，通过有标记信息结构可以实现特殊的语用效果。

（5）致使作为一个语义网络范畴，存在典型与非典型形式，典型成员到边缘成员间存在过渡形式，因此致使结构呈渐变连续统分布。致使结构形式语义符合象似性原则，根据致使结构形式距离及能产性两个合取指标，本研究对英汉致使结构在形式紧密度上的分布情况进行考察，发现英汉致使结构形式语义上均呈连续统分布。

从整体上来看，英汉致使范畴在词汇化模式及结构语序上存在差异。词汇化模式差异表现为英汉致使结构形态分布差异及致使动词形态和表意的不同。英汉语的不同形态类型决定了英语以词汇致使为主、汉语以句法致使为主的分布特征。对于同一个致使概念，以综合型为特征的英语倾向于用词汇形式整体表达，而以分析型为特征的汉语倾向于用相关联的两部分表达。英汉词汇致使动词的单纯词和复合词形态差异同样是由二者的形态类型不同所致。英汉双名动词在表达传递方向义上表现出单向传递和双向传递的特征，汉语双名动词表达双向传递义也被称为"一词两反义"现象，是由汉民族文化对立统一的辩证哲学观所致。

二、本研究的贡献

在前人研究的基础上，文研究重点分析了以往研究中的不足，即致使概念、分类、致使结构的语义句法描述及英汉致使结构的系统对比，以深化对致使结构的认识并有所创新。本研究的主要贡献体现在以下几方面。

（1）重新界定了致使概念，并完善了致使的跨语言分类模式。融合致使概念的事件观和力作用说，将二者视为致使范畴化网络中的图式—例示，既充分解释了两个事件之间的致使关系，也体现了致使动词对参与者角色的预测力，并借助加的夫语法中逻辑概念与语义系统的投射关系，解释了事件观和力作用说的图式—例示关系，说明了致使的层级性特征。系统功能语法并协互补思想框架下的词汇致使和句法致使分类模式更具普适性，为致使结构跨语言研究提供了合理的分类对比框架。根据动词本身表达致使义与否，将英语复合宾语句一分为二，能够与汉语兼语句和动结式一一对应，保证了英汉对比的系统性和充分性，解决了以往研究中英语复合宾语句与汉语兼语句不对等的问题。另外，将双宾语句纳入句法致使结构，拓展了致使结构研究的范围。

（2）本研究融合系统功能语法内部的悉尼语法和加的夫语法两个视角，重新审视致使结构，并根据语言事实对系统功能语法及物性理论框架进行了补充和完善。鉴于致使义是语言中普遍存在的一个语义范畴，致使过程能够描述现实世界中这一普遍现象的经验意义，因此，本研究在及物性理论框架中增加了一类独立的过程类型：致使过程。同时将致使过程与其引起的结果事件过程相融合，提出七类复合型及物性过程，完善了系统功能语言学及物性理论框架。功能语法不仅关注局部语义特征，而且能够关照句式语义及整个致使语义系统，通过分析致使复合过程的不同语义配置结构，构建了英汉致使结构语义系统网络，在精密度上扩展和细化了致使义及物性，在理论上完善了系统功能语法在描述致使意义上的不足。

（3）从致使义角度出发，充分考虑不同致使结构的差异，以致使过程期待出现的结果参与者为导向，重新对致使结构进行功能语义句法分析，解决了以往研究将致使动词后成分笼统视为嵌入小句充当过程参与者的问题，揭示了致使范畴下不同体现形式内部的语义关系和句法功能。英语复合宾语句和汉语兼语句中的述语谓词本身具有致使义，对结果事件存在强预期性，与役事不构成句义中心，句义中心为役事和结果构成的结果事件，过程期待的参与者是一个嵌入的过程小句。英汉致使动结式中的述语谓词为非致使义动词，本身对结果没有预期性，根据述语谓词与役事间存在支配关系与否，过程期待的结果参与者可分为个体和事件。述语谓词与役事构成支配关系时，复合过程期待的参与者为个体，且结果事件过程完全融入致使过程；二者不构成支配关系时，复合过程期待的参与者为嵌入的过程小句。如"He wiped the table clean"中的"the table clean"通常被分析为过程参与者的做法违背了语言事实，wipe 与 table 存在支配关系，二者构成句义中心，table 是过程的参与者，clean 只是对动作的补充说明，属附加信息，充当过程延长成分。对致使义动结式中的"致事隐含动结式"的语义句法分析也充分体现了以"意义为中心"的功能思想，如"脸都哭脏了"中的"哭"和"脸"并不存在支配关系，并非传统语法中的"受事主语句"，句义中心为"脸脏了"，因此，我们将"哭"这一引起结果的事件在句法结构中分析为方式状语，以嵌入小句方式在过程中充当环境成分。英汉双宾语结构表达的致使过程与结果事件过程发生部分融合，施事参与者引出的复合过程期待出现两个复合参与者，因此构成三参与者过程。以上句法分析原则解决了形式语义不对等的问题，充分揭示了语义与句法的互动关系。

（4）微观和宏观相结合，系统、全面地分析了英汉致使结构表现出的差异，并由内而外，从语法化、信息结构、概念化方式及语言类型角度对差异进行了解释。不仅从致使范畴内部就不同类型致使结构成分和句式的语义句法特征进行了对比和解释，也从外部对英汉致使范畴形式语义连续统、不同词汇化模式及结构语序差异进行了分析，并借助相关理论对英汉致使结构表现出的差异进行了全方位的解释，加深了对英汉语致使义共性和个性的认识，论证了英汉语言类型学差异，不仅对现象进行了充分的描述，而且对现象产生的动因进行了解释。研究结果有助于英汉语言学习者对目标语的习得，无论是对外汉语教学还是英语教学，英汉致使结构类型学差异的讨论有助于学习者系统认识二者在形态分布规律上的不同及表述语序上的差异，促进致使结构教学方法及理念的完善，避免语言使用中的中介语现象。英汉致使结构表现出的不同特征，尤其是对汉语中重动句、"致事隐含动结式"、倒置动结式等特殊致使句式形成机制的认识，对于英汉互译具有指导意义。

三、本研究的局限性及研究展望

本研究尝试在系统功能语法框架下对英汉致使结构语义句法进行全面、系统的对比研究，虽然解决了某些相关问题，但仍然存在一定局限性，仍有继续深入探讨的空间。

（1）本研究试图构建一个较为全面细致的英汉致使意义系统网络，但由于篇幅所限，未能对致使结构体现的所有语义配置结构进行考察，仅选取了英汉语主要的语义配置结构进行描述。且仅根据致使结构体现的及物性过程类型及其语义配置结构建构了致使过程及物性意义系统网络，没有进一步统计选择不同过程的概率，所构建的致使及物性意义系统网络在精密度上还不够细致。另外，本研究对致使范畴的讨论仅涉及概念意义，没有考察人际意义和语篇意义，对于致使范畴的语义描述仍不够全面。

（2）本研究虽然从微观和宏观层面对比了英汉致使结构的语义句法特征，但主要聚焦于宏观层面上对两者异同的描述与解释。对于微观层面结构成分语义句法的描述不够深入细致，有关微观层面结构内部致事、役事和致使结果的语义参数判断不够客观，如对役事意愿性的判断存在一定主观性。意愿性有强弱之别，本身并非一分为二的概念，因此，有时难以准确判断役事有无意愿性。且在对致事语义特征进行考察时，选取语料数量有限，今后可以基于大型语料库进行统计分析，以揭示英汉语在致事、役事选择上的不同规律及其动因。本研究在宏观层面上基于系统功能语法语义句法理论对两者异同进行描述，但对二者差异的解释视角不够聚焦，较为发散，涉及语法化视角、信息结构视角、概念化方式以及语言类型特征。今后的研究可以尝试在同一个理论框架下对英汉致使结构异同进行系统的解释。

（3）致使结构是语言中普遍存在的一类语义语法范畴，本研究对致使结构的类型学考察仅涉及英汉两种语言，在功能语法视角下揭示了两种语言在致使结构语义句法上的异同。在今后的研究中，研究者可以基于大型语料库对致使结构开展多语种的对比研究，以揭示不同语言致使结构的共性与个性，为翻译实践提供参考，并丰富系统功能语言学对致使结构的描述。另外，基于平行语料库对汉语特殊句式在其他语言中对应表达形式的考察，也将大有可为，不仅可以指导翻译实践，也可以为语言教学提供参考。

参考文献

[1]   Aissen J. The Syntax of Causative Constructions[M]. New York & London: Garland Publishing, 1979.

[2]   Aoun J. & Y–H. A. Li. Scope and constituency[J]. *Linguistic Inquiry*, 1989, 20 (2): 141–172.

[3]   Berry M. Introduction to Systemic Linguistics, Vol 2: Levels and Links[M]. London: Batsford, 1977.

[4]   Boas, H. A Constructional Approach to Resultatives[M]. Stanford: CSLI Publications, 2003.

[5]   Bolinger D. The Phrasal Verb in English[M]. Cambridge: Harvard University Press, 1971.

[6]   Broccias C. The English Change Network[M]. Berlin: Mouton de Gruyter, 2003.

[7]   Broccias C. Towards a history of English resultative constructions: The case of adjective resultative constructions[J]. *English and Linguistics*, 2008, 12 (1): 27–54.

[8]   Cheng L. Verb Copying in Mandarin Chinese[A]. In Cower, N. & J. Nunes (eds.). The Copy Theory of Movement[C]. Philadelphia: J. Benjamins Pub. Co., 2007: 151–174.

[9]   Collins P. The indirect object construction in English: an information approach[J]. *Linguistics*, 1995, 33 (1): 35–49.

[10]   Comrie B. Language Universals and Linguistic Typology[M]. Oxford:

Blackwell, 1981.

[11] Comrie B. Language Universals and Linguistic Typology ［M］. 2nd ed. Chicago: University of Chicago Press, 1989.

[12] Chomsky N. The Minimalist Program［M］. Cambridge: MIT Press, 1995.

[13] Croft W. Syntactic Categories and Grammatical Relations［M］. Chicago: University of Chicago Press, 1991.

[14] Croft W, J Barðdal, W Hollmann, et al. Discriminating verb meanings: The case of transfer verbs［R］. LAGB Autumn Meeting, UK, 2001.

[15] Dixon R M W. A typology of causatives: form, syntax and meaning［A］. In Dixon R M W and Y A Alexandra. Changing Valency: Case Studies in Transitivity［C］. New York: Cambridge University Press, 2000: 30–83.

[16] Dixon R M W. A Semantic Approach to English Grammar［M］. Oxford: Clarendon Press, 2005.

[17] Dowty D R. Word Meaning and Montague Grammar［M］. Dordrecht: Reidel, 1979.

[18] Dowty D R. Thematic proto−roles and argument selection[J]. Language, 1991, 67 (3): 547–619.

[19] Eggins S. An Introduction to Systemic Functional Linguistics［M］. London: Continuum, 1994.

[20] Eggins S. An Introduction to Systemic Functional Linguistics［M］. London: Printer Publisher, 2004.

[21] Fauconnier G & M Turner. Blending as a central process of grammar［A］. In Goldberg, A. (ed.) Conceptual Structure, Discourse, and Language［C］. Stanford, CA: Cambridge University Press, 1996: 113–130.

[22] Fawcett R P. The semantics of clause and verb for relational processes in English［A］. In Halliday M A K and Fawcett R P (eds.) New Developments in Systemic Linguistics: Theory and Description. Vol. 1. ［C］. London: Printer, 1987: 130–183.

[23]   Fawcett R P. A Theory of Syntax for Systemic Functional Linguistics[M].
        Amsterdam: Benjamins, 2000.

[24]   Fawcett R P. Invitation to Systemic Functional Linguistics through the
        Cardiff Grammar: An Extension and Simplification of Halliday's Systemic
        Functional Grammar [M]. 3nd ed. London: Equinox, 2008.

[25]   Fawcett R P. How to Analyze Participant Roles and So Process in
        English[M]. Handbook for MA students of linguistics in University of
        Science and Technology Beijing, 2010.

[26]   Fawcett R P. The Functional Syntax Handbook: Analyzing English at the
        Level of Form[M]. London: Equinox, 2017.

[27]   Givón T. Historical syntax and synchronic morphology: An archaeologist's
        field trip[C]// Proceedings of the 7th regional meeting of the Chicago
        linguistic society. Chicago: Linguistic Society, 1971: 394–415.

[28]   Goldberg A E. Constructions: A Construction Grammar Approach to
        Argument Structure[M]. Chicago: The University of Chicago Press, 1995.

[29]   Goldberg A & R Jackendoff. The English resultative as a family of
        construction[J]. *Language,* 2004, 80 (3): 532–569.

[30]   Gu Y. The Syntax of Resultative and Causative Compounds in Chinese[M].
        Ithaca: Cornell University Press, 1992.

[31]   Haiman, J. Iconic and economic motivation[J]. *Language,* 1983, 59 (4):
        781–819.

[32]   Haiman J. Natural Syntax: Iconicity and Erosion[M]. Cambridge: Cambridge
        University Press, 1985.

[33]   Halliday M A K. Categories of the theory of grammar[J]. *Word,* 1961, 17 (3):
        241–292.

[34]   Halliday M A K. Note on transitivity and theme in English: Part1[J].
        Journal of Linguistics, 1967, 3(1): 37–81.

[35]   Halliday M A K. Spoken and Written Language[M]. Geelong: Deakin

University Press, 1985.

[36]   Halliday M A K. An Introduction to Functional Grammar [M]. 2nd ed.
         London: Edward Arnold/ Beijing: Foreign Language Teaching and Research
         Press, 1994/2000.

[37]   Halliday M A K & C M I M Matthiessen. An Introduction to Functional
         Grammar [M]. 3rd ed. London: Arnold/Beijing Foreign Language Teaching
         and Research Press, 2004/2008.

[38]   Halliday M A K. Complementarities in Language[M]. Beijing: The
         Commerical Press, 2008.

[39]   Halliday M A K & C M I M. Matthiessen. Halliday's Introduction to
         Functional Grammar [M]. 4th ed. London/New York: Routledge, 2014.

[40]   Harley H. Possession and the double object construction[A]. In Pica P &
         Rooryck J (eds.). Linguistic Variation Yearbook. Vol 2. [C]. Amsterdam:
         John Benjamins, 2002: 31–70.

[41]   Harley H. How do verbs get their names? Denominal verbs, manner
         incorporation and the ontology of verb roots in English[A]. In Erteschik-shir
         N & T Rapoport(eds.). The Syntax of Aspect[C]. Oxford: OUP, 2005: 42–46.

[42]   He Wei. "Bi-functional constructions" in modern mandarin Chinese: a
         Cardiff Grammar approach[J]. *Language Science*, 2014, 42: 43–59.

[43]   Hoekstra T. Small clause results[J]. *Lingua*, 1988, 74 (2–3): 101–139.

[44]   Huang C T. James. Resultatives and unaccusatives: A parametric view[J].
         Bulletin of the Chinese Linguistic Society of Japan, 2006, 253: 1–43.

[45]   Jackendoff R. Semantic Structures[M]. Cambridge, MA: The MIT Press,
         1990.

[46]   Lakoff G. Irregularity in Syntax[M]. New York: Holt, Rinhard & Winston,
         1970.

[47]   Lakoff G. Women, Fire and Dangerous Things[M]. Chicago: University of
         Chicago Press, 1987.

[48]   Langacker R W. Foundations of Cognitive Grammar, Vol. 2: Descriptive Application[M]. Stanford: Stanford University Press, 1991.

[49]   Larson R. On the double object construction[J]. *Linguistics Inquiry*, 1988, 19 (3): 335–391.

[50]   Levin B & M Rappaport Hovav. Lexical subordination[J]. *CLS*, 1988 (24): 275–289.

[51]   Levin B & M Rappaport Hovav. Unaccusativity: At the syntax–lexical semantics interface[M]. Cambridge, MA: MIT Press, 1995.

[52]   Levinson L. To in two places in the dative alternation[A]. In S Arunachalam et al. (eds.). Proceedings of the 28th Annual Penn Linguistic Colloquium[C]. Philadelphia, PA: University of Pennsylvania, 2005: 155–168.

[53]   Li Y F. On V–V compounds in Chinese[J]. *Natural Language and Linguistic Theory*, 1990, 8 (2): 177–207.

[54]   Li Y F. The thematic hierarchy and causativity[J]. *Natural Language and Linguistic Theory*, 1995, 13 (2): 255–282.

[55]   Lyons J. Introduction to Theoretical Linguistics[M]. Cambridge: Cambridge University Press, 1968.

[56]   Martin J R, Matthiessen, C M I M & Painter C. Deploying Functional Grammar[M]. Beijing: The Commercial Press, 2010.

[57]   McCawley J. Lexical insertion in a transformational grammar without deep structure[C]// Proceedings of the Chicago Linguistic Society, 1968 (4): 71–80.

[58]   Miller G & P Johnson–Laird. Language and Perception[M]. Cambridge: Harvard University Press, 1976.

[59]   Moreno J C. "Make" and the semantic origins of causativity: A typological study[A]. In Comrie B and Polinsky M (eds). Causativity and Transitivity[C]. Amsterdam/Philadephia: John Benjamins Pbulishing Company, 1993: 155–164.

[60]   Palmer F. Grammatical Roles and Relations[M]. Cambridge: Cambridge University Press, 1994.

[61]   Pesetsky D. Zero Syntax. Experiencers and Cascades[M]. Cambridge, MA: The MIT Press, 1995.

[62]   Pinker S. Learnability and Cognition: The Acquisition of Argument Structure[M]. Cambridge, MA: The MIT Press, 1989.

[63]   Quirk R, S Greenbaum, G Leech & J Svartvik. A Comprehensive Grammar of the English Language[M]. London: Longman, 1985.

[64]   Rappaport Hovav M & B Levin. The English dative alternation: The case for verb sensitivity[J]. *Journal of Linguistics*, 2008, 44 (1): 129–167.

[65]   Reinhart T. The theta–system: An overview[J]. *Theoretical Linguistics*, 2002, 28 (3): 229–290.

[66]   Shibatanim. Causativization, Syntax and Semantics[M]. New York: Academic Press, 1976.

[67]   Shibatani M & P Pardeshi. The causative continuum[A]. In Shibatani M (ed.), The Grammar of Causation and Interpersonal Manipulation[C]. Amsterdan/ Filadelfia: John Benjamins, 2002: 85–126.

[68]   Song J J. Causatives and Causation: A universal–typological perspective[M]. Longman: New York, 1996.

[69]   Talmy L. Semantic causative types[A]. In M Shibatani (Ed.). Syntax and Semantics, The Grammar of Causative Constructions. Vol. 6. [C]. New York: Academic Press, 1976: 43–116.

[70]   Talmy L. Lexicalization patterns: Semantic structure in lexical forms[A]. In Timothy S. Language Typology and Syntactic Description[C]. Cambridge: Cambridge University Press, 1985: 36–149.

[71]   Talmy L. Force Dynamics in language and cognition[J]. *Cognitive Science*, 1988, 12 (1): 49–100.

[72]   Talmy L. Toward a Cognitive Semantics (Volume II): Typology and Process

in Concept Structuring［M］. Cambridge, MA: MIT Press, 2000.

[73] Thompson G. Introducing Functional Grammar［M］. 2nd ed. London: Arnold/Beijing Foreign Language Teaching and Research Press, 2004/2008.

[74] Tucker G H. The Lexicogrammar of Adjectives: A Systemic Functional Approach to Lexis［M］. London and New York: Cassell, 1998.

[75] Visser T. An Historical Syntax of the English Language［M］. Leiden: E. J. Brill, 1963.

[76] Washio R. Resultatives, compositionality and language variation［J］. *Journal of East Asian Linguistics*, 1997, 6 (1): 1–49.

[77] Wolff P & M Zettergren. A vector model of causal meaning[A]. In Gray W D & C D Schunn (Eds.). Proceedings of the Twenty–fourth Annual Conference of the Cognitive Science Society[C]. New York: Routledge, 2002: 944–949.

[78] Wolff P & G Song. Models of causation and the semantics of causal verbs［J］. *Cogn Psychol*, 2003, 47 (3): 276–332.

[79] 安丰存，刘立群．英语 SVOC 句式与汉语兼语句动词类别对比 [J]. 延边大学学报，2003（2）: 90–93.

[80] 蔡基刚．英汉词汇对比研究 [M]. 上海: 复旦大学出版社，2008.

[81] 蔡军，张庆文．汉语隐性事件性致使句的句法语义研究 [J]. 现代外语，2017（3）: 304–313，437.

[82] 陈昌来．现代汉语动词的句法语义属性研究 [M]. 上海: 学林出版社，2002.

[83] 陈承泽．国文法草创 [M]. 北京: 商务印书馆，1982.

[84] 陈俊芳．现代汉语致使移动构式的认知分析 [J]. 中北大学学报（社会科学版），2010 (6): 97–104.

[85] 陈兴．结果次谓语结构的焦点凸显 [J]. 外语学刊，2014 (4): 39–42.

[86] 陈秀娟．致使义的汉语兼语句和英语复合宾语句的对比研究 [D]. 长春: 吉林大学博士论文，2010.

[87] 程工．语言共性论 [M]. 上海: 上海外语教育出版社，1999.

[88] 程工，杨大然. 现代汉语动结式复合词的语序及相关问题 [J]. 中国语文，2016 (5): 526–540.

[89] 程明霞. 致使概念的原型范畴研究 [J]. 湖南科技学院学报，2008 (1): 156–158.

[90] 程琪龙. 致使概念语义结构的认知研究 [J]. 现代外语，2001 (2): 121–132.

[91] 成镇权. 汉语动补复合词的句法—语义错位 [J]. 韶关学院学报，2011 (3): 83–88.

[92] 成镇权，梁锦祥. 汉语动补复合词致使性特征的语法属性 [J]. 华南师范大学学报，2008 (6): 57–64，158.

[93] 成祖堰，刘文红. 英汉双及物构式的几个类型特征 [J]. 外语与外语教学，2016 (4): 79–86.

[94] 邓仁华，樊淑颖. 汉语兼语句的功能句法—语义分析 [J]. 内蒙古大学学报（哲学社会科学版），2018 (3): 92–97.

[95] 董秀芳. 述补带宾句式中的韵律制约 [J]. 语言研究，1998 (1): 55–62.

[96] 范晓. 三个平面的语法观 [M]. 北京：北京语言文化大学出版社，1996.

[97] 范晓. 汉语的句子类型 [M]. 太原：书海出版社，1998.

[98] 范晓. 论"致使结构"[A]. 中国语文杂志社编. 语法研究和探索（十）[C]. 北京：商务印书馆，2000.

[99] 符达维. 从句子的内部结构看所谓"兼语式" [J]. 辽宁大学学报（哲学社会科学版），1980 (4): 90–96.

[100] 郭印. 汉英致使交替现象的认知功能研究 [D]. 上海：上海外国语大学博士论文，2011.

[101] 郭印. 作格动词致使交替特性的配式分析 [J]. 山东外语教学，2015 (2): 19–26.

[102] 郭锐，叶向阳. 致使的类型学和汉语的致使表达 [R]. 第一届肯特岗国际汉语语言学圆桌会议论文，新加坡，2001.

[103] 郭淑慧. 现代汉语致使句式研究 [D]. 北京：北京语言大学博士论文，

2004.

[104]　何伟，高生文，贾培培，等．汉语功能句法分析 [M]. 北京：外语教学与研究出版社，2015a.

[105]　何伟，张敬源，张娇，等．英语功能句法分析 [M]. 北京：外语教学与研究出版社，2015b.

[106]　何伟，张瑞杰，淡晓红，等．汉语功能语义分析 [M]. 北京：外语教学与研究出版社，2017a.

[107]　何伟，张瑞杰，淡晓红，等．英语功能语义分析 [M]. 北京：外语教学与研究出版社，2017b.

[108]　何伟，张瑞杰．现代汉语使役句的功能视角研究 [J]. 外语学刊，2017c (6): 53–59.

[109]　何伟，李璐．系统功能视角下的词组类型研究：以英汉为例 [J]. 外语与外语教学，2019 (5): 40–48，85，148.

[110]　何晓炜．双及物结构的语义表达研究 [J]. 外语教学与研究，2009 (1): 18–24.

[111]　何元建，王玲玲．论汉语使役句 [J]. 汉语学习，2002 (4): 1–9.

[112]　何元建．论使役句的类型学特征 [J]. 语言科学，2004 (1): 9–42.

[113]　胡旭辉．英语致使结构：最简方案视角下的研究及相关理论问题 [J]. 外语教学与研究，2014 (4): 508–520.

[114]　胡裕树．现代汉语（重订本）[M]. 上海：上海教育出版社，1996.

[115]　胡裕树，范晓．动词研究综述 [M]. 太原：山西高教联合出版社，1996.

[116]　胡壮麟，朱永生，张德禄，李战子．系统功能语言学概论 [M]. 北京：北京大学出版社，2005.

[117]　黄伯荣，廖序东．现代汉语 [M]. 北京：高等教育出版社，2000/2002/2011.

[118]　黄国文．英语使役结构的功能分析 [J]. 外国语，1998 (1): 12–16.

[119]　黄锦章．汉语中的使役连续统及其形式紧密度问题 [J]. 华东师范大学学报（哲学社会科学版），2004 (5): 100–105，125.

[120] 蒋绍愚 . 汉语动结式产生的时代 [A]. 袁行霈主编 . 国学研究（第六辑）[C]. 北京：北京大学出版社，1999.

[121] 金贞儿 . 致使义兼语句与 "把" 字句的构式转换及其理据探究 [D]. 上海：上海师范大学博士论文，2012.

[122] 黎锦熙 . 新著国语文法 [M]. 北京：商务印书馆，1924.

[123] 李金妹，李福印，Jürgen Bohnemeyer. 四字成语中的词汇型致使构式 [J]. 华文教学与研究，2017 (2): 81–88.

[124] 李炯英 . 致使结构的汉英对比研究 [M]. 合肥：中国科学技术大学出版社，2012.

[125] 李临定 . 双宾句类型分析 [A]. 中国语文杂志社编 . 语法研究和探索（第二辑）[C]. 北京：北京大学出版社，1984.

[126] 李临定 . 现代汉语句型 [M]. 北京：商务印书馆，2011.

[127] 李人鉴 . 试论 "使" 字句和 "把" 字句（续）[J]. 扬州师院学报（社会科学版），1990 (3): 59–61.

[128] 李宇明 . 领属关系与双宾句分析 [J]. 语言教学与研究，1996 (3): 62–72.

[129] 梁红艳 . 从系统功能语言学的角度探讨英语使役结构 [J]. 中北大学学报（社会科学版），2008 (4): 60–63.

[130] 刘丹青 . 汉语给予类双及物结构的类型学考察 [J]. 中国语文，2001 (5): 387–397.

[131] 刘婧，李福印 . 致使义视角下的 "使" 字句及其英语表达形式——一项基于平行语料库的调查 [J]. 西安外国语大学学报，2017 (1): 39–45.

[132] 刘永耕 . 使令类动词和致使词 [J]. 新疆大学学报（哲学社会科学版），2000 (1): 93–96.

[133] 刘月华，潘文娱，故桦 . 实用现代汉语语法 [M]. 北京：商务印书馆，2004.

[134] 刘云飞 . 现代汉语兼语句分类新论——以力量关系的心理表征为视角 [J]. 外语学刊，2014 (1): 78–83.

[135] 刘街生 . 兼语式是一种句法连动式 [J]. 汉语学习，2011 (1): 22–28.

[136] 龙日金，彭宣维．现代汉语及物性研究 [M]．北京：北京大学出版社，2012.

[137] 陆俭明．再谈"吃了他三个苹果"一类结构的性质 [J]．中国语文，2002 (4): 317–325.

[138] 吕冀平．两个平面、两种性质：词组和句子的分析 [J]．学习与探索，1979 (4): 80–94.

[139] 吕叔湘．现代汉语八百句 [M]．北京：商务印书馆，1980.

[140] 吕叔湘．中国文法要略 [M]．北京：商务印书馆，1982.

[141] 罗思明．英汉动结式的认知功能分析 [D]．上海：上海外国语大学博士论文，2009.

[142] 马建忠．马氏文通 [M]．北京：商务印书馆，1898.

[143] 马真，陆俭明．形容词作结果补语情况考察（三）[J]．汉语学习，1997 (4): 14–18.

[144] 梅祖麟．从汉代的"动杀""动死"来看动补结构发展 [A]．北京大学中文系《语言学论丛》编委会编．语言学论丛（第十六辑）[C]．北京：北京商务印书馆，1991.

[145] 孟凯．致使合成词的类型及致使语义要素的呈现与成分凝固度 [J]．语言教学与研究，2011 (3): 59–66.

[146] 孟凯．"X + N 役事"致使词式的类型及其语义关联 [J]．世界汉语教学，2012 (4): 531–541.

[147] 孟凯．汉语致使性动宾复合词构式研究 [M]．北京：北京语言大学出版社，2016.

[148] 牛顺心．汉语中致使范畴的结构类型研究 [D]．上海：上海师范大学博士论文，2004.

[149] 潘艳艳，张辉．英汉致使移动句式的认知对比研究 [J]．外语学刊，2005 (3): 60–64.

[150] 彭国珍．景颇语致使结构的类型学考察 [J]．中国语文，2013 (6): 535–545.

[151] 彭利贞. 论使役语义的语法表现层次 [J]. 杭州大学学报（哲学社会科学版），1996 (4): 101–106.

[152] 齐曦. 论使役结构及其两大范式 [J]. 外语学刊，2007 (3): 70–75.

[153] 齐曦. 直接使役和间接使役——英语使役结构功能语义差异研究 [J]. 英语研究 2008 (4): 22–27.

[154] 齐曦. 论英语使役结构与"投射"[J]. 北京科技大学学报(社会科学版），2009 (1): 106–111.

[155] 秦裕祥. 致使概念和英语致使句的生成与扩展 [J]. 解放军外国语学院学报，2015 (4): 12–21+159.

[156] 申小阳. 汉英双及物构式历时演变的认知对比研究 [D]. 长沙：湖南师范大学博士论文，2018.

[157] 沈阳，何元建，顾阳. 生成语法理论与汉语语法研究 [M]. 哈尔滨：黑龙江教育出版社，2001.

[158] 施春宏. 动结式致事的类型、语义性质及其句法表现 [J]. 世界汉语教学，2007 (2): 22–23.

[159] 施春宏. 汉语动结式的句法语义研究 [M]. 北京：北京语言大学出版社，2008.

[160] 石毓智，李讷. 汉语语法化的历程——形态句法发展的动因和机制 [M]. 北京：北京大学出版社，2001.

[161] 石毓智. 汉语发展史上的双音化趋势和动补结构的诞生——语音变化对语法发展的影响 [J]. 语言研究，2002 (1): 1–14.

[162] 石毓智. 汉英双宾结构差别的概念化原因 [J]. 外语教学与研究，2004 (2): 83–89.

[163] 石毓智. 构式与规则——英汉动补结构的语法共性 [J]. 外国语言与文化，2018 (2): 128–138.

[164] 宋玉柱. 现代汉语语法十讲 [M]. 天津：南开大学出版社，1986.

[165] 宋文辉. 现代汉语动结式配价的认知研究 [D]. 北京：中国社会科学院博士论文，2003.

[166] 宋文辉 . 再论汉语所谓 "倒置动结式" 的性质和特征 [J]. 外国语，2018 (5): 48–60.

[167] 苏丹洁 . 取消 "兼语句" 之说——构式语块法的新分析 [J]. 语言研究，2012 (2): 100–107.

[168] 谈建宏 . 英语致使—移动构式多义现象的构式语法研究 [D]. 重庆：重庆师范大学硕士论文，2013.

[169] 谭景春 . 使令动词和使令句 [A]. 中国语文杂志社编 . 语法研究和探索（第七辑）[C]. 北京：商务印书馆，1995.

[170] 唐翠菊 . 现代汉语重动句的分类 [J]. 世界汉语教学，2001 (1): 80–86.

[171] 宛新政 . 现代汉语致使句研究 [M]. 杭州：浙江大学出版社，2005.

[172] 王蕾 . 致使义视角下的 "把" 字句及其英语表达形式 [J]. 外语教学与研究，2008 (1): 37–45.

[173] 王文斌，徐睿 . 英汉使役心理动词的形态分类和句法结构比较分析 [J]. 外国语，2005 (4): 22–29.

[174] 王力 . 中国现代语法 [M]. 北京：商务印书馆，1943.

[175] 王寅 . 事件域认知模型及其解释力 [J]. 现代外语，2005 (2): 17–26.

[176] 王寅 . 认知语法概论 [M]. 上海：上海外语教育出版社，2006.

[177] 王寅 . 构式语法研究 [M]. 上海：上海外语教育出版社，2011.

[178] 王小华 . 现代汉语受事主语句的句法特点 [J]. 时代文学（双月版），2006 (6): 200–203.

[179] 王宜广，宫领强 . 动趋式的事件表达及概念语义结构分析 [J]. 语文研究，2016 (3): 44–51.

[180] 吴福祥 . 试论现代汉语动补结构的来源 [A]. 江蓝生，候精一主编 . 汉语现状与历史的研究——首届汉语语言学国际讨论会文集 [C]. 北京：中国社会科学出版社，1999.

[181] 吴竞存，候学超 . 现代汉语句法分析 [M]. 北京：北京大学出版社，1982.

[182] 吴为善 . 自致使义动结构式 "NP + VR" 考察 [J]. 汉语学习，2010 (6):

3–11.

[183] 萧璋 . 论连动式和兼语式 [J]. 北京师范大学学报（社会科学版），1956 (1): 225–234.

[184] 熊学亮，梁晓波 . 论典型致使结构的英汉表达异同 [J]. 外语教学与研究，2004 (2): 90–96.

[185] 熊学亮，魏薇 . 倒置动结式的致使性透视 [J]. 外语教学与研究，2014 (4): 497–507.

[186] 熊仲儒 . 现代汉语中的致使句式 [M]. 合肥：安徽大学出版社，2004.

[187] 熊仲儒 . 汉语重动句的句法分析 [J]. 华文教学与研究，2017 (2): 72–80.

[188] 徐杰 . "打碎了他四个杯子"与约束原则 [J]. 中国语文，1999 (3): 83–89.

[189] 徐杰 . 语义上的同指关系与句法上的双宾语句式——兼复刘乃仲先生 [J]. 中国语文，2004 (4): 302–313+383.

[190] 玄玥动词"完结"范畴考察与类型学分析 [J]. 世界汉语教学，2017 (1): 20–35.

[191] 严辰松 . 论汉语带"宾语"自致使动结式 [J]. 解放军外国语学院学报，2019 (1): 66–73.

[192] 杨大然 . 兼语句的语义分类及其空语类的句法分布 [J]. 解放军外国语学院学报，2006 (1): 23–28.

[193] 杨成凯 . 汉语语法理论研究 [M]. 沈阳：辽宁教育出版社，1996.

[194] 杨江锋 . 基于语料库的原型理论视阈下汉语迂回致使结构研究 [J]. 外语教学，2016 (2): 7–11.

[195] 杨树达 . 高等国文法 [M]. 北京：商务印书馆，1984.

[196] 叶向阳 . "把"字句的致使性解释 [J]. 世界汉语教学，2004 (2): 25–39.

[197] 殷红伶 . 英语动结式的语义结构问题 [J]. 解放军外国语学院学报，2010 (6): 15–18，30，127.

[198] 殷红伶 . 英汉动结式语义结构研究 [M]. 南京：东南大学出版社，2011.

[199] 袁咏 . 致使事件的语义认知过程及形式体现 [J]. 新疆大学学报，2011

(6): 147–150.

[200]　张伯江. 现代汉语的双及物结构式 [J]. 中国语文，1999 (3): 175–184.

[201]　张国宪，周国光. 索取动词的配价研究 [J]. 汉语学习，1997 (2): 3–9.

[202]　张国宪. 制约夺事成分句位实现的语义因素 [J]. 中国语文，2001 (6): 508–518.

[203]　张辉. 语法整合与英汉致使移动的对比研究 [J]. 天津外国语学院学报，2004 (1): 7–13.

[204]　张静. "连动式"和"兼语式"应该取消 [J]. 郑州大学学报（哲学社会科学版），1977 (4): 71–80.

[205]　张敬源，夏静. 加的夫语法视阈下的现代汉语"使"字结构研究 [J]. 当代外语研究，2015 (5): 17–22.

[206]　张京鱼. 英汉"给予类"动词与格转换和编码策略 [J]. 吉林师范大学学报（人文社会科学版），2012 (2): 27–32.

[207]　张翼. 倒置动结式的认知构式研究 [J]. 外国语，2009 (4): 34–42.

[208]　张翼. 概念整合理论对于语法问题的解释力：以汉语动结式为例 [J]. 外语与外语教学，2013 (4): 43–47.

[209]　张翼. 致使语义的概念化和句法表征 [J]. 外国语，2014 (4): 81–87.

[210]　章振邦. 新编英语语法 [M]. 上海：上海译文出版社，1989.

[211]　赵宏伟，何伟. 现代汉语"被"字结构的功能视角研究 [J]. 外语学刊，2019 (1): 45–51.

[212]　赵琪. 英汉动结式的共性与个性 [J]. 外语教学与研究，2009 (4): 258–265.

[213]　郑湖静，陈昌来. 现代汉语"得"字句的再分类 [J]. 语文研究，2012 (1): 14–19.

[214]　周道凤. 英汉致使移动结构的语法整合认知对比分析 [J]. 宁夏大学学报（人文社科版），2012 (6): 96–100.

[215]　周红. 汉语致使问题研究动态 [J]. 汉语学习，2004 (6): 44–51.

[216]　周红. 汉语致使范畴建构研究 [J]. 渤海大学学报（哲学社会科学版），

2006a (1): 5–10.

[217] 周红 . 致使动词的类型及动态变化 [J]. 烟台师范学院学报（哲学社会
科学版）2006b (2)：100–104.

[218] 周静，蒋苏琴 . 英汉客观致使动词的对比研究 [J]. 湖南科技学院学报，
2008 (3)：150–152.

[219] 朱德熙 . 与动词"给"相关的句法问题 [J]. 方言，1979 (2)：81–87.

[220] 朱德熙 . 语法答问 [M]. 北京：商务印书馆，1985.

[221] 朱德熙 . 语法讲义 [M]. 北京：商务印书馆，1982.

[222] 朱琳 . 起动 / 致使动词的类型学研究 [J]. 汉语学报，2009 (4): 75–86.

[223] 褚鑫 . 构式语法观下的动结式及相关句式研究 [D]. 长春：吉林大学博
士论文，2016.

附录 1

加的夫语法影响过程及物性系统网络

* = In almost all such Processes the Subject of the embedded clause must be overt.
?= The Subject of the embedded clause is usually covert, but occasionally overt.
?= In all such Processes the Subject of the embedded clause must be covert.

附录 2

汉语及物性系统网络

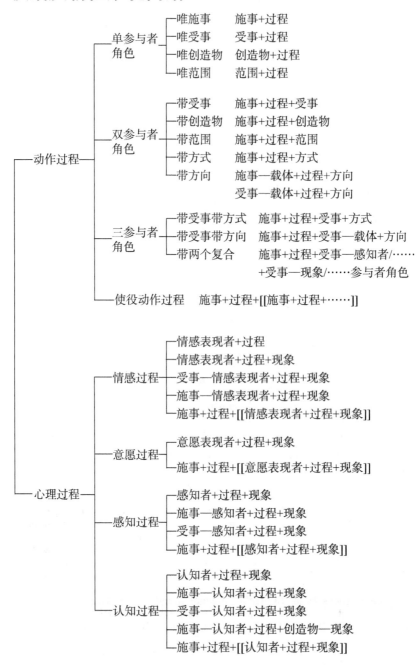

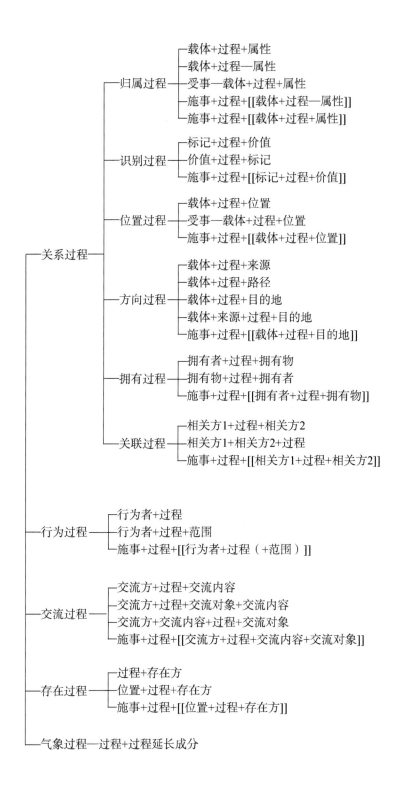